대통령을 묻어버린 거짓의 산 제2권

대통령을 묻어버린 거짓의 산

2권

우종창 지음

거짓과 진실

이어지는 글

2개의 「조작의 요물」
태블릿PC와 안종범 업무수첩

　박근혜 대통령을 「거짓의 산」에 묻어버린 2개의 요물(妖物)이 있었다. 하나는 JTBC의 손석희가 날조(捏造) 보도한 태블릿PC이고, 또 하나는 안종범 청와대 경제수석비서관이 썼다는 「업무수첩」이다. 태블릿PC 날조보도는 대통령 탄핵소추안이 국회를 통과하는데 결정적인 역할을 했고, 안종범 업무수첩은 대통령에 대한 수사와 재판에서 실체적 진실을 덮어버리는 핵심적인 물증으로 작용했다.

　JTBC가 보도한 태블릿PC에는 문서수정을 위한 앱(응용 프로그램)이 설치되어 있지 않다는 사실이 국립과학수사연구원의 감정으로 확인되었다. 때문에 최서원(개명 전 이름은 최순실)이 이 태블릿PC를 가지고, 대통령 연설문을 수십 군데나 빨갛게 수정했다는 JTBC 보도는, 사실이 아닌 것을 사실인 것처럼 꾸민 날조행위에 해당한다.

　JTBC 소속의 손석희 앵커와 심수미를 비롯한 특별취재팀 기자들은 문제의 태블릿PC에 문서수정 기능이 없다는 사실을 알고 있으면서도 정정보도를 하기는커녕, 오히려 국민의 눈과 귀를 속였다는 내용은 「대통령을 묻어버린 거짓의 산」 제1권에 자세히 기록했다.

이어지는 제2권과 제3권은 30만 페이지에 이르는 「대통령 재판기록」과 내가 취재한 내용을 중심으로, ① 검찰과 특검의 수사가 얼마나 위법하고 부당하게 진행되었는지, ② 미르재단과 K스포츠재단 설립의 진실이 무엇인지, ③ 승마 뇌물과 경영권 승계 작업의 실체가 어떤 것인지, ④ 최서원 주변에서 맴돌았던 차은택·고영태·노승일 등 사건 관련자들의 「추악한」 행적을 정리한 기록이다.

대통령 사건의 수사와 재판에서 검찰과 특검이 유력한 증거로 제시한 게 안종범 업무수첩이다. 대통령이 대기업 회장들에게 미르재단과 K스포츠재단에 출연금을 내도록 강요하고, 대통령이 삼성전자 이재용 부회장에게 정유라의 승마를 지원하라고 한 증거들이 업무수첩에 적혀있다고 검찰과 특검은 주장했다.

그러나 대법원은 안종범 업무수첩의 증거능력을 인정해달라는 상고이유를 받아들이지 않았다. 대법원 전원합의체는 2019년 8월 29일, 박근혜 대통령 사건(뇌물·직권남용·강요·강요미수·공무상비밀누설 혐의) 선고에서 "안종범 업무수첩이 증거능력이 있다는 검찰과 특검의 상고이유 주장은 이유 없다"라고 판결했다. 대법원이 이렇게 판단한 근거는 판결문에 이렇게 적혀있다.

〈안종범의 업무수첩 등의 대화 내용이 피고인(대통령)과 개별 면담자

사이에서 대화한 내용을 증명하기 위한 진술증거인 경우에는 전문(傳聞·다른 사람을 거쳐 간접으로 들은 것)진술로서, 형사소송법 제316조 제1항에 따라 그 진술이 특히 신빙할 수 있는 상태에서 한 것임이 증명된 때에 한하여 증거로 사용할 수 있다. 이 사건에서 안종범의 업무수첩 등이 이 요건을 충족하지 못한다. 따라서 안종범의 업무수첩 등은 피고인과 개별 면담자가 나눈 대화 내용을 추단할 수 있는 간접사실의 증거로 사용하는 것도 허용되지 않는다.

안종범의 업무수첩은 안종범이 사무처리의 편의를 위하여 자신이 경험한 사실 등을 기재해 놓은 것에 지나지 않는다. 이것은 「굳이 반대신문의 기회 부여가 문제되지 않을 정도로 고도의 신용성에 관한 정황적 보장이 있는 문서」라고 보기 어려우므로, 형사소송법 제315조 제3호의 「기타 특히 신용할만한 정황에 의하여 작성된 문서」에 해당하지 않는다. 따라서 안종범의 업무수첩이 형사소송법 제315조 제3호에서 정한 문서에 해당하므로 증거능력이 있다는 상고이유 주장은 이유 없다.〉

안종범이 청와대 경제수석에 임명된 2014년 6월 12일부터 검찰에 체포되기 전인 2016년 11월 2일 사이에 업무수첩(가로 8.5㎝, 세로 16.5㎝ 크기의 조그만 수첩)을 사용한 것은 사실이다. 2년 동안에 총 63권의 업무수첩을 사용했으므로, 한 달에 평균 한 권씩 썼다는 이야기다. 이 수첩에 안종범은 대통령 지시사항을 받아 적기도 하고, 자신이 대기업 임원들과 주고받은 사적(私的) 내용도 기록했다.

문제는 안종범이 언론에서 미르재단 의혹을 보도하던 2016년 10월 8일 이후에 자기 책임을 모면하기 위하여, 언론에 보도된 허위기사들을 근거로 새로운 업무수첩을 만들었다는 점이다. 이게 18권 분량이다. 이것을 안종범이 구속된 후, 그의 보좌관 김건훈이 검찰에 제공했고, 나머지는 특검에 갖다 주었다.

안종범 업무수첩에는 사실에 절반쯤 발을 담근 반쪽짜리 자료에 안종범이 가필한 언론의 허위기사가 뒤섞여 있는데, 여기에 안종범의 책임회피성 진술과 관련자들의 악의적인 거짓진술이 보태지면서 조작의 요물(妖物)로 변질되었다.

대통령 사건의 1심 재판장 김세윤 판사는 63권의 업무수첩 가운데 57권을 증거로 채택했으나, 이재용 부회장의 2심 재판장 정형식 판사는 업무수첩 자체의 증거능력을 인정하지 않았다. 1심과 2심 판결이 엇갈린 가운데, 대법원은 업무수첩을 증거로 인정하지 않았다. 이로서 안종범 업무수첩에 기재된 내용을 근거로 작성된 진술조서와 법정증언 등 2차 증거들 또한 유죄의 증거로서 가치를 상실했다.

대법원은 안종범 업무수첩의 증거능력은 배척하면서도 대통령 사건에 대한 최종 판단은 유보했다. 대법원은 사소한 법리적용의 오류를 이유로 "대통령 사건을 다시 재판하라"는 파기환송 결정을 내렸다. 판사가 아무리 논리 정연한 법 이론을 전개하더라도, 법 적용의 전제가 되는 사실관계가 객관적인 증거에 기초한 진실이 아니라면 제대로 된 판결이라 말 할 수 없을 것이다.

검찰이 박근혜 대통령을 18개 혐의로 구속 기소한 2017년 4월 17일, 서울중앙지방법원 417호 법정에서는 1심 선고를 앞둔 최서원 피고인에 대한 검찰과 특검의 최후심문이 있었다. 피고인 최후심문은 증거조사를 마친 재판부가 법정에 출석한 피고인의 직접 진술을 통해, 범죄혐의가 사실인지의 여부를 최종적으로 판단하는 중요한 자리다.

최후심문에서 검찰은 최서원에게 "피고인은 1986년 육영재단 부설 유치원 원장으로 재직하였지요"라고 심문했다. 이에 대해 최서원은 "절대로 그런 일 없습니다. 검찰이 지난번에도 물어보았는데, 제가 육영재단 부설 유치원 원장으로 재직했다면 그런 증거가 있을 것 아닙니까? 증거를 제시해야지 의혹을 제기하지 마십시오"라고 부인했다.

최서원 피고인이 1986년에 육영재단 부설 유치원의 원장이었나, 아니었나 하는 것은 박근혜 대통령과 경제공동체임을 확인하는 심문이다. 박근혜 대통령은 1982년부터 1991년까지 육영재단 이사장으로 재직한 바 있기 때문이다.

최서원 피고인이 강하게 부인하자 검찰은 "피고인은 1989년경 대통령이 이사장을 맡았던 한국문화재단 부설연구원 부원장으로 취임하여 활동한 사실이 있지요"라고 재차 추궁했다. 이에 최서원 피고인은 조금도 주저하지 않고 "없습니다"라고 부인했다.

만약 이때 검찰이 단 하나의 물증이라도 제시했더라면, 최서원의 법정 진술은 거짓임이 판명되고, 그녀가 그동안 검찰에서 했던 모든 진술은 신뢰성을 상실한다. 하지만 검찰과 특검은 이날 최후심문에서 아무런 객관적인 증거를 제시하지 못했다. 검찰이 최서원에게 추궁한 내용은 사실이 아니고, 언론에 보도된 허위기사였기 때문이다.

그날, 나는 법정에 있었다. 나는 최서원 피고인이 검찰과 특검의 매서운 추궁에도 불구하고 조목조목 해명하고, 오히려 심문하는 검사들의 입장을 난처하게 만드는 모습을 보았다. 하지만 나와 같이 현장에 있었던 수십 명의 기자들은 이런 광경을 한 줄도 보도하지 않았다. 허위사실을 유포한 장본인이 그들이기 때문이다. 그러니 국민들 대다수가 법정에서 있었던 진실을 모르고 있는 것이다.

최서원 사건을 기성 언론에서는 「국정농단 사건」이라 이름 붙였다. 이 이름대로라면 마치 최서원에 의한 국정농단이 있었다는 인상을 준다. 그러나 수사와 재판 과정에서 드러난 사실들을 정리하면, 이 사건의 본질은 최서원에 의한 「국정농단」이 아니라, 누군가가 최서원이 국정농단을 한 것처럼, 가상의 사실을 꾸며낸 「기획된 국정농단」이었음을 간파할 수 있다.

사실을 기록함에 있어서 「단어의 선택」은 매우 중요하다. 어떤 사건이든, 그 사건의 성격을 규정하는 게 단어다. 어떤 단어와 어떤 용어를 선택하느냐에 따라 사건을 보는 시각은 달라진다. 최서원 사건은 「기획된 국정농단」이라고 정의하는 게 가장 정확한 표현이다. 이 용어를 법정에서 제일 먼저 사용한 사람이 최서원 피고인의 변호인 이경재 변호사다.

박근혜 대통령은 본인과 관련된 3개의 사건(뇌물·공직선거법위반·국정원 특수활동비)에 대해 항소나 상고를 전혀 하지 않았다. 대통령이 상고를 하지 않았다고 해서, 죄를 시인한 게 아니다. 오히려 오만과 위선으로 점점 허물어져, 이제는 그 뿌리마저 잘려나간 대한민국 법치주의의 현주소를 묵치(默置)로서 심판하고 있을 뿐이다.

대통령은 구속된 상태에서 매주 4차례씩 재판을 받던 중, 1차 구속영장에 이어 2차 구속영장이 추가로 발부되자, 법정에서 재판거부를 선언하면서 이렇게 말했다.

〈법치의 이름을 빌린 정치보복은 저에게서 마침표가 찍어졌으면 합니다. 이 사건의 역사적 명에와 책임은 제가 지고 가겠습니다. 모든 책임은 저에게 묻고 저로 인해 법정에 선 공직자와 기업인에겐 관용이 있길 바랍니다. 더 어렵고 힘든 과정을 겪어야 할지도 모르겠습니다. 하지만 포기하지 않겠습니다. 저를 믿고 지지해주시는 분들이 있고, 언젠가는 반드시 진실이 밝혀질 것이라 믿기 때문입니다.〉

거짓은 실체가 없기에 바람처럼 흔적 없이 사라지지만, 진실은 어딘가에 흔적을 남겨두기 마련이다. 나는 그 흔적들을 수사기록과 법정녹취록,

그리고 취재를 통해 발견했다. 박근혜 대통령이 죄가 없다는 진실은, 거짓과 허위자료가 뒤섞인 수많은 기록 속에 묻혀있지만, 언젠가는 정의의 이름으로 환하게 드러날 것이다.

박근혜 대통령 탄핵은 「대통령 박근혜」 개인에 대한 파면이 아니라, 법치의 이름을 빌려 대한민국을 탄핵한 행위와 다름없다. 자유 대한민국의 정통성과 존립기반, 그리고 그 가치와 자존심을 거짓과 선동이란 무기로 짓밟은 것이다.

그동안 신문과 방송을 비롯한 수많은 인터넷 매체들이 거짓으로 진실을 가리고 있지만, 진실은 가린다고 해서 덮어버릴 수도 없고, 묻어버릴 수도 없다. 탄핵을 묻고 가자거나 덮고 가자는 주장은 진실을 묻겠다는 행위다. 정의의 기준점을 상실한 수레바퀴로는 앞으로 나아갈 수 없다는 것이 역사의 진리이고 순리다.

그래서 나는 역사에 기록을 남기기 위해, 그리고 같은 시대를 살아가는 사람들과 진실을 공유하기 위해, 이 책을 쓰고 있는 것이다. 2권, 3권에 이어 제4권에서는 대통령 탄핵 무렵에 있었던 국내 정치상황과 남북관계, 그리고 정치권과 야합한 헌법재판관들의 추한 행위를 정리할 예정이다.

집필 작업이 끝나면 30만 페이지에 이르는 「대통령 재판기록」을 거짓과 진실의 홈페이지에 모두 공개할 생각이다. 대통령 재판기록에 등장하는 인물들이 워낙 많기 때문에 그들의 이름과 역할은 사건별로 분류하여, 2권 말미에 별도로 정리해 놓았다.

이어지는 글 「조작의 요물」…태블릿PC와 업무수첩　　·4

IV. 검찰 수사와 미르재단의 진실

「투기자본 감시센터」 고발장	·18
검찰, 고발인 진술조서 공개 안 해	·24
「민노총 서울본부」의 위상	·30
정호성 휴대폰, 무더기로 압수되다	·33
안종범, 증거인멸교사죄로 구속	·37
"이영렬 검사장, 감형을 조건으로 자백 강요"	·44
제목만 있고 내용이 없는 공소장	·50
공소사실은 한 편의 「소설」	·54
대통령, 검찰 조사 다섯 번 받다	·61
판사의 눈을 속일 결정적 「한 방」	·68
방기선이 작성한 「청와대 서류」의 진실	·73
안종범, 김건훈의 진술을 제지하다	·82
"악마의 미소를 보았다"	·89
이승철, 안종범 주장 부인하다	·93
「창조경제」의 원래 이름은 「스마트 뉴딜」	·99

"공무원연금 개혁으로 세금 185조원 절감" • 105

"기금이나 돈 이야기는 나온 바가 없다" • 109

구본무 LG그룹 회장의 소신 발언 • 118

일부 검사들의 편향된 시각 • 123

최서원의 「알리바이」 • 130

최서원이 독일에 자주 간 이유 • 136

"대통령 지시라는 말은 없었다" • 144

500억원으로 갑자기 증액된 사연 • 149

중국과의 MOU를 경제수석이 담당? • 154

이성한 휴대폰에 숨어있는 진실 • 161

"미르재단 설립과 운영은 차은택이 주도" • 169

이한선의 진술과 MOU 체결의 진실 • 175

"한중 문화교류는 차은택이 처음 제안" • 181

검사 5년, 판사 14년 경력의 변호사 • 189

차은택, 중국으로 도피하다 • 195

탄핵결정문 오류는 바로 잡아야 • 203

안종범과 차은택의 UAE 출장 • 206

미르재단 로고·명함 제작은 김성현 • 211

"최서원이 죽일까봐 무서웠다" • 221

「고원기획」은 차은택·고영태의 합자회사 • 227

차은택 사무실 옆이 「테스타로싸」 카페 • 233
미르재단이 설립 후 추진한 사업들 • 237
정동구 K스포츠재단 이사장의 소신 • 244
벽헌영의 능수능란한 허위진술 • 252
K스포츠재단 사기미수 사건의 실체 • 260
더블루K 사무실 출입문의 비밀 • 266
한줄기 희망의 빛을 보았으나… • 274
"이 자리에서 목숨을 끊겠다" • 280
대통령의 원대한 구상…「한국의 르네상스」 • 287
재단 설립에 무슨 문제가 있었나? • 293
대통령의 「진심」…대법관의 「양심」 • 297
형 집행을 정지해야 할 이유 • 304

V. 사건 관련자들

사건별 등장 인물들 • 308

부록

1. 파기환송심 재판부에 제출한
「직권파기를 위한 의견서」(2020. 2. 14.) • 316

2. 대통령 형 집행정지 요청서(2020. 1. 6. 제출) • 338

3. 대통령 형 집행정지 요청서(2019. 4. 26. 제출) • 352

IV

검찰 수사와
미르재단의 진실

「투기자본 감시센터」의 고발장

　　TV조선과 한겨레신문 등이 미르재단과 K스포츠재단의 의혹을 제기하던 2016년 9월 29일, 서울중앙지검에 한 통의 고발장이 제출되었다. 고발인은 민노총과 행동을 같이하는 「투기자본 감시센터」라는 단체였다. 이들이 고발한 사람은 안종범 당시 청와대 정책조정수석과 최서원을 비롯, 미르 및 K스포츠재단의 대표 및 이사, 전경련(全經聯) 회장단과 64개 대기업 대표 등 총 86명이었다.

　　미르재단의 경우에는 김형수 이사장과 김영석·조희숙·송혜진·이한선·장순각 이사, 채미옥 감사, 이성한 사무총장이 고발대상이었고, K스포츠재단은 정동춘 이사장과 김필승·이철원·주종미 이사, 정현식 사무총장 등이며, 전경련 회장단은 허창수 회장과 이승철 상근부회장이었다.

　　64개 대기업의 경우에는 고발장에 그룹명과 계열사 이름만 적혀 있었다. 예컨대 삼성그룹 회장과 삼성전자·삼성물산 등 6개 계열사 대표, SK그룹 회장과 SK·SK하이닉스 등 4개 계열사 대표, LG그룹 회장과 4개 계열사 대표, 현대차그룹 회장과 3개 계열사 대표, 롯데그룹 회장과 2개 계열사 대표, GS그룹 회장과 10개 계열사 대표라는 식이다.

이밖에 포스코그룹, KT그룹, 대한항공그룹, CJ그룹, 두산그룹, 대림산업그룹, 금호아시아나그룹, 아모레퍼시픽그룹, 신세계그룹, 부영주택그룹 등이 고발대상에 포함됐다. 대한민국을 대표하는 중견 기업의 회장과 대표들이 무더기로 고발을 당한 것이다.

그들의 혐의는 특가법(특정범죄 가중처벌 등에 관한 법률)상 뇌물죄와 특경법(특정경제범죄 가중처벌 등에 관한 법률)상 배임죄였다. 박근혜 대통령은 고발장에 뇌물을 받은 사람으로 기재돼 있으나 고발대상은 아니었다. 현직 대통령은 헌법 제84조에 의거, 내란 및 외환의 죄 외에는 형사소추 대상이 아니기 때문이다.

고발장에 적시된 범죄사실의 취지는 이렇다.

〈① 피의자 전경련 회장 허창수와 부회장 이승연(이승철의 오기로 보임)은 정부 발주 각종 사업에서 계약이나 인허가, 금융지원의 특혜, 내부자 거래나 일감 몰아주기 등을 통한 부당거래나 불법 상속 등 각종 불법행위가 드러나지 않도록 지원을 받거나,

만약 적발되었을 때는 수사에서, 재판이 확정되었을 때는 사면 복권 가석방을 노리고,

② 특히 원샷법, 서비스발전기본법, 노동개혁 5법의 제정 및 개정, 기업의 인수합병, 사업폐쇄, 영업양수도, 종업원에 대한 손쉬운 해고와 임금 삭감, 세금 감면 등 특혜를 통한 이익을 극대화하기 위해, 대한민국 통수권자의 핵심 측근인 피의자 안종범·최서원·재단법인 미르와 K스포츠의 대표 및 이사들과 공모하여 박근혜 대통령에게 뇌물을 제공하였다,

③ 피의자 안종범은 대통령의 경제정책을 총괄하는 청와대 경제수석(현재 정책조정수석)이며, 최순실은 오직 대통령을 위하여 40년간을 사적으로 헌신해 온 대통령의 분신이다. 안종범과 최순실은 전경련 회장 허창수 및 차은택·김형수 등과 공모하여 재단법인 미르와 재단법인 K스포츠를 설립하여, 탐욕에 끝이 없는 삼성그룹 회장 등으로부터 원샷법 제정 등의 협조를 요청받고, 866억원의 포괄뇌물을 수수하고 원샷법 제정을 관철시켰다,

④ 대통령은 과거 일해재단의 사례가 있음에도 불구하고, 특정기업으로부터 866억원을 수수하고 원샷법 등으로 수천, 수조원의 이익을 재벌에게 넘겨주고 국민들에게 피해를 준 것이다.〉

고발장 취지는 안종범과 최서원이 전경련 회장 등과 공모

하여 두 개의 재단을 설립하고, 두 재단을 이용해 재벌들로부터 866억원의 뇌물을 받았다는 것이고, 대통령은 뇌물을 받은 대가로 원샷법 등을 통과시켜 주었다는 것이다. 재단설립과 원샷법 통과가 정경(政經)유착이라는 주장이다.

그러면 원샷법은 무엇을 말하는가? 원샷법의 정식 명칭은 「기업 활력 제고를 위한 특별법」이다. 이 법은 2015년 7월 9일, 국회 산업통상자원위원회 소속 새누리당 이헌재 의원이 대표 발의한 것으로, 여야(與野) 합의를 거쳐 2016년 2월 4일 국회 본회의를 통과하고 2016년 8월 13일부터 시행되었다.

이 법의 골자는 조선·철강·석유화학 등 공급과잉 업종과 인공지능·의료기기 등 11개 분야의 신(新)산업에 한해, 기업합병과 분할 등 사업재편을 쉽게 할 수 있도록 상법·세법·공정거래법 등에 규정된 각종 규제를 특별법을 통해 한꺼번에 풀어주는 내용이다.

박근혜 정부는 대한민국 경제를 살리기 위해 이런 취지의 특별법 제정을 추진했다. 이 법은 중·소형 기업을 대상으로 삼았고, 대기업의 경우에는 10%정도가 적용 대상이었다. 때문에 중소기업의 구조조정에 「단비」가 될 것이라는 전망이 지배적이었다. 일본의 경우에도 기업들의 구조조정을 돕기 위해 1999년 「산업활력법」을 만들어 제조업에 활력을 불어넣은 바 있다.

하지만 당시 야당인 더불어민주당과 정의당이 대기업에 특혜를 준다는 이유로 법 제정에 반발하자, 정부는 사업재편 목적이 경영권 승계일 경우에는 승인을 거부하기로 했고, 승인 이후에도 경영권 승계를 위한 목적임이 판명되면 세제상의 혜택을 취소함과 동시에 지원액의 3배에 달하는 과징금을 부과하는 견제장치를 마련했다.

그럼에도 민노총은 박근혜 정부에서 추진한 이 특별법과 「서비스산업발전 기본법」, 「노동개혁법」 등 7대 정책과제들이 재벌들의 구조조정에 도움이 된다며 거세게 반발했다. 우여곡절 끝에 국회를 통과한 「기업 활력 제고를 위한 특별법」은 2016년 8월 13일부터 시행에 들어갔다. 바로 이 무렵, 미르재단과 K스포츠재단에 대한 의혹이 제기되자 「투기자본 감시센터」는 언론 보도를 빌미로 고발장을 제출한 것이다.

고발장 본문은 A4 용지로 12장이었다. 대부분의 내용은 박근혜 정부의 경제정책을 비판하는 민노총 주장을 그대로 베낀 것이고, 미르나 K스포츠재단에 대한 의혹제기는 두 페이지에 불과했다. 그것도 확인되지 않은 루머들을 나열한 수준이었다.

고발장에는 더불어민주당 오영훈 의원실에서 작성한 「재단법인 미르·K스포츠 모금 현황」이라는 문건이 증거자료로 첨부됐다. 첨부 자료에는 두 재단에 돈을 낸 기업 이름과 출연금 액수, 기부날짜들이 도표로 정리돼 있었는데, 검찰 수사 결과와 비교하면 출연금 액수와 기부날짜가 다 틀렸다. 증거자료 자체가 허위인 셈이다.

검찰,
고발인 진술조서 공개 안 해

더욱 심각한 문제는 고발인 조사를 한 검찰이 「고발인 진술조서」를 법원에 제출하지 않았다는 사실이다. 고발인 진술조서는 고발인의 진정성과 고발내용의 진위 여부를 파악할 수 있는 중요한 자료다. 고발내용이 사실이 아니라면 검찰은 수사를 보류하거나 무혐의 처분을 내리는 게 정상이며, 고발 의도가 악의적인 경우에는 고발인을 무고죄로 처벌이 가능하다.

고발장이 접수되면 검찰은 수사에 착수하기 전, 고발인부터 조사한다. 고발 의도를 알아야 수사 방향을 정할 수 있다. 이게 수사의 기본원칙이다. 그러나 검찰은 고발인 조사를 하기도 전에 수사에 착수했다. 마치 고발장 제출을 기다리고 있었다는 듯이 신속하게 움직였다.

검찰이 고발인 대표 윤영대(투기자본 감시센터 공동대표)를 조사한 날은 2016년 10월 11일이다. 고발장이 접수되고 12일이나 지나서다. 나는 이런 사실을 최서원 사건의 「기록목록」에서 확인했다. 「기록목록」은 검찰이 수사 진행사항을 날짜별로 정리한 일종의 색인(索引)인데, 공소를 제기할 때 법원에 제출한다.

검찰이 언제, 무엇을 근거로 수사를 시작했고, 누구를 조사했으며, 어떤 자료를 수사에 참고했는지, 그리고 각각의 수사기록이 총 몇 페이지 분량인지를 일목요연하게 기록해 놓은 게 「기록목록」이다. 기록목록은 훼손이나 위·변조를 막기 위해 날짜순으로 일련번호가 붙어있다. 기록목록을 확인해보니, 맨 첫 부분에 해당하는 제1권, 제1페이지가 투기자본 감시센터의 고발장이었다.

그 다음이 「수사보고」였다. 검찰이 언론에 보도된 관련 기사들을 취합했다는 내용인데, 작성일자가 10월 8일이었다. 이날 검찰은 미르와 K스포츠재단의 등기사항을 확인하고 미르재단에 대한 국세청 공시자료를 조사했다. 10월 9일에는 재단법인 설립등기에 필요한 서류와 설립을 허가한 담당자의 신원을 확인했다.

이어 검찰은 최서원의 인적 사항과 「범죄 및 수사경력 자료」를 조회했다. 이른바 전과(前科) 관계를 확인한 것이다. 이때 검찰은 전경련 상근부회장 이승철을 포함한 피고발인들의 전과 기록도 조회했다. 이 모든 게 고발인 조사 전에 이뤄졌다.

하지만 검찰이 언론에 보도된 기사들의 진위여부를 수사했다는 기록은 없었다. 뿐만 아니라 고발취지의 핵심인 원샷법 제정

경위에 대한 조사는 아예 없었다. 심지어 검찰은 형사소추 대상이 될 수 없는 현직 대통령과 그 수행비서들의 전화번호까지 확인한 사실이 기록목록에 적혀 있다.

미르재단과 K스포츠재단에 출연금을 낸 곳은 삼성을 비롯한 16개 그룹과 그 계열사이며, 출연금 총 액수가 774억(미르재단 486억+K스포츠재단 288억)이라는 점은 공지의 사실이다. 때문에 검찰은 고발장에 기재된 뇌물액수 866억원이 가공의 숫자라는 점을 확인할 수 있었다.

사실에 근거하지도 않고, 고발인의 순수성이 의심되는 고발사건을 검찰이 임의로 수사했다면, 이는 검찰 수사와 공소권 행사에 있어서 공정성을 의심받게 한다. 최서원 피고인의 변호인 이경재 변호사는 2017년 2월 26일에 열린 재판에서, 재판부에 제출한 「이 사건 검찰 수사 및 공소권 행사상의 중대한 문제점」이라는 의견서를 통해, 검찰에 고발인 진술조서를 제출해 줄 것을 요청했다.

다음은 이경재 변호사가 재판부에 제출한 의견서의 주요 내용을 발췌한 것이다.

〈1. 이 사건은 2016. 9. 29. 투기자본 감시센터(대표: 오세택·김영준·윤영대)가 안종범, 최서원, 재단법인 미르 대표 및 이사,

재단법인 K스포츠재단 대표 및 이사, 전경련 회장단, 64개 대기업 대표를 특가법상 뇌물죄, 특경법상 배임죄로 서울중앙지검에 고발함으로써 수사가 출발하였습니다. 이 고발장에는 대통령이 미르·케이스포츠 재단 설립을 통해 866억의 뇌물을 받았다고 기재하고 있습니다.

2. 피고인 최서원은 2016. 10. 30. 입국하였고, 그 다음날인 10. 31. 검찰에 자진 출석하여 긴급 체포된 후 구속되었고, 2016. 11. 20. 기소되었습니다. 2017. 2. 6. 피고인에 대한 공판기일 진행 때까지, 고영태 등 일당에 의한 기획폭로와 사건의 정치적 확대, 박근혜 대통령 퇴진 등 음모에 대하여는 쟁점화되지 않았습니다.

3. 이날 공판에서 피고인의 변호인이 고영태를 심문하여, 검찰이 압수해 둔 고영태와 김수현 등 일당의 사람들의 음성녹음의 존재가 드러났고, 이후 검찰과 변호인 측에서 김수현이 녹음한 2,300여개의 음성파일을 두고 법정공개와 내용에 대한 논박이 있었습니다. 이 과정에서 고영태 등과 일부 언론인, 검찰 관계자, 정치인들이 연계되어 기획, 추진되었다는 누구나 합리적 의심을 할 수 있는 자료들이 현출(現出)되기 시작했습니다.

4. 검찰은 2016. 11. 7. 고영태 등 일당에 소속된 류상영으로부터 김수현이 녹음한 음성파일을 임의 제출받아 압수하였고, 이

어 2016. 11. 8. 김수현을 조사하고, 2016. 12. 6. 김수현에 대해 2회 진술조서를 작성하였습니다. 검찰은 2016. 11. 7.경, 2,300여건의 음성파일을 압수하여 존재를 확인하고 증거를 확보하였습니다.

5. 그런 만큼 검찰은 음성파일을 정밀 분석하여 고영태 일당에 의해 사건이 왜곡, 과장되거나 다른 불순목적에 이용되지 않도록 엄밀 조사해야 하는데도 이에 대한 추궁은 없었고, 기소 후인 2016. 12. 1. 이후에야 고영태를 불러 2번 조사하면서, 녹음파일에 나오는 문제의 대화 내용을 "장난삼아 한 것이다. 의미 없이 한 말이다"라는 등으로 내용을 변색케 하는 조서를 작성하였습니다.

6. 오늘 이 법정에서 재생하는 녹음내용을 보면, 이 사건 수사가 고영태 등 일당과 일부 언론인의 가담에 그치지 않고, 현직 검사마저 관여한 정황이 뚜렷이 나타나 있고, 수사 의지만 있다면 그 검사를 특정하는데 특별한 어려움이 있다고 할 수 없습니다. 검찰은 시급하게 이 부분만이라도 조사하여 더 이상 검찰 관계자가 이 사건 수사나 공소에 개입하는 불의를 차단하고, 피고인들이 공정한 재판을 받을 수 있도록 조치해야 합니다. 만약 검찰이 이를 알고도 은폐했다면 이는 형사사법절차 전체를 흔드는 중대한 문제입니다.

7. 검찰이 이에 불응한다면, 피고인의 변호인들은 법정에서 법이 허용하는 범위에서 정당한 절차를 밟아 사실을 규명할 수 있도록 재판장님께서 기회를 주시길 요망합니다.〉

대한민국 헌법 제109조에는 「재판의 심리와 판결은 공개한다」라고 규정하여 공개재판주의를 천명하고 있으며, 검찰청법 제4조에는 「검사는 공익의 대표자로서 범죄수사, 공소의 제기 및 그 유지에 필요한 사항을 지휘, 감독하는 권한이 있는데, 그 직무를 수행할 때 국민 전체에 대한 봉사자로서 정치적 중립을 지켜야 하며, 주어진 권한을 남용해서는 안된다」고 되어 있다.

국가를 대리하여 공익을 실현하는 검사는 수사 및 공판 과정에서 피고인에게 유리한 증거를 발견할 경우, 피고인의 이익을 위하여 이를 법원에 제출하는 것이 검사의 「객관의무」다. 검찰은 그러나 이경재 변호사의 요청에도 불구하고 고발인 진술조서를 제출하지 않았고, 1심 재판부는 검찰의 이러한 위법적인 행위를 문제 삼지 않았다.

이런 사실을 종합하면, 투기자본 감시센터의 고발장은 안종범, 최서원 등 86명과 대통령 주변을 수사하기 위한 하나의 「도구」에 불과했음을 짐작할 수 있다.

「민노총 서울본부」의 위상

나는 고발장을 제출한 투기자본 감시센터의 정체를 파악하기 위해 이 단체의 사무실을 찾아갔다. 사무실은 「민노총 서울본부」 건물의 3층에 있었다. 서울 은평구 녹번동에서 불광동 방향으로 직진하면 오른쪽에 구기터널로 향하는 길이 나오는데, 그 대로변에 위치한 하얀색 건물이 민노총 서울본부다.

건물 1층에는 「전국 대학 노동조합」, 「전국 건설기업 노동조합」, 「희망연대 노동조합」 등이 있고, 2층에는 「노동법률 지원센터」가 있으며, 투기자본 감시센터는 「한국노동연구소」, 「전국 건설노조 수도권지역본부」 등과 함께 3층에 위치했다. 민노총 서울본부는 민노총과 행동을 같이하는 노동운동 단체들의 집합소와 다름없었다.

민노총은 김영삼 정부 시절인 1995년 11월에 창립되었다. 홈페이지에 따르면 창립 당시 조합원은 41만여 명이었고, 2019년 4월 기준으로 101만여 명이라고 한다. 고용노동부가 2019년 12

월 25일에 발표한 「2018년 전국 노동조합 조직 현황」에 의하면, 2018년 연말 기준으로 민노총 조합원 수는 96만8035명이다. 한국노총의 93만2991명보다 3만5044명이 많다. 민노총은 전국에 16개의 지역본부를 두고 있으며, 지구별 협의회도 41개가 있다고 주장했다. 법원 노조를 비롯한 14만여 명에 이르는 전국 공무원노조는 2006년 4월, 민노총 산하 단체가 되었다. 약 5만 명으로 추정되는 전교조(전국 교직원노조)는 법외 노조여서, 정부 통계에 포함되지 않는다.

민노총은 김대중 정부 시절인 2001년부터 정부나 지방자치단체로부터 보조금을 받아왔다. 서울 정동에 위치한 민노총 중앙본부 사무실의 임차보증금 30억은 김대중·노무현 정부에서 지원했다. 민노총 서울본부의 경우, 서울시에서 수령한 보조금이 2013년에 3억8천만원, 2014년엔 3천6백만원이었으나 2016년에는 무려 15억원이었다.

민노총 서울본부는 2020년에 한 층을 증축하고, 건물 전체를 리모델링할 예정이다. 서울시는 그 비용으로 2020년 예산에 72억원을 책정했다고 조선일보가 보도했다. 민노총 서울본부 건물의 부동산등기부를 확인해보니, 땅과 건물의 소유주가 모두 서울시였다.

고발장을 제출한 투기자본 감시센터는 2004년 8월에 설립되었다. 창립선언문에는 "국내에 진출한 투기성 단기(短期) 자본을 감시하고, 투기자본의 횡포에 저항하는 노동자 투쟁을 지원하는 단체"라고 명시돼 있다. 이 단체는 미국계 사모펀드인 론스타가 외환은행을 매각하던 2007년 무렵, 론스타의 주가조작을 고발하면서 이름을 알렸다.

하지만 이 단체의 당시 대표 장화식이 법정 구속된 론스타코리아 대표의 선처를 바라는 탄원서를 법원에 제출하고, 론스타에 대한 비난을 중지하는 대가로 8억원을 받은 혐의로 여론의 질타를 받은바 있다. 2011년에 발생한 이 사건으로 구속 기소된 장화식은 징역 2년에 추징금 8억원을 선고받았다. 고발장 제출 무렵의 이 단체 대표는 오세택·김영준·윤영대 등 3인이었다.

검찰이든 경찰이든 수사기관에서 특정 사안이나 특정인을 조사하려면 법적 근거가 있어야 한다. 그 근거가 고소장 또는 고발장이다. 형사소송법 제223조(고소권자)에는 「범죄로 인한 피해자는 고소할 수 있다」라고 되어 있고, 형사소송법 제234조(고발)에는 「누구든지 범죄가 있다고 사료하는 때에는 고발할 수 있다」라고 규정돼 있다.

아무튼 고발장이 제출되면서 검찰은 안종범, 최서원 등 86명을 수사할 근거를 갖게 되었다. 서울중앙지검은 이 고발사건을 형사 8부(부장·한웅재 검사)에 배당했다.

정호성 휴대폰,
무더기로 압수되다

최서원을 둘러싼 근거 없는 유언비어가 확산되자, 검찰은 2016년 10월 27일 특별수사본부를 설치했다. 정치권에서 특검(特檢) 필요성이 제기되고 있을 무렵이었다. 검찰은 김수남 검찰총장의 지시에 따라, 이영렬 서울중앙지검장을 본부장으로 하는 대규모 수사팀을 구성했다. 기존 수사팀인 형사8부에 서울중앙지검 특수1부 소속 검사 전원이 합류했고, 전국 검찰청에서 선발된 검사 10명이 특별수사본부에 배치됐다.

그로부터 이틀 후, 검찰은 대통령비서실 부속비서관 정호성의 자택을 전격, 압수수색했다. 정호성 비서관은 이 사건 수사의 단초가 되었던 투기자본 감시센터의 고발대상이 아니었다. 그런데도 검찰이 정호성을 수사 대상으로 삼을 수 있었던 것은 JTBC 측에서 제공한 태블릿PC 때문이다.

JTBC 측이 「최순실 것」이라고 주장하는 태블릿PC를 검찰에 제출한 날은 2016년 10월 24일 오후 7시30분경이다. 그 다음날 태블릿PC를 자체 포렌식한 검찰은 정호성 을 수사선상에 올렸다. 이를 「인지(認知)사건」이라 한다. 고소장이나 고발장과 상관없이, 신문기사나 풍문 등을 통해 입수한 범죄정보를 기초로 검찰이 수사권을 발동하는 게 「인지사건」이다.

헌법 제84조에 따라 현직 대통령을 형사소추(刑事訴追)할 수 없었던 검찰은 태블릿PC 입수를 통해 대통령 주변을 압박할 수 있는 기회를 잡았다. 검찰은 정호성 비서관의 자택 압수수색에서 꾸러미 하나를 발견했다. 그 안에는 휴대폰이 가득했다.

정호성이 예전에 사용했던 2G 피처폰(폴더폰) 2개와 스마트폰 2개, 그리고 그의 아내가 사용했던 휴대폰들이었다. 2년 전인 2014년 겨울, 정호성이 이사하면서 이삿짐 속에 넣어두고, 집 한 구석에 방치해 놓은 것을 검찰 수사관이 발견한 것이다.

이 중 2개의 피처폰은 정호성 비서관이 2012년 대통령선거 때부터 박근혜 대통령 취임 후인 2014년까지 사용한 것이었다. 이 피처폰은 통화내용을 자동으로 녹음하는 기능이 있었다. 대통령에게 올리는 보고서와 연설문을 다뤘던 정호성 비서관은 대통령의 지시사항을 하나라도 놓치지 않기 위해 대통령과의 통화내용을 녹음했다.

정호성은 대통령과 최서원의 대화에 배석한 경우에도 그 대화를 피처폰으로 녹음했다. 정호성은 녹음한 내용을 다시 듣고 정리한 후 녹음파일을 삭제했으나, 검찰은 휴대폰 포렌식을 통해 정호성이 삭제한 녹음파일과 문자메시지를 복원했다.

　정호성 비서관에 의하면, 검찰이 복원한 녹음파일은 236개였다고 한다. 이 중 224개는 대통령 취임 전에 있었던 내용이고, 취임 이후의 녹음파일은 12개였다. 정호성은 "녹음파일 대부분은 2012년 대통령선거 때, 내가 각계의 전문가들과 통화한 것으로, 최서원과는 무관한 것이고 최서원의 목소리가 들어있는 녹음파일은 14개"라고 말했다.

　이 14개 중에서 11개는 대통령과 최서원, 정호성 사이에 있었던 3자간 대화이고, 정호성이 최서원과 둘이서 통화한 내용은 3개인데, 대부분이 대통령 취임식 이전에 있었던 일이라고 정호성 비서관은 말했다.

　녹음파일의 상당수는 저장 공간이 부족한 2G폰에서 녹음된 것이고, 또 녹음과 삭제가 반복되었기 때문에 상태가 좋지 않았다. 녹음이 겹쳐진 부분도 있었다. 검찰은 수사에 필요한 부분만 편집해서 이용했다. 검찰은 이 녹음파일이 대단한 증거인 것처럼 언론에 흘렸다.

　압수수색 닷새 뒤인 11월 3일, 정호성 비서관은 공무상비밀 누설 혐의로 체포되었다. 검찰은 11월 5일 정호성 비서관을 구속했다. 47건의 공무상비밀을 최서원에게 누설했다는 혐의였다.

정호성 비서관은 1심(2017. 11. 15. 선고)에서 징역 1년 6월을 선고받았다. 1심 재판장 김세윤 판사는 47건의 공무상비밀 가운데 33건은 증거수집 절차에 위법성이 있다며 증거에서 제외하고 14건만 유죄의 증거로 인정했다.

나는 수사기록을 통해 정호성 비서관이 최서원에게 보낸 문건 14건의 실체를 확인했다. 그 문건들은 검찰이 제목을 거창하게 붙여놓았을 뿐, 공개를 하더라도 국가 안위를 해치거나 국민의 생명과 재산을 침해하는 내용이 아니었다.

나는 그런 점을 「대통령을 묻어버린 거짓의 산」 제1권에 자세히 소개하고, 14건의 문건들이 과연 공무상비밀에 해당하는지에 의문을 제기했다. 그 판단은 후대의 역사가들이 할 것이다.

안종범,
증거인멸교사죄로 구속

검찰이 청와대 정책조정수석 안종범의 자택을 압수수색한 날은 2016년 11월 2일이다. 검찰은 안종범 집에서 휴대폰 6개를 압수했다. 이 중 4개는 안종범 명의로 등록된 것이고, 1개는 청와대 업무용이며, 나머지 1개는 안종범의 전속보좌관 김건훈의 것이었다. 검찰은 안종범이 청와대 경제수석 시절, 삼성·롯데·SK·LG 등 수많은 대기업의 임원들과 수시로 통화하고 문자메시지를 주고받은 사실을 확인했으나 최서원과 통화하거나 접촉한 흔적은 찾지 못했다.

압수수색이 끝난 이날 오후, 안종범은 검찰에 자진 출두했다. 검찰은 오후 2시부터 다음날 오전 3시20분까지 안종범을 조사했다. 제1회 피의자신문조서에 의하면, 안종범은 대구 계성고 출신으로 1977년 성균관대 경제학과에 진학했다. 성균관대 대학원에서 경제학 석사학위를 취득한 안종범은 미국 위스콘신 대학에서 경제학 박사과정을 수료하고, 귀국 후인 1991년부터 대우경제연구소 선임연구위원으로 활동했다. 안종범은 유승민 의원과 위스콘신 대학 동문이다.

안종범은 서울시립대 교수를 거쳐 1998년부터 2012년까지 성균관대 경제학과 교수로 재직했다. 이회창 한나라당 총재가 대통령후보가 되었을 때는 정책특보(민생·복지)로 발탁됐고, 제19대 국회에서는 새누리당 비례대표 의원이 되었다. 안종범은 박근혜 정부 출범 후인 2014년 6월 12일 청와대 경제수석이 되었고, 2년 후인 2016년 5월부터는 정책조정수석으로 자리를 옮겼다.

진술조서에 의하면, 안종범의 재산은 집 한 채(시가 10억 상당)에 처(妻) 명의의 예금이 조금 있다고 되어 있다. 경제적으로 넉넉한 형편이 아니라는 이야기다. 안종범을 최초 조사한 사람은 김민형 부부장 검사다. 다음은 김민형 검사와의 일문일답이다.

〈문: 피의자가 알고 있기로 최순실은 어떠한 사람인가요.

답: 최근 언론 보도를 봐서 알게 된 사람이고, 그 전에는 일면식도 없었던 사람입니다. 제가 「최순실」이라는 실체를 정확하게 알게 된 것은 최근 한겨레신문에 최순실이라는 이름이 나왔을 때였습니다.

문: 피의자는 최순실의 연락처를 알고 있는가요.

답: 모릅니다.

문: 피의자는 최순실과 직접 만난 적이 있는가요.

답: 없습니다.

문: 피의자는 최순실과 개인적인 친분이 있는가요.

답: 없습니다. 기본적으로 제가 최순실이라는 사람을 몰랐습니다.〉

안종범의 진술처럼, 안종범과 최서원은 사건이 터진 후 법정에서 처음 대면했다. 김민형 검사가 미르 및 K스포츠재단 설립과 관련해 추궁을 시작하자, 안종범은 검사가 제시한 근거들을 마지못해 시인하는 척하면서 법망을 피해나갔다.

다음은 안종범의 제1회 진술 내용이다. 고딕으로 표시한 부분은 진술조서를 그대로 인용한 것이다.

〈**문:** 피의자는 전경련 부회장인 이승철을 알고 있지요.

답: 예, 알고 있습니다.

문: 피의자는 언제부터 이승철과 알고 지내 왔는가요.

답: 1990년대 중반부터 알게 되었던 것 같은데, 저도 경제학 박사이고 이승철도 경제학 박사이다 보니 세미나 학회 이런 곳에서 가끔씩 마주치기 때문에 얼굴하고 이름은 아는 정도이지만 그렇게 개인적인 친분은 없습니다.(**필자 주:** 안종범과 이승철은

1959년생으로 동갑이다).

문: 이승철 말로는 2014. 3. 민관(民官) 합동 창조경제추진단장을 맡게 되었고 그 이후 청와대에 들어가 회의를 하면서 몇 번 피의자를 만난 적이 있다고 하는데 어떤가요.

답: 잘 기억은 나지 않습니다.

문: 전경련 부회장 이승철에 대한 조사 결과, **피의자의 지시**에 따라 국내 대기업들로부터 재단 출연금 약정을 받아준 것이지 자발적으로 한 것은 아니라고 하는데 어떤가요.

답: 그렇지 않습니다. 제가 지시하거나 한 적은 없고 기업들이 자발적으로 재단에 출연하였던 것입니다.

문: 청와대 경제수석인 피의자가 2015. 7.경 전경련 부회장인 이승철에게 전화하여 〖"**문화**하고 **체육**과 관련된 재단을 각각 1개씩 설립해 달라", "**VIP(대통령을 말함)**와 주요 그룹 회장님들 간에 이미 이야기가 되었으니 전경련에서는 이 그룹들로부터 재단 출연금을 걷어서 재단만 설립해 주면 된다"〗라고 말하면서 재단설립을 종용하였다고 하는데 어떤가요.

답: 그 시점에 전화한 사실은 있는 거 같으나, 그런 식으로 말한 사실이 전혀 없습니다.

문: 그렇다면 대통령이 직접 대기업 회장 등 오너들에게 문화와 체육에 관련된 재단설립을 말하였다는 것인가요.

답: 서로 논의가 이뤄진 것으로 대통령에게서 들었습니다.

문: 그렇다면 피의자는 전경련 이승철에게 문화, 체육과 관련된 재단을 설립한다는 문제에 대하여 따로 이야기한 적이 없다는 말인가요.

답: 예, 기억이 없습니다. 다만 만일에 제가 했다 하더라도 제가 먼저 꺼내지는 않았을 것이고, 이승철이 "이런 재단을 만들고자 한 논의가 대통령하고 기업 회장들 사이에 있었던 것으로 들었는데 그게 맞습니까"라고 물어보아 제가 "맞습니다"라고 확인해 준 것에 불과합니다.

문: 그러면 피의자가 문화, 체육을 기본 모토로 하는 재단에 대하여 이승철에게 설립 배경에 대하여 이야기한 적은 없는 것이네요.

답: 예, 그렇습니다. 그 당시에는 없었던 것 같습니다.

문: 피의자는 대통령으로부터 구체적으로 어떠한 지시나 지침을 받은 것인가요.

답: 대통령께서 2015. 7. 24. 및 7. 25. 개별 기업 오너들과 면담을 하시고 나서 저한테 "문화, 체육재단 설립에 대한 이야기를 나눴는데 기업당 30억 정도면 어떻겠느냐는 이야기가 있었는데, 10개 정도면 300억 규모의 재단이 만들어질 것 같다는 이야기를 나누었다"라고 말씀을 하셨습니다.

그러고 나서 얼마나 지나서인지 정확하게는 모르겠지만 이승철이 연락이 와서는 문화와 체육 관련된 재단을 만들기로 구상하고 있다는데 맞는 것이냐고 물어보아, "대통령으로부터 나도 그렇게 들었다"라고 답해 주었습니다. 그러자 이승철이 "그러면 규모는 얼마나 되냐"고 재차 물어보아, "대통령 말씀이 기업당 30억 정도, 10개 기업 정도면 적절하지 않냐고 기업 회장들과 이야기 나눴다고 한다"라고 말해준 것으로 생각됩니다.

문: 그렇다면 대통령의 말을 이승철에게 전달하였을 뿐 피의자는 그 외에 다른 역할을 한 것은 없다는 것이네요.

답: 예, 정확합니다. 모금에 관하여 이미 대통령과 회장 간에 얘기를 마쳤는데, 제가 어떠한 지시를 할 상황에 있지 않습니다. 제가 이승철에게 말한 것도 대통령께서 말씀한 바가 있기 때문에 이승철한테 그걸 참고하라고 알려준 것이지 제가 지시한 것은 아닙니다.

문: 그렇다면 대통령이 300억원을 재단에 출연하라고 지시하였다는 말인가요.

답: 꼭 그런 의미는 아니고, 대통령하고 기업인들 사이에 1개 기업이 30억씩, 10개 정도면 어떻겠느냐 라는 이야기가 오고간 것으로 저는 알고 있습니다.〉

안종범의 이 진술에 대해 전경련 부회장 이승철은 법정증언(2017. 1. 19.)에서 사실이 아니라고 부인했다. 안종범이 먼저 전화를 걸어 재단설립을 지시했으며, 지시 내용도 안종범 주장과 다르다는 것이었다.

법정증언은 판사 앞에서 손을 들고 "양심에 따라 숨김과 보탬이 없이 사실 그대로 말하고, 만일 거짓말이 있으면 위증의 벌을 받기로 맹세합니다"라는 선서를 하고나서 증언하기 때문에 웬만해서는 거짓말을 할 수가 없다.

검찰은 조사 도중인 11월 2일 오후 11시40분경 안종범을 긴급 체포하고 조사를 계속했다. 안종범은 11월 5일 정호성 비서관과 함께 구속되었다. 죄명은 직권남용권리행사방해와 증거인멸교사였다.

증거인멸교사죄가 적용된 것은 안종범이 자기와 관련된 증거를 없애기 위해 전경련 부회장 이승철과 K스포츠재단 상임이사 김필승에게 연락하여, 각자의 휴대폰을 폐기하거나 은닉하도록 교사(教唆)한 증거들이 발견되었기 때문이다.

"이영렬 검사장,
감형을 조건으로 자백 강요"

최순실이라는 이름이 언론에 처음 등장한 날은 2016년 9월 20일이다. 한겨레신문의 선임기자 김의겸이 최초 보도했다. 김의겸에게 그런 내용을 확인해준 장본인은 TV조선 사회부장 이진동이다. 이 부분은 「대통령을 묻어버린 거짓의 산」 제1권에 자세히 기록돼 있다.

최서원은 한겨레신문 보도가 있기 전인 9월 3일 독일로 출국했다. 독일에서 57일간 체류한 최서원은 영국 런던을 거쳐 10월 30일 서울에 도착하고, 그 다음날 오후 3시 서울중앙지검에 자진 출두했다.

검찰이 출국 이유를 추궁하자 최서원은 "제가 독일에 장기 체류자격이 있고, 제 딸 정유라도 장기 체류자격이 있는데 딸 유라가 독일에 있고 해서 나간 것이지 언론보도를 피해서 나간 것은 아닙니다"라고 진술했다. "입국을 결정할 때 누구와 상의했느냐"는 검찰 신문에 최서원은 "제 변호인인 이경재 변호사와 상의했다"고 진술했다.

검찰은 10월 31일 오후 3시20분부터 다음날 새벽 1시35분까지 최서원을 1차 조사했다. 검찰은 조사 도중인 밤 11시37분에 최서원을 긴급 체포하고, 이어 11월 1일 오후 2시40분부터 밤 12시40분까지 2차, 3차 조사를 이어나갔다. 최서원에 대한 1, 2차 조사는 서울중앙지검 부부장 김민형 검사가 담담했고, 3차 조사는 특수1부 부부장 고형곤 검사가 맡았다.

검찰은 세 차례 조사 결과를 근거로 11월 2일, 최서원에 대해 구속영장을 청구했다. 최서원의 혐의는 직권남용권리행사방해와 사기미수죄였다. 직권남용죄는 공무원에게만 해당되는 범죄다. 직권남용죄가 성립하려면, 「민간인」 최서원이 공무원과 공모했다는 사실을 검찰이 입증해야 한다.

검찰은 최서원이 공무원인 안종범 및 김종(문화체육부 2차관)과 공모했다는 이유로 구속영장을 청구했으나, 이는 고영태·노승일(K스포츠재단 부장)·박헌영(K스포츠재단 과장)의 주장일 뿐 증거가 없었다.

최서원에게 구속영장이 청구된 11월 2일 오후 3시경, 검찰은 안종범의 신병을 확보하고 있었다. 검찰은 최서원과 안종범의 공모관계를 확인할 시간이 있었음에도 두 사람을 상대로 대질조사를 벌이지 않았다. 두 사람이 전화통화를 하거나 한번이라도 만난 사실이 없다는 게 확인되면 구속영장이 기각될 게 뻔했기 때문이다.

이에 대비, 검찰은 최서원에게 사기미수죄를 추가했다. 최서원과 관계가 있는 더블루K라는 회사가 능력이 되지 않으면서도 K스포츠재단에 두 차례에 걸쳐 연구용역비 7억1340만원을 청구했다가 미수에 그쳤다는 내용이다. 이것 역시 고영태·노승일·박헌영의 일방적 주장이다. 최서원에게 적용된 사기미수죄는 1심, 2심, 3심에서 모두 무죄가 선고되었다.

이런 상황에서 한정석 서울중앙지방법원 영장담당 판사는 「범죄사실이 소명되고 구속의 사유와 필요성이 인정된다」는 이유로 최서원에 대한 구속영장을 발부했다. 이때 구속영장이 기각되었더라면 대통령 탄핵이라는 불행한 사태는 없었을지도 모른다.

구속된 최서원에 대한 4차 조사는 최영아 검사가 담당했다. 여성인 최영아 검사는 특수3부 소속 수석검사였다. 최영아 검사는 서울구치소에 수감된 최서원을 11월 8일 심야에 서울중앙지검으로 소환, 밤 10시47분부터 다음날 새벽 1시18분까지 조사했다. 이때 최영아 검사는 「조사」가 아니고 「면담」이라는 이유로 변호인의 입회를 불허했다.

수사기관에서의 「면담」과 「조사」는 개념이 다르다. 검사나 수사관이 수사 초기에 사건의 전반적인 개요를 파악하기 위해 피조사자와 자유로운 대화시간을 가지되, 기록을 남기지 않는 게 「면담」이며, 일문일답식의 신문 내용을 조서에 기록하는 행위가 「조사」다. 검사가 면담을 요청하면 변호인은 자리를 피해주는 게 법조계 관행이다.

최영아 검사는 법에 규정된 변호인의 조사 참여권을 의도적으로 침해했다. 최영아 검사의 수사방식에 문제가 있다는 점을 기록으로 남기기 위해, 이경재 변호사는 4차 진술조서 말미(末尾)에 「신문 참여 변호인 변호사 이경재. 피의자 진술의 임의성에 문제가 있다고 생각합니다」라고 자필로 적었다.

최영아 검사는 다음날인 11월 9일에도 최서원을 심야에 소환해 밤 10시50분부터 다음날 새벽 1시25분까지 5차 조사를 벌였다. 최영아 검사가 담당했던 6차(11월 10일), 7차(11월 13일), 8차(11월 14일) 조사와 11차(11월 17일) 조사는 대부분 자정 무렵에 끝났다.

최서원은 검찰에 자진 출두한 이후, 거의 매일 조사를 받았다. 조사 과정에서 서울중앙지검장이자 특별수사본부장인 이영렬 검사장이 최서원 피고인을 불러서, 형량 조절을 언급하며 자백을 강요했다는 사실이 최서원의 법정증언(2017. 4. 17.)에서 공개되었다. 다음은 최서원의 발언 취지를 정리한 것이다.

〈제가 독일에서 들어오자마자 출석요구를 받아서 변호사가 입회를 했다지만 변호사 이름조차 기억 못할 정도였습니다. 검사가 여러 가지를 물어보는데 제가 모르는 내용이 많았습니다. 조사를 받을 때 맨 처음 만난 분이 한웅재 검사입니다.

그 분은 "이번 사건은 거의가 당신 책임이다. 국정농단이 커서 당신이 모든 걸 얘기하고, 모든 걸 안고 가라"는 식으로 말했습니다. 조사 과정에서 제가 아무리 사실을 얘기해도 제 얘기는 먹히지 않았습니다. 저도 모르게 조서가 꾸며진 게 많습니다.

조사 중간에 이영렬 부장(**필자 주**: 당시 서울중앙지검장으로 특별수사본부장인데, 최서원 피고인이 직책을 착각한 것으로 보임)이 저를 불러서 "협조해라. 다른 사람들은 협조하고 다 시인했다. 협조하면 형량 조절이 된다. 당신이 이렇게 부인만 계속하면 형량에 문제가 생길 것"이라는 말을 하였습니다. 제게 협조를 하라고 하는데, 협조보다는 진실되게 말해야 한다고 생각하고, 제가 아는 한 대답을 다 하였습니다.〉

최서원 피고인의 입에서 「이영렬 검사장」의 이름이 등장하자, 1심 재판장인 김세윤 판사가 최서원을 직접 심문했다.

"그때 이경재 변호사가 계셨는가요?"

"이경재 변호사님이 계신 것 같은데, 다른 변호사님이 계셨는지는 잘 모르겠습니다."

최서원 피고인의 이 주장에 검찰은 반박하지 않았다. 한웅재 검사는 최서원 사건의 주임검사이기 때문에 수사 중인 피의자를 만나서 무슨 이야기든 할 수 있다. 그러나 수사 최고책임자인 이영렬 검사장이 피의자를 직접 불러, 형량 조절 운운하며 자백을 강요한 것은 진술의 임의성(任意性)을 침해하는 행위다.

형사소송법 제317조(진술의 임의성)에는 「피고인 또는 피고인 아닌 자의 진술이 임의로 된 것이 아닌 것은 증거로 할 수 없다」고 되어 있다. 고문이나 협박, 속임수에 의해 강제로 이루어진 자백은 증거가 아니라는 이야기다.

제목만 있고
내용이 없는 공소장

검찰 특별수사본부는 2016년 11월 20일, 최서원·안종범·정호성 3명을 일괄 기소했다. 검찰이 법원에 제출한 공소장은 A4용지로 총 39장이다. 1페이지부터 3페이지까지는 피고인 3명의 인적사항과 죄명, 적용법조와 구속여부, 피고인들의 지위 등 기본 사항이 적혀있고, 4페이지부터가 범죄혐의를 기록한 공소사실이다.

검찰은 공소사실 맨 앞에 굵은 고딕체로 **【피고인 최서원, 피고인 안종범, 대통령의 공모범행】**이라는 제목을 붙였다. 그러나 제목만 거창했지, 제목을 뒷받침하는 내용이 하나도 없었다. 대통령이 최서원·안종범과 공모를 했다면, 검찰은 「세 사람이 언제, 어디서 만나, 무슨 내용을, 어떻게 공모했는지」를 공소사실에 구체적으로 적시해야 한다.

형사소송법 제254조(공소제기의 방식과 공소장)에는 「공소사실의 기재는 범죄의 시일, 장소와 방법을 명시하여 사실을 특정할 수 있도록 하여야 한다」고 규정돼 있기 때문이다. 범죄혐의가 육하원칙에 따라 특정되지 않으면 무죄라는 게 대법원의 판례다.

이때까지만 해도 탄핵소추안이 국회에 제출되기 전이어서 박근혜 대통령은 엄연한 현직 대통령으로서 형사소추 대상이 아니었다. 그런 상황에서 검찰은 아무런 증거도 없이 현직 대통령을 「공범」이라고 공소장에 못 박았다. 탄핵소추안이 2016년 12월 9일 국회를 통과할 때, 결정적인 증거로 작용한 게 검찰의 이 표현이다.

여기에 JTBC가 기획한 태블릿PC 날조 보도가 가세하면서 대통령의 모든 직무는 정지되고 대통령의 권한은 일순간에 무력화되었다. 더욱 충격적인 것은 대통령 탄핵을 결정한 헌법재판소 결정문에도 「2016. 11. 20.에는 최서원·안종범·정호성이 구속 기소되었는데, 이들의 공소사실 일부에는 피청구인(대통령)이 공범으로 기재되었다」고 하여, 검찰 공소장을 그대로 인용하고 있다는 점이다. 객관적인 증거가 없었기 때문에 헌법재판소는 검찰 공소장을 증거인양 활용했다.

현직 대통령을 증거도 없이 「공범」이라고 단정한 이런 일들을 실무적으로 지휘한 사람이 이영렬 서울중앙지검장이고, 그 상급자가 김수남 검찰총장이다. 헌법 제84조와 검찰청법 제4조를 명백하게 위반한 이영렬 검사장과 김수남 검찰총장은 언젠가는 「역사의 법정」에 서서, 그 심판을 받아야 할 것이다.

이 무렵 대통령은 국민들에게 진실을 알리기 위해 언론 인터뷰를 시도했다. 당시 청와대가 염두에 두었던 언론사는 문화방송(MBC)이었다. MBC는 언론의 광란(狂亂)이 시작된 2016년 7월부터 대통령이 구속된 2017년 3월 사이에 최서원 사건을 그런대로 공정하게 보도한 언론사였다. 이는 검찰과 특검이 법원에 증거자료로 제출한 수많은 언론 기사 가운데 MBC 보도 내용이 포함돼 있지 않다는 점에서 확인할 수 있다.

나도 최서원 사건을 취재할 때 MBC 기자들의 도움을 많이 받았다. 2016년 당시, MBC 사장은 김장겸이었다. 나는 김장겸 사장에게 청와대가 MBC에 대통령 인터뷰를 요청한 적이 있는지를 물어보았다. 김장겸은 "청와대에서 인터뷰 요청을 한 것은 사실이다. 그러나 보도국 차원에서 정중하게 고사했기 때문에 사장인 나에게는 보고되지 않았다"고 말했다.

그 정도로 그 당시 대부분의 언론은 대통령에게 비우호적이었다. 그도 그럴 것이 이른바 촛불을 등에 업은 일부 세력들이 서울 광화문 광장에 「단두대」를 설치하고, 효수(梟首)한 대통령의 사진을 버젓이 걸어놓을 만큼 분위기가 살벌했기 때문이다. 세칭 「인민재판」이 모든 것을 지배하는 시대였다.

청와대가 대안으로 선택한 매체가 개인 유튜브인 「정규재 TV」였다. 대통령이 출연한 「정규재 TV」의 동영상은 조회 수가 230만회를 넘었다. 하지만 가짜뉴스와 유언비어가 판치는 세상에서 진실이 거짓을 이기기에는 역부족이었다.

공소사실은
한 편의 「소설」

검찰은 최서원이 대통령과 공모한 흔적을 찾기 위해, 그녀가 한번이라도 사용한 모든 휴대폰의 통화내역을 조회했다. 최서원 진술조서에 의하면, 검찰이 확보한 최서원의 휴대폰 번호는 6개였다. ① 본인 명의로 등록된 것 하나, ② 은행계좌를 개설할 때 사용한 것 두 개, ③ 오피스텔 관리실과 통화할 때 사용한 것, ④ 더블루K 대표 조성민과 통화할 때 사용한 것, ⑤ 강원도 홍천 소재 소노빌리지 콘도를 예약할 때 사용한 것 등이다. 하나만 본인 명의이고 나머지 5개는 최서원의 운전기사 등 제3자 명의였다. 이른바 차명폰이었다.

검찰은 최서원이 사용한 6개의 휴대폰을 비롯해 주변 사람들의 행적까지 이 잡듯이 뒤졌지만, 미르재단 설립 움직임이 있었다는 2015년 7월경에 최서원이 대통령과 공모하거나 안종범과 공모한 증거를 확보하지 못했다.

그러다보니 검찰이 작성한 공소사실은 안종범의 일방적 주장과 언론에 보도된 허위내용들을 적절히 섞어놓은 것에 불과했다. 그것도 얼기설기 엮다보니 마치 한 편의 「소설」 같았다. 미르재단 설립과 관련된 공소사실은 다음과 같은 구조로 되어 있다.

〈① 2015. 7.경, 대통령은 현 정부가 국민의 문화적 권리를 보장하고 문화의 가치와 위상을 제고하기 위하여 「문화융성」을 4대 국정기조의 하나로 정하여 적극적인 인적·물적 지원 등 행정력을 집중하여 역점적으로 추진하고 있는 점에 착안하여 한류 확산, 스포츠 인재 양성 등 문화, 스포츠사업을 목적으로 하는 재단법인의 설립을 추진하되, 재단법인의 재산은 전국경제인연합회 소속 회원 기업체들의 출연금으로 충당하기로 계획하였다.

② 피고인 안종범은 2015. 7. 20.경 대통령으로부터 "대기업 회장들과 단독면담을 할 예정이니 그룹 회장들에게 연락하여 일정을 잡아라"는 지시를 받고, 삼성 등 7개 그룹을 최종적으로 선정하여 2015. 7. 24.~25. 양일간 단독 면담을 진행하기로 한 다음, 그 사실을 대통령에게 보고하였다.

③ 대통령은 2015. 7. 24. 오후 서울 종로구 삼청동 소재 안가에서 현대자동차그룹 회장 정몽구·부회장 김용환, CJ그룹 회장 손경식, SK이노베이션 회장 김창근을, 같은 달 25. 같은 장소에서 삼성그룹 부회장 이재용, LG그룹 회장 구본무, 한화그룹 회장 김

승연, 한진그룹 회장 조양호 등 대기업 회장들과 순차적으로 단독면담을 하고, 그 자리에서 문화, 체육 관련 재단법인을 설립하려고 하는데 적극 지원해달라는 취지로 발언하였다.

④ 안종범은 대기업 회장들과 단독 면담을 마친 대통령으로부터 "전경련 산하 기업체들로부터 금원을 갹출하여 각각 300억 원 규모의 문화와 체육 관련 재단을 설립하라"는 취지의 지시를 받고, 그 직후인 2015. 7. 하순경부터 8. 초순경까지 사이에 전경련 상근부회장 이승철에게 전화하여 재단설립을 추진하라고 지시하였다.

⑤ 피고인 최서원은 그 무렵 대통령으로부터 "전경련 산하 기업체들로부터 금원을 갹출하여 문화재단을 만들려고 하는데, 재단의 운영을 살펴봐 달라"는 취지의 요청을 받고, 재단의 인사 및 운영을 장악하기로 하였다.

⑥ 최서원은 2015. 7.경 재단 설립에 대한 논의가 시작된 후 기업체들의 자금 출연 등이 이루어지지 않아 재단 설립이 지체되던 중, 2015. 10. 하순경 리커창 중국 총리가 방한 예정이라는 사실을 알고 정호성에게 "대통령이 지난 중국 방문 당시 문화교류를 활발히 하자고 하셨는데, 구체적 방안으로 양국 문화재단 간 양해각서(MOU)를 체결하는 것이 좋을 것으로 보인다. 이를 위해서는 문화재단 설립을 서둘러야 한다"고 말하였고, 정호성은

위와 같은 내용을 대통령에게 보고하였으며, 피고인 안종범은 2015. 10. 19.경 대통령으로부터 "한·중 간에 양해각서를 체결하여야 하니 재단 설립을 서둘러라"는 지시를 받았다.

⑦ 안종범은 2015. 10. 19.경 이승철에게 전화하여 "급하게 재단을 설립하여야 하니 전경련 직원을 청와대 회의에 참석시켜라"라고 지시하고, 경제금융비서관 최상목에게 "300억원 규모의 문화재단을 즉시 설립하라"는 취지로 지시하였다.

⑧ 안종범의 지시를 받은 최상목은 2015. 10. 21.부터 재단설립 준비 작업에 착수하여, 10. 26. 출연기업 임원들에게 창립총회 회의록에 법인 인감을 찍게 하고, 문체부 직원 김기강은 10. 27. 내부결재를 마치고 법인 설립허가를 해주었다.

⑨ 이로써 피고인 최서원, 피고인 안종범은 대통령과 공모하여 대통령의 직권과 경제수석비서관의 직권을 남용함과 동시에 이에 두려움을 느낀 피해자 이승철 등 전경련 임직원과 피해자 삼성전자 대표 권오현 등 기업체 대표 및 담당 임원들로 하여금 미르재단에 486억원의 금원을 출연하도록 함으로써 의무 없는 일을 하게 하였다.〉

위에 기재한 9개의 공소사실 중, 팩트라고 할 수 있는 것은 4개뿐이다. 대통령이 청와대 경제수석 안종범에게 7대 그룹 회장들과의 단독면담을 지시했다는 ②항과, 대통령이 대기업 총수 7명을 삼청동 안가에서 만났다는 ③항, 그리고 안종범이 이승철과 최상목에게 문화재단을 설립하라고 지시했다는 ⑦항과, 10월 27일에 미르재단에 대한 설립허가가 났다는 ⑧항이다.

이것 외에 대통령이 2015년 7월경에 재단을 설립하기로 계획했다는 ①항은 근거 없는 검찰의 추론이며, 대통령 지시에 의해 재단설립을 추진했다는 ④항은 안종범의 일방적 주장이다. 또 최서원이 대통령의 요청에 따라 재단의 인사 및 운영을 장악하기로 했다는 ⑤항과, 직권남용 및 강요죄가 성립된다는 ⑨항은 검찰의 자의적 판단이다.

특히 최서원이 정호성에게 "한국과 중국의 문화재단 간에 양해각서를 체결하는 것이 좋을 것으로 보인다. 이를 위해서는 문화재단 설립을 서둘러야 한다"고 말했다는 ⑥항은 안종범 주장과 언론 보도뿐인데, 이를 뒷받침하는 유일한 근거는 미르재단 사무부총장 김성현이 미르재단 현판식 당일(2015. 10. 27.), 중국 출장을 갔다는 사실이다.

그러나 김성현 사무부총장과 함께 중국에 출장 갔던 이한선(미르재단 상임이사)은 법정에서 "차은택의 부탁을 받고 중국에 출장가긴 했으나 양해각서 체결을 위한 논의는 없었다"고 증언했다. 이런 식의 어처구니없는 구조이기 때문에 나는 검찰의 공소사실을 「소설」이라고 판단하는 것이다.

공소사실 ①항에서 검찰은 대통령이 전경련을 이용하여 미르재단을 설립키로 계획한 시점이 「2015년 7월경」이라고 전제했다. 그런데 공소사실 ⑧항에는 미르재단이 2015년 10월 21일에서 27일 사이에 설립되었다고 되어 있다. 재단을 설립하는데 1주일밖에 걸리지 않았다는 이야기다.

그렇다면 안종범은 7월경에 계획했다는 대통령 생각을 무슨 이유로 10월에 실행하게 되었을까? 1주일 밖에 걸리지 않은 재단 설립 작업을 석 달 동안 지체한 이유가 궁금했다. 그 이유를 검찰은 "기업체들의 자금 출연 등이 이루어지지 않아 재단설립이 지체되었다"고 공소사실에서 밝혔다.

그러나 검찰은 공소사실 앞부분에 대통령의 권한을 이렇게 명시했다. 「…(전략) 신규 사업의 인허가, 금융지원, 세무조사 등 구체적 사항에 대하여 직접적·간접적 권한을 행사함으로써 각종 사업을 영위하는 기업체들의 활동에 있어, 직무상 또는 사실상의 영향력을 행사할 수 있는 사람」이라는 것이다.

이렇게 되면 공소사실의 앞부분과 뒷부분 내용은 모순(矛盾)된다. 앞에서는 대통령의 권한이 막강하다고 해놓고, 뒷부분에 가서는 그런 막강한 그런 힘을 가진 대통령의 지시를 기업들이 거부하고 석 달 동안 자금출연을 하지 않았다고 명시한 것은 앞뒤가 맞지 않기 때문이다.

범죄혐의를 무리하게 꿰맞추다보니 검찰의 논리는 사실상 궤변(詭辯)에 가까웠다. 지금부터 객관적 사실을 토대로, 공소사실 ①, ④, ⑤, ⑥, ⑨항의 진실성을 검증해 본다.

대통령,
검찰 조사 다섯 번 받다

첫째, 대통령이 2015년 7월경에 미르재단을 설립키로 계획했다는 공소사실 ①항의 진실이다. 먼저, 대통령 조사 내용부터 살펴보자.

박근혜 대통령은 모두 다섯 차례에 걸쳐 검찰 조사를 받았다. 구속되기 전에 한 번, 그리고 구속된 이후에 서울구치소에서 네 번 더 조사를 받았다. 대통령이 첫 조사를 받은 날은 2017년 3월 21일로, 헌법재판소의 탄핵 결정이 있고나서 11일이 지나서다.

대통령을 1차 조사한 사람은 서울중앙지검 형사8부장 한웅재 검사와 특수1부장 이원석 검사였다. 조사 자리에는 대통령의 변호인인 유영하·정장현 변호사가 입회했다. 검찰은 첫 조사 때부터 대통령을 「피의자」로 취급했다.

제1회 피의자신문조서에 의하면, 대통령은 이날 오전 9시43분부터 밤 11시38분까지, 약 14시간동안 서울중앙지검 10층에 위치한 영상녹화조사실(1001호)에서 조사를 받았다. 조사 도중,

점심 식사를 위해 1시간 7분, 저녁 식사를 위해 1시간 35분의 휴식시간이 주어졌다.

제1회 피의자신문조서는 A4 용지로 101장이다. 조서 분량이 방대한 이유는 검찰이 대통령의 재산 상태에서부터 최서원과의 관계, 미르재단과 K스포츠재단 설립 건(件), 삼성·LG·현대자동차·SK 등 9개 그룹 회장 면담 건, 정유라 승마 지원 건, 동계스포츠 영재센터 지원 건, 제일모직과 삼성물산 합병 건, 롯데그룹 70억 지원 및 SK그룹 89억 요구 건, 문화계 블랙리스트 건, 세월호 사고 당시 대통령의 행적에 이르기까지 18개 혐의를 모두 신문했기 때문이다.

1차 조사에서 검찰은 대통령에게 맨 먼저 재산 상태를 물었고, 이어 최서원을 언제, 어떻게 알게 되었으며, 어떻게 호칭했는지를 신문했다. 대통령은 최서원과의 관계에 대해 이렇게 진술했다. 다음은 일문일답이다.

〈문: 피의자는 최순실을 언제 어떻게 알았습니까.
답: 최순실을 알고 지낸 것은 오래 되었습니다. 제가 가족이 없다보니 가족이 있으면 챙겨줄 옷이나 생필품 등 소소한 일들을 최순실이 조용히 도와주었고, 오랫동안 도와주다 보니 제 생각도 비교적 잘 이해하는 편이어서 가끔 청와대에 들어와서 밖의 여론

도 저에게 들려주곤 하였습니다.

문: 피의자는 최순실을 어떻게 호칭합니까.

답: 최순실이 유치원을 한 적이 있기 때문에 「최 원장」이라고 불렀습니다.

문: 피의자는 최순실과 친분관계를 계속 유지해오면서 공·사 간에 도움을 받은 사실이 있습니까.

답: 사적인 것은 위에서 말씀드렸고, 공적이라고 하면 제가 대선(大選)을 치를 때 여러 가지 캠페인도 하고 연설도 하고, 할 일이 많았는데 최순실은 저의 말이 국민에게 좀 더 쉽게 이해될 수 있도록 말을 가다듬어 주는 데 감각이 있어서, 그런 일들에 대하여 도움을 조금 받았습니다.

문: 피의자는 대통령 재임 기간 동안 최순실을 언제, 어디서 몇 회나 만났습니까.

답: 정부 초기에는 이런저런 일들이 필요해서 비교적 여러 번 청와대 관저로 온 사실이 있고, 그 후로는 그런 일들이 없어서 뜸해졌습니다. 그리고 제가 외국을 갈 때 의상 문제 등으로 청와대를 찾아온 적이 있는데, 제가 최순실을 관저 밖에서 만난 적은 없습니다.

문: 피의자는 최순실과 통화를 얼마나 자주 하였습니까.

답: 그렇게 자주 하지는 않았습니다.

문: 피의자는 최순실과 통화할 때 주로 어떤 내용으로 통화를 하였습니까.

답: 주로 의상 문제로 통화를 하였습니다. 그리고 다른 사적인 심부름을 시킬 때도 통화를 한 사실이 있습니다.〉

기본적인 사항을 대충 확인한 검찰은 본격적인 신문에 돌입했다. 미르와 K스포츠재단 설립과 관련된 내용이다. 다음은 대통령과 검사와의 일문일답이다.

〈문: 피의자가 대통령으로 재임하는 동안, 문화융성이 4대 국정기조 중의 하나였습니까.

답: 네, 맞습니다.

문: 특검 발표에 대한 변호인 입장을 보면, 「2015.경부터 문화융성과 체육인재 양성을 위해 재단을 만들어야 한다는 논의가 있었고, 재원(財源) 마련에 대해서도 이야기들이 있었다」고 말하는데, 사실입니까.

답: 네, 사실입니다.

문: 그럼 위와 같은 말은 누가 어떤 자리에서 하였습니까.

답: 그걸 누가 이야기했다는 것은 구체적으로 기억나지 않습니다. 다만, 인수위 때부터 문화나 체육인재 양성에 관하여 관

(官)에서 주도하는 것은 한계가 있기 때문에 그런 부분을 민간과 같이 하면 창의적인 아이디어가 나올 수도 있고, 숨겨진 인재도 찾을 수 있으며, 문화가 융성하여 한류(韓流)가 세계로 뻗어나가면 기업도 이미지가 제고되고, 기업이 좋아지면 수익창출이 되어 나라 경제에도 도움이 된다는 등의 얘기가 있었습니다.

이러한 일들을 정부 초기부터 해야 되는데, 여러 가지 복잡한 일들이 많아서 제대로 못했다는 생각이 들었습니다. 그러던 중, 2015년도에 들어서 관(官)만 가지고는 안 되니 밖에서 사단과 재단을 만들어서 우리가 열심히 해보자, 그런 이야기들이 여러 회의석상에서 있었다는 이야기를 들었습니다.

문: 피의자는 2015. 1. 경 안종범에게 문화·체육재단을 설립할 방안을 검토해보라고 언급한 사실이 있습니까.

답: 제가 명시적으로 안종범에게 재단을 설립하라고 말한 사실은 없습니다. 제가 창조경제혁신센터 등을 통해서 기업인들을 만날 기회가 있을 때마다 "역시 21세기에는 문화가 대세다, 한류라는 소중한 자산이 있으니 그런 것을 통하여 우리가 더 많이 발전해 나갈 수 있도록 민간에서 관심을 갖고 호응을 해 달라"라는 취지의 말을 하였을 뿐입니다.

한류가 뻗어나가면 우리 기업의 브랜드 가치도 올라가고, 외국에서 한류에 대한 친화적 환경이 조성되면 기업들의 수익 창출도 좋아지고 하니, 기업들이 저의 말에 공감을 해주었습니다. 우리가 재단을 설립하라고 해서 하는 것이 아니라, 나의 이야기에 공감을 한 기업들이 전경련(全經聯)과 의논을 하면서 재단설립을 추진하고 있다는 보고를 받고, 저는 기업들 쪽에서 자발적으로 논의가 되고 있다고 하니 고맙다는 생각을 하였습니다.

문: 안종범의 2015. 1. 19.자 수첩에는 「VIP, 대기업 별 문화재단, 갹출→ 공동 문화재단」이, 1. 29.자 수첩에는 「VIP, 대기업 재단 출연, 기업 문화기금 조성」이 기재되어 있는데, 이러한 말을 언급한 사실이 없습니까.

답: 저는 그렇게 이야기한 사실이 없습니다. 또 저는 예전 정부에서 기업들에게 "이거 내라, 저거 내라"고 한 적이 있었다고 하여, 오히려 그렇게 하는 부분에 대하여 상당한 거부감이 있었습니다.

문: 최순실은 주변 사람들에게 "문화가 중요하다", "종합형 스포츠클럽을 맡아서 운영할 재단이 있어야 한다"는 등의 말을 자주 하였다고 합니다. 재단설립에 대하여 최순실과 의견을 교환하거나 상의한 사실이 있습니까.

답: 최순실씨와 의논할 일도 아니고, 의논한 사실도 전혀 없습니다.

문: 최순실은 "대통령이 예전부터 문화재단을 만들어 지원하

려는 강한 의지가 있었고, 전경련 기업들의 자금으로 문화재단을 만들려는 강한 의지가 있었다"고 합니다. 최순실에게 위와 같은 말을 한 사실이 있습니까.

답: 아니오, 그렇게 말한 사실이 없습니다.〉

판사의 눈을 속일
결정적 「한방」

대통령이 검찰 추궁을 일일이 부인하자, 검찰은 증거서류 하나를 제시한 후 신문을 이어나갔다. 검찰은 이 서류의 중요성을 부각하기 위해, 신문조서에 이 부분을 눈에 띄게 굵은 고딕체로 표시했다. 인용하면 이렇다.

<이때 검사는 피의자에게 2015. 7. 24.자 청와대 경제수석실 작성의 「문화/체육 분야 비영리 재단법인 설립 방안」 사본을 제시함(이하 피의자에게 제시하는 서류는 별도 수사보고서로 편철함).

문: 피의자는 「삼성, 현대차, SK, LG, 롯데, GS, 한진, 한화, 두산, CJ 등 총 10개 기업으로부터 각 30억원씩 총 60억원을 출연받아 300억원 규모의 문화 및 체육재단 설립을 추진한다」는 위 문건을 보고받은 사실이 있습니까.

답: 이 문건은 처음 보는 문건입니다.

문: 청와대 경제수석비서관실 행정관 방기선은 안종범으로부터 문화·체육재단 설립을 검토해 보라는 지시를 받고, 위 문건을 만들어 2015. 7.경 안종범에게 보고하였다고 합니다. 안종범으로부터 위 문건을 보고받은 사실이 없습니까.

답: 보고받은 사실이 없습니다.〉

검찰은 이 신문을 끝으로 증거서류에 대한 추궁을 멈추고, 신문 사항을 바꿔버린다. 이어지는 신문은 "피의자는 2015. 7. 24. 창조경제혁신센터장 및 후원기업 회장들과 간담회를 개최한 사실이 있습니까"라는 것이고, 이에 대해 대통령은 "네, 있습니다"라고 진술했다고 되어 있다.

그러면, 검찰은 왜 대통령을 계속 추궁하지 않았을까? 검찰이 범죄혐의를 입증할 증거서류를 갖고 있으면, 그 증거를 근거로 피의자를 계속해서 압박해가는 게 일반적인 수사기법이다.

이럴 경우, 검찰 추궁을 모면하기 위하여 거짓말을 한다거나, "기억이 나지 않는다"는 식으로 얼버무리면 오히려 대통령에게 불리하게 작용한다. 그런데도 검찰은 증거서류가 있다는 점을 암시하는 선에서 신문을 멈췄다.

검찰이 대통령을 상대로 이런 애매모호한 방식의 신문조서를 작성한 의도는 구속영장 발부를 의식했기 때문인 것으로 보인다.

첫 조사가 이뤄질 무렵, 대통령 사건과 관련된 수사기록은 12만 장에 이를 만큼 방대했다. 때문에 영장실질심사를 담당하는 판사가 하루 만에 다 읽을 수 있는 분량이 아니었다.

검찰 입장에서는 대통령 사건의 객관적 실체를 잘 모르는 영장담당 판사의 눈을 속일 수 있는 결정적인 「한방」이 필요했다. 그러려면 신문조서 맨 앞부분에 「한방」을 등장시킨 다음, 이에 대해 대통령이 부인했다는 기록을 남겨놓으면, 영장담당 판사는 대통령이 검찰이 제시한 증거서류마저 부인한 점을 근거로, "범죄혐의의 상당 부분이 소명됐고, 증거인멸의 우려가 있다"는 이유로 영장을 발부할 수 있기 때문이다.

그런 의도에서 검찰이 제시한 문건이 청와대 경제수석실에서 작성했다는 「문화/체육 분야 비영리 재단법인 설립 방안」이라는 사본이고, 이 부분을 눈에 띄게 하기 위해 굵은 고딕체로 표시한 것이다.

검찰은 대통령을 1차 조사할 때, 청와대 서류 몇 가지를 중요한 증거인 것처럼 제시하며, 이 서류의 중요성을 부각하기 위해 신문조서에 모두 굵은 고딕체로 표시했다. 예컨대 **「2015. 11.경 경제수석실 작성의 지시사항 과제별 이행 현황표」, 「2016. 2.경 경제수석실 작성의 지시사항 과제별 이행 현황표」, 「2016. 6.경 지시사항 과제별 이행 현황표」, 「2016. 8. 2.자 정책조정수석실 작성의**

주요 지시사항 과제별 이행 현황표」 등이다.

그러나 이 서류들은 대통령에게 정식으로 보고된 청와대 문건이 아니고, 안종범의 개인휴대폰에 저장돼 있던 일정표를 검찰이 출력한 것에 불과했다. 이 일정표는 「구글 캘린더」 양식에 근거하여 안종범과 안종범의 보좌관인 김건훈이 공동으로 작성하고 공유한 사적(私的) 메모였던 것이다.

검찰은 대통령에 대해 구속영장을 청구하기 전에, 안종범 조사(2017. 1. 26.)를 통해 위에 언급한 과제별 이행 현황표의 작성 과정을 이미 파악하고 있었다. 나는 이런 사실을 삼성전자 부회장 이재용 재판 때 증인으로 출석한 안종범의 법정녹취록(2017. 7. 4.)에서 확인했다.

그럼에도 검찰은 대통령을 조사할 때, 안종범이 경제수석 시절에는 경제수석실 작성의 공식서류인 것처럼, 안종범이 정책조정수석일 때에는 정책조정수석실 작성의 공문서인 것처럼 둔갑시켜 조서에 기록하고, 이를 근거로 대통령을 추궁했다.

이와 함께 검찰은 안종범 업무수첩에 기재된 메모들을 토대로 대통령을 추궁했는데, 업무수첩 63권 가운데 18권은 최서원 사건이 터진 후, 안종범이 자기 책임을 모면하기 위해 언론에 보도된 허위기사들을 근거로 새롭게 작성한 것이다. 안종범 업무수첩은 대법원에서 증거능력을 인정받지 못했기 때문에 안종범 업무수첩에 기재된 내용을 근거로 작성된 2차 진술조서는 유죄의 증거가 될 수 없다.

때문에 객관적 사실관계를 모르는 상태에서 대통령 신문조서를 읽으면, 대통령이 거짓말을 한다거나 검찰이 제시한 증거마저 막무가내로 부인한 것처럼 오해하기 십상이다.

검찰은 대통령에 대한 1차 조사가 끝나고 6일 후인 2017년 3월 27일, 1차 진술조서를 근거로 구속영장을 청구했다. 검찰의 이러한 초강수에 대해 일부 언론에서는 불구속재판을 촉구하며 검찰을 비판했다.

이에 불구하고 검찰은 탄핵된 대통령을 감옥에 보내는 방법으로,「정치적 생명」을 끊으려 했다. 그렇게 해야 증거도 없이 대통령을「공범」으로 명시한 검찰의「원죄」를 감출 수 있기 때문이다. 구속영장 청구 당시, 검찰총장은 김수남이고 대통령 권한대행은 검사 출신인 황교안이다.

영장실질심사는 2017년 3월 30일에 열렸다. 서울중앙지방법원 영장전담부 강부영 판사는 이날 오전 10시30분부터 오후 7시 11분까지 영장실질심사를 진행하고, 기록검토를 끝낸 3월 31일 오전 4시24분에 구속영장을 발부했다. 이로써 박근혜 대통령은「거짓의 산」에 묻혀, 영어(囹圄)의 몸이 되고 말았다.

방기선이 작성한
「청와대 서류」의 진실

검찰이 자기에게 불리한 증거를 제시할 경우, 웬만한 사람 같으면 "모른다"거나 "기억나지 않는다"는 식으로 얼버무리는 게 정상이다. 그러나 대통령은 "처음 보는 문건이다", "보고받은 사실이 없다"라는 점을 분명히 진술했다. 그렇다면 대통령은 청와대 경제수석실 소속 방기선 행정관이 작성했다는 청와대 사본의 존재를 왜 부인했을까?

그 진실이 방기선 행정관의 검찰 진술조서와 안종범 보좌관 김건훈의 진술에 숨어있다. 때문에 방기선·김건훈의 신문조서와 청와대 사본을 서로 대조하기 전에는 진실을 모를 수밖에 없다. 내가 이 책에서 「방대한 기록 속의 진실」을 강조하는 이유가 이 때문이다.

검찰이 대통령에게 제시한 청와대 사본의 정확한 명칭은 「150724-문화체육재단(1). 문화/체육 분야 비영리 재단법인 설립 방안」이다. 나는 방기선 행정관의 진술조서에서 이 서류의 복사본을 찾았다.

이 서류는 청와대 경제수석실 소속 선임행정관 방기선이 작성했다. 「문화체육재단(1). 문화/체육 분야 비영리 재단법인 설립 방안」은 방기선이 붙인 파일명이고, 숫자 「150724」는 「2015년 7월 24일」을 의미한다. 방기선이 작성한 파일이 안종범의 보좌관 김건훈의 태블릿PC에 저장된 날짜다.

방기선이 작성한 문건은 A4 용지 한 장짜리다. 목적·설립 방안·이사회 조직도 등 세 가지 내용만 간단하게 기록된 서류다. 청와대 어느 부서에서 작성했고, 누가 결재했는지에 대한 표시도 없다. 나는 이 서류를 보면서 "대통령이 퇴임 후를 대비해 미르재단을 만들려고 했으면 청와대가 이렇게 허접하게 만들지는 않았을 것"이라고 생각했다. 그만큼 협수룩한 서류였다.

결론적으로 검찰이 증거인 것처럼 제시한 서류는 방기선 행정관이 A4 용지 한 장에 작성한 개인서류, 즉 사본(事本)이며, 대통령에게 보고된 청와대 공식문서가 아니었다. 다만, 서류에 기재된 「설립방안」(10개 그룹이 문화재단과 체육재단에 각각 30억씩 총 60억을 출연하여 재원으로 활용)이 두 재단의 출연금 액수와 비슷할 뿐이다.

그러면 방기선은 왜 이 서류를 작성하게 되었을까? 그 이유는 방기선의 진술조서(2016. 11. 27.)에 자세히 기록돼 있다. 방기선을 조사한 사람은 강백신 검사다. 다음은 강백신 검사와 방기선과의 일문일답이다.

⟨**문**: 2015. 7.경 있었던 대통령과 대기업 회장들과의 개별면담을 위한 말씀자료를 만들기 수개월 전에, 안종범 경제수석이 문화, 체육재단 설립 방안을 검토해 보라고 지시를 한 사실이 있는가요.

답: 네, 있습니다. 처음 지시를 하였던 시기는 정확히 기억은 안 나는데, 지금 기억으로는 2015. 여름 더워지기 전으로, 최소한 5월 또는 4월이거나 그 전 무렵으로 기억이 되는데, 최상목 비서관과 함께 있는 자리에서 안종범 수석이 문화계의 경우 이념 편향적인 인사들이 많이 있는데, 그렇지 않는 인사들로 이루어진 단체를 만들어 일정한 활동을 할 필요가 있어 보이므로, 사람들을 모아서 재단 같은 단체를 만들 방안을 한 번 검토해 보라는 식으로 말씀을 하셔서, 제가 인터넷 등을 통해 관련자료 검색 후에 사단법인 설립 검토 방안과 재단법인 설립 검토 방안을 만들어 간단하게 보고를 하였던 기억이 있습니다.

보고를 받은 안종범 수석님이 보고를 받은 자리에서인지, 그 후에 시간적 간격이 있었던 것인지는 정확하지 않은데, 안종범 수석이 재단 쪽으로 가자고 하셨던 것으로 기억이 납니다. 그러고 나서 그 후에도 가끔씩 안종범 수석이 재단 관련 어떻게 진행이 되는지 물어보시곤 하셨습니다.

저하고 최상목 비서관이 재단 설립 관련 금액을 얼마로 할 것인지 가끔씩 이야기를 하곤 하였는데, 처음에는 문화재단만 이야기가 있다가 어느 순간 체육재단도 이야기가 되어, 2개 재단을 설립하는 것으로 되었고, 출연 규모 관련 10억, 30억, 50억 등으로 이야기하다가 최종적으로 안종범 수석의 지시를 받은 것으로 생각이 되는데, 최상목 비서관이 두 개 재단 각 300억원으로 하자고 하여 최종적으로 두 개 재단 300억원씩 600억원으로 하여 최종 설립 방안을 만들어 보고를 드렸던 것으로 기억이 됩니다.

그 보고서 관련, 김건훈 보좌관과 이메일을 주고받은 일이 있고, 2015. 여름 경 토요일에 김건훈 보좌관이 전화를 하여, 보고서 최종안 관련 무엇인가를 물어봤던 기억이 있습니다. 당시 제가 토요일에 헬스장에서 운동을 하다가 전화를 받은 것이어서 기억이 남아 있습니다.

[이때 검사는 김건훈의 태블릿PC에서 압수된 「150724-문화체육재단(1)」을 살펴보게 한 후]

〈문: 위 파일 문건이 진술인이 작성한 것인가요.

답: 네, 맞습니다. 제가 초안을 작성하여 김건훈 보좌관에게 보내주었던 것이고, 최종적으로 김건훈 보좌관이 일부 내용을 추

가하였던 것으로 생각됩니다.〉

　　방기선의 진술을 종합하면, 2015년 4월 내지 5월경 혹은 그 이전에, 안종범으로부터 문화계 좌파들에 대항하는 차원에서 그렇지 않은 인사들로 구성된 재단 같은 단체를 만들어보라는 지시를 처음 받았다는 것이고, 두 재단의 재산 규모를 각각 300억씩 총 600억으로 하게 된 것은 안종범이 최상목 비서관에게 지시했기 때문이라는 것이다.

　　방기선은 그 후 헌법재판소 법정에 증인으로 출석했을 때는 안종범으로부터 지시받은 시점을 보다 구체적으로 진술했다. 2015년 4월 내지 5월경이 아니고 그보다 빠른 2월경이라고 밝힌 것이다. 방기선이 자기 컴퓨터를 이용해 파일 작업을 시작한 날이, 컴퓨터 분석 결과 2015년 2월 17일로 확인되었기 때문이다. 그러니까 방기선은 안종범의 지시를 받은 뒤, 곧바로 컴퓨터 작업을 시작해 2월 17일에 초안을 만들었음을 알 수 있다.

　　방기선은 이 서류를 안종범의 보좌관 김건훈에게 메일로 보낸 날은 토요일로 기억했다. 방기선은 "토요일에 헬스장에서 운동을 하다가 김건훈의 전화를 받은 기억이 남아있다"고 또렷하게 진술했다. 그런데 김건훈의 태블릿PC에는 방기선의 이메일을 받은 날짜가 「150724」, 즉 2015년 7월 24일이었다.

2015년 달력을 확인해보니, 7월 24일은 금요일이고 7월 25일은 토요일이었다. 토요일은 청와대도 휴무이기 때문에 행정관인 방기선은 헬스장에서 운동을 하다가 김건훈의 전화를 받고나서 이메일을 보냈음을 기억한 것이다.

대통령이 서울 종로구 삼청동 소재 안가(安家)에서 대기업 회장 7명을 순차적으로 만난 날은 2015년 7월 24일과 25일 이틀간이다. 대통령은 금요일인 7월 24일 오후 2시부터 현대자동차그룹 정몽구 회장과 김용환 부회장을 만났고, 이어 오후 3시에는 같은 장소에서 CJ그룹 손경식 회장을, 오후 4시에는 SK이노베이션 김창근 회장을 만났다.

대통령은 토요일인 7월 25일에는 오전 10시부터 같은 장소에서 삼성그룹 이재용 부회장을, 오전 11시에는 LG그룹 구본무 회장을 만났다. 대통령은 점심시간이 지난 오후 2시부터 한화그룹 김승연 회장을, 오후 3시에는 한진그룹 조양호 회장을 단독 면담했다. 이로써 대통령과 대기업 회장 7명과의 단독회담은 끝났다.

검찰은 이 날짜를 근거로, 대통령이 대기업 회장 7명에게 문화와 체육재단 설립을 설명하고 출연금을 내도록 강요했다고 공소사실에서 밝혔다. 검찰 주장대로 안종범이 대통령으로부터 문화재단과 체육재단을 설립하라는 지시를 받았고, 안종범의 지시에 따라 방기선이 이 서류를 작성했다면, 방기선은 대통령이 대기업 회장들과 단독면담을 하기 전에 이 서류를 보내야 하는 것이 순리(順理)일 것이다.

방기선은 안종범의 보좌관 김건훈에게 이메일을 보낸 날은 토요일이라고 기억했다. 대통령과 대기업 회장들과의 단독면담이 거의 끝나갈 무렵이다. 게다가 안종범은 대통령이 대기업 회장들과 단독면담 할 때 배석하지 않았기 때문에 대통령에게 보고할 시간도 없었다.

설령 방기선의 기억에 약간의 착오가 있다고 치더라도, 대통령이 대기업 회장을 만나기 시작한 7월 24일 금요일에 이같이 중요한 서류를 보냈다는 것은 시간적으로 너무나 촉박한 상황이다.

검찰이 보다 정확한 날짜를 확인하려면, 방기선의 컴퓨터 분석을 통해 이메일 송·수신 날짜를 조사하고 김건훈의 태블릿PC를 포렌식하면 가능하다. 하지만 검찰이 방기선과 김건훈을 상대로 이런 부분까지 세밀하게 수사했다는 흔적은 진술조서에 기록돼 있지 않다. 의도적이든 아니든, 검찰이 사실관계 확인 작업을 소홀히 했음은 부인할 수 없다.

대통령이 대기업 회장 7명과 단독 면담자리에서 재단설립을 이야기하고 출연금을 내도록 강요했다는 검찰의 공소사실은, 방기선과 김건훈의 진술조서와 비교하면 합리적 의심이 가능하다.

방기선 행정관과 같이 있던 자리에서 안종범의 지시를 받은 최상목 비서관은 법정증언(2017. 6. 1.)에서 "안종범 수석이 문화계 좌파들에 대항하는 차원에서 그렇지 않은 인사들로 구성된 재단 같은 단체를 만들어보라는 지시를 했을 때, 경제수석실에서 해야 할 일인지도 잘 모르겠고 아이디어도 없어서 좀 뭉개고 있었다"고 진술했다.

대통령도 검찰 조사에서 안종범 진술을 반박했다. 검찰이 "피의자는 대기업 회장들과의 비공개 개별면담 이후에, 안종범에게 「전경련을 통하여 문화재단을 설립하라」고 지시한 사실이 있습니까"라고 추궁하자 대통령은 이렇게 진술했다.

〈그런 사실이 없습니다. 제가 계속 말씀드리지만 저는 재단을 설립하라고 말한 기억이 없습니다. 리커창 총리가 방한했을 무렵, 재단이 급하게 만들어졌다는 사실도 이번 사건이 보도되고 나서야 알게 되었습니다.

그리고 제가 만약 2015. 7.경에 문화 및 체육재단을 설립하라고 안종범 수석에게 지시하였다면, 상당히 중요한 지시였을 것인데 그때 바로 진행이 안 되고 10월에 재단이 만들어진 것만 보더라도 제가 7월경에 안종범에게 그런 지시를 하지 않았다는 것이 입증되는 것 아닙니까.〉

방기선 행정관에 대한 조사를 통해 청와대 서류가 방기선이 작성한 사본(事本)임을 이미 파악했음에도 검찰은 그런 사실을 숨기고 대통령을 집요하게 추궁했으나, 대통령은 회피하지 않고 당당하게 대응했다.

안종범,
김건훈의 진술을 제지하다

나는 「방기선 행정관의 존재」를 안종범 진술조서 속에 짤막하게 기록돼 있는, 김건훈 보좌관의 진술에서 발견했다. 만약, 대통령이 2015년 7월경 안종범에게 문화재단과 체육재단을 설립하라고 지시했다면, 안종범은 검찰 조사를 받을 때 그 날짜를 분명하게 밝혔을 것이다.

하지만 검찰은 안종범에게 재단설립 시점을 특정해서 신문하지 않았고, 안종범 업무수첩에도 대통령 지시를 받았다는 구체적인 날짜가 기록돼 있지 않았다. 그래서 나는 대통령이 안종범에게 두 재단의 설립을 지시한 정확한 날짜를 찾기 위해 안종범 진술조서를 반복해서 읽었다. 안종범은 긴급 체포된 2016년 11월 2일부터 기소되기 직전인 11월 19일까지 모두 16회에 걸쳐 조사를 받았다.

검찰이 안종범에게 재단설립 시점과 관련해 구체적으로 추궁한 날은 제8차 조사(2016. 11. 11.) 때가 처음이다. 그 전까지 검찰은 언론에 보도된 허위기사들을 근거로 대통령이 두 재단의 설립을 지시하고, 재단 출연금을 내도록 강요했다는 고정관념을 갖고 있었다.

이 선입견을 깬 사람이 강백신 검사였다. 김민형 검사에 이어 제8차 조사 때부터 안종범을 신문한 강백신 검사는 서울대 인류학과 출신이다. 강백신 검사는 안종범을 처음 조사할 때, "피의자는 전회 사실대로 진술하였는가요"라는 의례적인 질문을 던진 뒤, 문건(文件) 하나를 제시했다. 제목은 「대기업 등 주요 논의 일지」다.

이 문건은 안종범이 청와대 경제수석에 부임한 2014년 6월 12일부터 이듬해 연말 사이에 대통령이 대기업 회장들을 만난 날을 기록한 것이다. 강백신 검사가 이 문건을 제시한 의도는 대통령이 대기업 회장들을 언제 만났고, 그때 무슨 이야기를 나누었는지를 알게 되면 미르재단 설립 과정을 추적할 수 있기 때문인 것으로 보인다.

강백신 검사가 안종범에게 제시한 문건 곳곳에는 의문부호(?)가 표시돼 있었다. 예컨대 「2014년 9월 15일(?): 롯데」, 「2014년 9월 16일(?), 포스코」라는 식이다. 의문부호를 표시했다는 것은 해당 날짜에 대통령과 기업 회장들과의 면담이 있었는지 여부가 명확하지 않다는 의미다.

심지어 2014년 10월 15일의 경우, 대통령이 두산그룹 회장을 접견한 것으로 기록돼 있는데, 그 무렵 대통령은 이탈리아를 순방 중이어서 대기업 회장과의 접견은 이루어질 수 없는 날이었다. 따라서 2014년과 2015년에 있었다는 대통령과 대기업 회장과의 접견 일정을 기록했다는 이 문건은 사실관계가 정확하지 않았다. 강백신 검사는 이런 점들을 의아하게 생각한 것으로 보인다.

다음은 강백신 검사와 안종범 간의 일문일답이다.

〈문: 위 문건은 피의자의 보좌관인 김건훈의 주거지에서 압수된 문건인데, 어떤 문건인지 아는가요.

답: 2016. 10. 21. 제가 국감에 출석하여 발언을 하고난 다음, 2016. 11. 2. 국회운영위 출석이 예정돼 있어, 그에 대한 대비차원에서 김건훈 보좌관에게 제가 청와대 수석으로 들어오고 난 이후 일에 대해서 시간 순서대로 정리를 해 보라고 지시를 하여, 김건훈이 정리한 문건입니다. 당시 제가 김건훈 보좌관으로부터 받은 자료는 방금 보여주신 대기업 등 주요 논의 일지와 지난번에 조사를 받았던 K스포츠 관련 문건 및 언론 제기 의혹 정리 문건 등 3가지였습니다.

문: 피의자의 보좌관 김건훈은 위 문건 내용을 어떤 자료에 기

초하여 정리를 한 것인가요.

답: 제가 청와대 수석으로 들어가서 업무를 처리한 내용은 김건훈이 보좌관으로서 별도 정리를 하고 있었고, 그와 같이 정리해 둔 자료에 기초하여 정리를 한 것으로 알고 있습니다.

문: 위 문건 중 아래 부분은 어떤 내용인가요.

(이때 검사가 제시한 문건 내용은 이렇다.
「7월 24일~25일. 대기업 총수 면담(재단 관련 언급 시점)
-7월 24일 : 현대차, CJ, SK.
-7월 25일 : 삼성, LG, 한화, 한진」
답: 지난번에도 진술한 바 있는데, 2015. 7. 24. 창조경제혁신센터 지원 오찬 간담회 행사 이후, 7개 기업 회장과의 단독면담 내용을 정리해 둔 것입니다.〉

안종범이 밋밋하게 대답하자 강백신 검사는 안종범 옆에 앉아있던 김건훈 보좌관에게 질문을 던졌다. 김건훈은 안종범이 국회의원(제19대 비례대표)을 할 때는 국회보좌관이었고, 안종범이 청와대 경제수석으로 부임할 때는 청와대에 따라간, 이른바「어공」(어느 날 갑자기 공무원이 된 사람) 출신의 행정관이다. 김건훈은 청와대에서 경제수석실 행정관 겸 안종범의 전속보좌관으로 근무했다.

강백신 검사가 김건훈을 상대로 조사한 부분은 안종범 진술조서에 **[동석하고 있던 참고인 김건훈을 상대로 문답을 하다]** 라고 기록돼 있다. 다음은 강백신 검사와 김건훈과의 일문일답이다.

〈문: 위 문건 내용상으로 「재단 관련 언급 시점」이라고 기재가 되어있는데, 어떤 근거로 위와 같은 내용을 기재한 것인가요.

답: 제가 위 문건을 작성하면서 경제금융비서관실의 방기선 국장에게 "문화·체육 재단이 언급된 시점이 언제 정도 되느냐"고 물어보았더니, "작년 7월에 있었던 대통령과 기업 회장들과의 면담이 있을 때인 것 같다"는 식으로 이야기를 하여, 제가 위와 같이 정리를 한 것입니다.〉

김건훈이 이렇게 진술하자, 갑자기 안종범이 김건훈의 진술을 제지하며 끼어들었다. 이 부분이 검찰 조서에는 이렇게 기록돼 있다.

<이때 피의자(안종범)가 제가 이야기를 해 주었습니다 라는 이야기를 하여, 검사가 피의자에게 언제 이야기를 한 것인지 확인

을 하자, 피의자는 이번 사태가 터지고 나서 이야기를 해 주었다는 취지로 이야기를 하여, 참고인 김건훈으로부터 피의자의 진술에 대하여 계속 진술하게 함.

네, 수석님으로부터도 그런 이야기를 들은 적이 있습니다. 제가 방기선 국장에게 위와 같은 사실을 확인하고 난 후에 다시 한 번 수석님에게도 물어봤던 것 같습니다. 그랬더니 수석님이 작년 대통령과 대기업 회장님들의 면담이 있을 때였다는 식으로 이야기를 해 주었습니다.〉

안종범과 김건훈의 진술을 종합하면, 김건훈은 최서원 사건이 터지고 난 뒤에 비로소, 미르재단과 K스포츠재단에 대한 설립 논의는 대통령과 7대 그룹 회장들과의 단독면담에서부터 시작되었다는 이야기를 안종범에게서 들었다는 것이다.

다시 말해 김건훈은 미르재단 설립 움직임이 있었다는 2015년 7월 무렵에는 안종범으로부터 재단설립과 관련된 어떠한 언질이나 지시를 받은 적이 없으며, 최서원 사건이 터진 2016년 10월 무렵에, 그러니까 1년 전에 있었던 일을 1년이나 지나서 들었다는 이야기다.

안종범이 대통령 지시와 같이 중요한 내용을 자신의 심복과 다름없는 김건훈 보좌관에게도 알려주지 않았다는 것은, 대통령이 안종범에게 재단설립을 지시한 사실자체가 없었음을 반증하는 증거라 하지 않을 수 없다.

문제는 방기선 존재를 처음 언급한 김건훈의 진술이, 방대한 안종범 진술조서 속에 한 페이지 분량으로 간단하게 기록돼 있다는 점이다. 그렇기 때문에 기록을 자세히 읽지 않으면 놓치기 십상이다.

"악마의 미소를 보았다"

검찰이 방기선 행정관을 처음 조사한 날은 2016년 11월 17일로, 구속된 최서원·안종범·정호성에 대한 기소를 목전에 두고 있을 때였다. 첫 조사 때 방기선의 직책은 기획재정부 경제예산심의관이었다.

진술조서에 의하면, 방기선은 1988년 서울대 경제학과를 졸업하고, 1998년 미국 미주리대학에서 경제학 석·박사 통합과정을 거쳐 경제학 박사학위를 취득했다. 이와 별개로 방기선은 행정고시 34회에 합격하여 공직에 입문했다.

총무처와 경제기획원에서 근무한 방기선은 이명박 정부 시절인 2008년, 청와대 재정경제비서관실 행정관으로 파견돼 청와대에서 2년을 근무하고, 2010년에 기획재정부 국토해양예산과장이 되었다. 이어 박근혜 정부 시절인 2014년 9월 2일부터 청와대 경제수석실 산하 경제금융비서관실에서 선임행정관으로 근무했고, 2015년 7월에 고위공무원으로 승진했다.

안종범이 근무할 무렵의 청와대 경제수석실에는 경제금융비서관(최상목), 산업통상자원비서관(정만기), 중소기업비서관(정윤모), 국토교통비서관(이원재), 농축산식품비서관(정황근), 해양수산비서관 등 총 6명의 비서관이 있었고, 비서관마다 선임행정관 1명에 15명의 직원(행정관 13명, 비서관의 비서 1명, 여직원 1명)을 두고 있었다. 방기선은 최상목 경제금융비서관실의 국장급 선임행정관이었다.

방기선을 처음 조사한 사람은 서울남부지검 소속 최청호 검사였다. 최청호 검사는 방기선을 상대로 재단설립 과정에 대해 구체적으로 추궁하지 않았다. 방기선이 두 재단의 설립 경위에 대해 아주 상세하게 진술한 날은 2차 조사(2016. 11. 27.) 때였고, 이때 방기선을 집중적으로 조사한 사람이 강백신 검사다.

이 조사에서 방기선은 "2015년 5월 또는 4월이거나 그 이전에 안종범으로부터 문화계 좌파들에 대항하는 차원에서 재단 같은 단체를 만드는 방안을 검토해 보라는 지시를 받았다"고 진술했다. 재단 설립 시점과 설립 목적에 대한 방기선의 진술은 검찰의 기존 수사방향과 궤(軌)를 달리했다.

하지만 불행하게도 검찰은 방기선의 이 진술이 있기 1주일 전인, 11월 20일에 최서원·안종범·정호성 3명을 일괄 기소하면서 대통령을 「공범」으로 못 박았다. 그렇지만 새로운 증거가 발견되면 검찰은 공소사실을 변경해야 한다. 이것이 법에 규정된 검사의「객관의무」다.

방기선은 검찰에서 3번, 특검에서 1번 등 모두 네 차례에 걸쳐 조사를 받았지만, 무슨 이유에서인지는 몰라도 검찰은 방기선과 김건훈의 진술은 공소사실에 반영하지 않았다. 검찰은 이런 식으로 무리하게 수사나 기소를 할 수도 있지만, 유·무죄 여부를 최종 판단하는 기관은 법원이다.

검찰이 대통령에게 제시한 청와대 서류가 청와대 공식 문건이 아니고, 방기선이 안종범 지시에 의해 개인적으로 작성한 사본(事本)이며, 방기선이 이 사본을 안종범의 보좌관 김건훈에게 이메일로 보낸 날은 대기업 회장 7명과의 면담이 끝날 무렵인 2015년 7월 25일 토요일이라는 객관적인 사실은 대통령 사건 기록 속에 다 들어있다.

하지만 정의(正義)와 법치(法治) 수호의 마지막 관문인 법원마저도 이런 사실관계를 외면 내지 묵살했다. 1심 재판장 김세윤 판사는 검찰이 주장하는 공소사실은 그대로 인정하고, 이를 부인하는 대통령의 솔직한 진술과 방기선 및 김건훈이 진술한 객관적 사실관계는 단 한 줄도 판결문에 반영하지 않았다.

김세윤 판사는 1심 판결문에 "피고인(대통령)이 최서원, 안종범과 순차적·암묵적으로 공모하여 범행을 저질렀음을 충분히 인정할 수 있다"고 기록했다. 심지어 대통령 사건의 2심 재판장 김문석 부장판사는 판결문에서 "안종범 진술이 이 사건의 실체를 규명하는데 큰 도움이 되었다"면서, 1심에서 징역 6년이 선고된 안종범에게 오히려 1년을 감형해주는 특혜를 베풀었다.

내가 「대통령을 묻어버린 거짓의 산」 제1권에서 "악마의 미소를 보았다"는 표현을 쓴 것은, 법정에서 방청석을 바라보며 미소를 지었던 일부 판사들의 그 미소 속에는 진실을 염원하는 국민들의 심정을 이해한다는 의미가 담겨있는 것이 아니라 방청객들을 같잖게 보았다는 시그널이었기 때문이다.

판사(判事)는 판관(判官)이다. 증거에 입각하여 사실을 판단하는 사람이다. 법정은 소문을 받아들이는 곳이 아니다. 10명의 범인을 놓치는 한이 있더라도 단 한 명의 억울한 사람이 생기지 않도록 하는 신성한 장소다. 그러려면 아무리 기록이 방대하다하더라도 기록은 읽어야 한다.

하지만 대통령 재판은 무슨 이유에서인지는 몰라도 증거를 외면하거나 묵살하는 식으로 진행되었다. 대한민국을 광란(狂亂)에 빠뜨린 광기(狂氣)어린 언론 보도와 촛불의 난동, 그리고 공명심에 사로잡힌 일부 검사들과 기록검토를 소홀히 한 일부 판사들이 이런 식으로 대한민국 사법체계를 훼손했다고 나는 생각한다.

이승철, 안종범
주장을 부인하다

검찰이 두 재단 설립을 대통령이 지시했다는 또 하나의 근거로 제시한 것은 안종범과 이승철 사이에 있었다는 통화내용이다. 공소사실 ④항에는 「피고인 안종범은 대통령이 대기업 총수 7명을 단독면담한 직후인 2015. 7. 하순경부터 8. 초순경 사이에 전경련 상근부회장인 이승철에게 전화하여, "청와대에서 문화재단과 체육재단을 만들려고 하는데, 대통령이 기업 회장들에게 이야기를 했다고 하니, 확인해 보면 알고 있을 것"이라고 하면서 재단 설립을 추진하라는 취지로 지시하였다」는 것이다.

대통령과 안종범의 진술이 엇갈리는 가운데, 전경련 부회장 이승철이 미르재단 설립 움직임이 있었던 무렵에 안종범의 전화를 받고 대통령 지시사항을 알게 되었다면, 대통령이 지시했을 가능성을 부인하기 어렵다.

검찰에서 세 차례 조사를 받았던 이승철은 2017년 1월 19일 법정에 증인으로 출석했다. 법정녹취록에 의하면, 이승철은 고려대 경제학과를 졸업하고 미국 오하이오 주립대학에서 경제학 박사학위를 취득한 후 2013년 2월부터 전경련 상근부회장으로 근무했다. 전경련 회장이 비상근직이어서 전경련 사무국의 업무를 총괄하는 사람은 부회장이다.

다음은 안종범 주장에 대한 이승철의 법정증언을 요약한 것이다.

〈2015. 7. 24. 대통령과 기업 총수들과의 간담회가 있었고 그로부터 며칠 후, 안종범 경제수석으로부터 문화와 체육 관련 재단을 각각 하나씩 만들라는 전화지시를 받았습니다. "VIP께서 주요 그룹 회장들과 문화재단, 체육재단을 각각 하나씩 만들기로 이야기가 다 되었다. 규모는 300억 정도이다. 한번 확인해보고 설립준비를 하라"는 지시였습니다.

그래서 전경련 전무 박찬호에게 안종범이 말한 내용을 확인해 보라고 지시하였습니다. 박찬호 전무가 4대그룹 임원과의 오찬 모임에서 확인해 보았는데, 안종범이 말한 내용이 잘 확인이 안 된다고 보고를 하여, 안종범에게 재차 확인한 사실이 있습니다. 그랬더니 안종범은 "그럼, 2015. 7. 24. 2차 오찬 장소 헤드테이블에서 말씀하셨나?"라며 오히려 증인에게 반문한 적이 있습니다.

또한 안종범은 "대통령이 일부 그룹의 회장들과는 이야기가 되었던 것 같고, 나머지 그룹들은 2015년 7월경에 열린 경제계 인사들을 격려하는 자리에서 대통령이 재단설립을 말한 것 같다" 는 취지로 말했는데, 조금은 불분명한 면이 있었습니다.

처음에는 개별적으로 다 이야기가 된 것으로 알고 확인했을 때는 확인이 잘 안 되었고, 또 오찬 석상에서 이야기를 나누었다고 했는데 그것도 확인이 안 되어서, 확인하는 데에 두 달 이상 걸렸습니다. 그래서 그런 것이 있었으면 이야기를 해주었으면 그렇게 오랫동안 걸리지 않았을 텐데, 그것을 왜 처음에 말을 안 해 주었을까 라고 생각하면서 약간 의아하게 생각은 하였습니다.

그 후 안종범은 한동안 연락이 없다가 2015. 10. 19. 경 증인에게 전화하여 "급하게 재단을 설립해야 하니 전경련 직원을 청와대 회의에 보내라"고 지시하였습니다.〉

이승철은 법정 증언에서 안종범으로부터 두 재단을 설립하라는 전화 지시를 받은 것은 사실이나, 4대 그룹 임원들에게 확인해 보니 확인이 되지 않았다는 취지로 부인했다. 대통령도 검찰 조사 때 안종범 주장을 부인했다.

검찰이 대통령에게 "안종범은 「대통령이 회장들과 문화·체육재단에 대한 얘기를 나누었다, 문화·체육 분야에 각 30억원씩 해서 300억원 규모의 재단을 만들기로 의견교환이 되었다」고 말씀하셨다고 합니다. 안종범의 진술이 사실입니까"라고 묻자, 대통령은 "사실이 아닙니다. 안종범이 뭔가 착각을 하고 있지 않나 하는 생각이 듭니다"라고 진술했다.

대통령에게 모든 책임을 떠넘긴 안종범 주장에 처음부터 의문을 품었던 사람이 강백신 검사다. 다음은 안종범의 8차 진술조서에 기록된 강백신 검사와 안종범 간의 일문일답이다.

〈문: 피의자가 이승철 부회장 또는 다른 전경련 관계자에게 대통령과 면담한 7개 기업 명단을 알려준 적이 있는가요.

답: ········ 없습니다. 전경련 측에서 파악을 했을 것으로 압니다. 제가 누차 말씀을 드리지만, 전경련 측에 기업 명단을 알려준 사실이 없습니다. 제가 그와 같은 사실을 확실히 기억하는 것은 대통령이 면담을 한 기업들 명단을 외부에 알리지 말라고 하여 제가 전경련에 독대 기업 명단을 주지 않았던 것은 확실합니다.

문: 독대 기업 명단을 외부에 공개하지 않는 것은 당연하다고 할 것이나, 대통령이 재단 관련 협조를 요청한 기업 명단은 재단 설립을 위하여 실무를 처리해야 하는 전경련의 입장에서는 당연히 알고 있어야 할 사항이므로, 보안을 유지하라는 전제하에 전경련에는 피의자가 직접적이든 간접적이든 알려주어야 할 것으

로 보이는데 어떤가요.

답: ·················· (피의자는 한동안 생각을 하다가) ········ 해당 기업들이 알려주었을 것입니다.

문: 피의자의 진술에 의하면, 대통령이 위 7개 그룹과 면담을 통하여 재단설립 협조를 요청했다고 하면서 재단설립을 진행하라는 지시를 받은 것인데, 그 명단을 전경련에 알려주지 않았다는 것은 대통령의 지시를 어긴 것으로 봐야 할 것 같은데 어떤가요.

답: ·················· (피의자는 한동안 생각을 하다가) ········ 그것은 아닙니다. 대통령의 대기업 회장 면담 결과, 재단법인 설립 공감대를 전경련과 이야기를 하였고, 재단설립 절차를 진행하도록 하였으며, 그 이후 일은 전경련에서 알아서 하는 것입니다.

문: 전경련에 대통령이 협조를 요청한 기업 명단을 주지 않고, 단순히 대통령과 재단 출연과 이야기가 된 기업이 있다는 말만 한 것이라고 한다면, 전경련에서 실제 협조 요청을 하지 않은 기업에 대통령과 이야기가 되었는지 물어볼 수도 있고, 그렇게 되는 경우 보안에 문제가 생길 수도 있는데, 그에 대한 조치는 하지 않는 것인가요.

답: ······ 그것은 요청을 받은 기업들이 알려주었을 것입니다.

문: 피의자의 진술에 의하면, 대통령 지시에 의하여 국내 10

대 기업 회장들을 통하여 600억원 대의 대규모 자금을 모집하는 일을 진행하면서, 그 출연 대상 기업을 청와대 국장이나 비서관이 수석인 피의자의 지시도 없이, 심지어 진행경과에 대한 보고도 없이 임의로 정하였다는 것이 되는데, 청와대의 보고 체계상 그런 일이 있을 수 있는가요.

답: 대통령께서 300억, 300억 이야기를 하여 전경련의 이승철에게 그 규모를 알려주었고, 구체적인 진행 경과는 전경련과 아래 비서관에게 그에 맞추어 절차를 잘 진행하라고 지시를 한 것이고, 대통령이 면담을 하였던 기업 명단은 그 명단을 알고 있던 방기선 국장이나 김건훈 보좌관 또는 다른 비서관이 알려주었을 수는 있는 것 같습니다.〉

강백신 검사의 논리적인 추궁에 안종범은 두서없이 대답했다. 안종범은 청와대 수석비서관인 자기 책임을 모면하기 위하여 아랫사람인 비서관이나 국장 탓으로 돌리는가 하면, 전경련 측에 책임을 전가하기도 했다.

답변하기 곤란한 질문이 있으면 안종범은 한참 동안 입을 다물기도 했다. 이런 정황이 안종범 진술조서에 「………」이라고 표시돼 있다. 얼마나 답답했으면 검사가 진술조서에 이런 표시까지 했을까?

「창조경제」의 원래 이름은 「스마트 뉴딜」

그러면, 안종범이 이승철 전경련 부회장과 통화하면서 언급한, 「2015. 7. 24. 오찬장 헤드테이블」 발언은 무엇을 의미하는 것일까? 확인을 해보니, 2015년 7월 24일 청와대 영빈관에서 박근혜 대통령이 주재하는 전국 창조경제혁신센터장 및 후원기업 대표들의 오찬 간담회가 있었다.

이 간담회에 참석한 이승철 부회장의 법정증언에 의하면, 경제계 인사 200여명이 모인 대규모 오찬이었다고 한다. 이 간담회가 열리게 된 배경을 알려면, 박근혜 대통령이 추진한 「창조경제」의 의미를 이해해야 한다.

창조경제의 원래 이름은 「스마트 뉴딜」이라고 강석훈이 증언했다. 강석훈은 2016년 5월부터 안종범 후임의 청와대 경제수석을 지낸 사람이다. 다시 말해 박근혜 정부의 마지막 경제수석이었다.

강석훈은 성신여대 경제학과 교수와 한국경제신문 객원 논설

위원 출신으로 박근혜 정부에서 대통령직인수위원회 국정기획조정분과 인수위원을 지냈고, 새누리당에서는 정책위원회 부의장을 역임했다. 박근혜 정부의 경제정책을 안종범 못지않게 잘 아는 사람이다.

박근혜 정부의 경제정책은 월간조선 2019년 10월호에 보도된 「강석훈 인터뷰」 기사를 참조했다. 다음은 「창조경제」의 개념에 대한 강석훈의 인터뷰 내용이다.

〈창조경제의 원래 이름은 「스마트 뉴딜」입니다. IT(정보통신)기술을 전(全) 분야에 모두 접목시켜 대한민국을 다시 업그레이드하자는 의미였습니다. 1930년대 미국이 선보였던 「뉴딜 정책」의 21세기 버전인 것입니다. 1930년대 당시의 뉴딜은 토목공사를 대폭 확충해서 경기침체에서 벗어나고자 하는 것이었는데, 스마트 뉴딜은 IT기술을 산업의 전 분야에 접목시켜 새로운 성장을 이루자는 것이었죠.

예를 들면 군인이 밤새워 보초를 서지 않습니까? 근데 초정밀 스마트기계로 보초를 서는 IT기술을 개발하여 보초임무에 적용하면 스마트 국방이 되는 것이죠. 관광도 마찬가지입니다. 고령화나 비용 문제 등으로 남미의 이구아수 폭포를 직접 관광하기 어려운 사람들이 각종 IT기술로 새롭게 탄생한 영화관에 앉아서,

마치 폭포를 직접 방문한 것과 같은 감동을 받을 수 있다면 스마트 관광이 되는 것입니다.

당시는 IT기술을 농업분야에 적용하는 스마트 팜, 전력 분야에 적용하는 스마트 그리드, 복지대상자 선정과 전달체계의 효율성을 높이는 스마트 복지 등 거의 모든 분야에 대한 스마트 뉴딜을 구상했습니다. 그렇게 되면 새로운 부가가치가 창출되고, 일자리도 자연스럽게 생길 것이다 하는 것이 창조경제의 기본 원리입니다.

박근혜 대통령은 스마트 뉴딜이라는 이름에는 찬성했지만, 일반 국민들에게 잘 와 닿지 않는 게 아닐까 하는 고민을 하셨죠. 또 IT기술만 강조하면 BT(생명공학기술), NT(나노기술), CT(문화콘텐츠기술) 등의 다른 과학기술 분야는 상대적으로 소외감을 느낄 수 있다는 고려도 하셨죠. 그래서 다양한 기술을 포함하는 뉴딜로 개념을 재정리하고, 창조경제로 명명한 것입니다.〉

「창조경제」와 관련된 박근혜 대통령의 원대한 구상은 2014년 1월 6일에 발표된 기자회견에 들어있다. 이날 대통령은 취임 후 처음으로 청와대 춘추관에서 내외신 기자회견을 갖고 신년(新年) 구상을 발표했다.

대통령은 "우리 경제의 혁신과 재도약을 위한「경제혁신 3개년 계획」을 세우고 성공적으로 이끌어서 국민행복시대를 열어가겠다"고 선언했다. 대통령은 "규제개혁 장관회의를 대통령이 직접 주재해, 분야별로 점검하면서 투자와 관련된 규제들은 백지상태에서 전면 재검토하고 꼭 필요한 규제가 아니면 모두 풀겠다"고 약속했다.

다음은 박근혜 대통령의 신년사 내용의 일부를 발췌한 것이다.

〈경제혁신 3개년 계획은 3대 추진 전략을 중심으로 실천해 갈 것입니다. 첫째, 우리 사회에 만연한 비정상적 관행을 정상화하는 개혁을 통해서 기초가 튼튼한 경제를 만들겠습니다. 먼저 공공부문 개혁부터 시작해 나갈 것입니다.

지금 공공기관의 부채는 국가부채보다 많아서 일부 공기업들은 영업이익으로 이자도 충당하지 못하고 있습니다. 기업만의 잘못이 아니라 정부 정책을 떠맡아서 부채가 늘어난 부분도 있습니다.

하지만 공기업 자체의 방만·편법 경영도 심각한 문제입니다. 경영이 부실한데도 성과급과 과도한 복리후생비를 지급하고, 무분별한 해외 자원개발과 투자 등 외형 확대에 치중하고, 유사·중복사업을 불필요하게 추진한다든지, 자(子)회사를 세워 자기 식구를 챙기는 잘못된 관행들을 이제 바로잡아야 합니다.

　두 번째, 창조경제를 통해 역동적인 혁신경제를 만들겠습니다. 지난해에는 범부처적으로 창조경제 실현계획을 수립했고, 우리 경제를 창조경제로 확실하게 전환시키고자 벤처창업 생태계를 강화하고 온라인 창조경제타운도 만들었습니다.

　올해는 온라인 창조경제타운을 오프라인 현장에서 구현하겠습니다. 전국 17개 광역시·도에 창조경제혁신센터를 설치해서, 좋은 아이디어를 가진 국민이면 누구나 멘토의 도움을 받아 창업도 할 수 있고, 기업도 경쟁력 강화에 도움을 받을 수 있는 시스템으로 정착시킬 것입니다. 벤처기업과 중소기업, 대기업이 정부와 함께 하는 「민관합동 창조경제추진단」을 곧 발족해서 민간기업의 주도 아래 창조경제를 이끌어갈 것입니다.

　기존 산업에 신기술을 접목해 새로운 가치와 일자리를 창출해 내는 것도 창조경제 구현을 위한 중요한 과제입니다. 농업과 문화 등 기존 산업에 과학기술과 ICT(Information and Communications Technologies)를 융합해 새로운 제품과 서비스를 만들어 내는 「창조경제 비타민 프로젝트」를 보다 확대해서 산업현장에서 직접 융합의 성과를 체감할 수 있도록 할 것입니다.

　세 번째, 내수를 활성화해서 내수와 수출이 균형있는 경제를 만들겠습니다. 기존의 제조업 중심의 수출만으로는 일자리 창출이 어렵고, 내수가 살아나지 않는다는 것이 자명해졌습니다. 이제 중소기업도 투자를 늘려 내수(內需) 활성화에 기여할 수 있도록 지원하겠습니다. 고용창출력이 높고, 특히 청년이 선호하는 보건·의료와 교육·관광·금융·소프트웨어 등 5대 유망 서비스산업을 집중 육성할 것입니다.〉

이에 따라 2014년 1월 13일, 서울 광화문 KT 사옥에서 미래창조과학부가 주관하는 민관(民官)합동 창조경제추진단 출범식이 열렸다. 민간 부문에서 30여명, 정부에서 10명 등 모두 40여명으로 구성됐다.

같은 해 9월에는 박근혜 대통령이 참석한 가운데 대구에서 삼성그룹과 대구시, 그리고 「대구 창조경제혁신센터」가 업무협약을 맺는 출범식이 열렸다. 이어 SK그룹은 대전에서 창조경제혁신센터를 운영하기 시작했다.

전경련 부회장 이승철은 법정증언에서 "대구와 대전에서 시범적으로 실시한 사업에서 운영성과가 나타나자 전국으로 확대되었다"고 증언했다. 충남·전남·부산·경기·광주·제주 등 전국 18개 지역(17개 광역시와 세종특별자치시)을 거점으로 설립된 「창조경제혁신센터」는 박근혜 정부의 역점사업이었다.

"공무원연금 개혁으로
세금 185조원 절감"

　강석훈은 월간조선과 인터뷰에서 박근혜 정부와 문재인 정부의 경제정책 차이를 한 마디로 「축적 경제」와 「비누 경제」로 비교했다. 강석훈의 설명이다.

　〈우리 때는 「축적 경제」를 만들려고 노력했습니다. 반면, 문재인 정부는 시간이 갈수록 줄어들기만 「비누 경제」죠. 다음 정부나 다음 세대가 빚더미에 치이든, 빚 방석에 올라앉든 세금을 퍼붓잖아요. 경제성장률이 하락하면서 세입증가율은 점점 감소하는데, 역대 최대 증가율로 재정지출을 계속 늘리면 결과는 어떻게 되겠습니까?
　박근혜 정부도 집권 초기에는 세수(稅收)가 예상보다 적게 들어와 재정압박이 심한 상황이었습니다. 이 상황에서 재정지출은 적절하게 증가시키면서, 공공부문 구조개혁을 통해 비효율을 줄이고 부채를 감축하는데 초점을 두었습니다. 가장 대표적인 게 공무원연금 개혁이었죠. 공무원연금 개혁으로 30년간 185조원의 세금을 절감했습니다.

경쟁력의 이면(裏面)에는 구조조정이 있습니다. 구조조정은 누구나 하기 싫어합니다. 누군가는 직장을 잃고 피해를 봐야 하지 않겠습니까? 박근혜 정부라고 구조조정이 좋았겠습니까? 그러나 부실한 부분을 제거하고 새살을 돋게 하는, 즉 새로운 성장동력을 만들어내는 과정이 있어야만 경쟁력이 높아질 수 있습니다. 정치적으로 유리한 정책이 아님에도 실행해야 하는 이유입니다.〉

박근혜 정부 시절, 대한민국 경제는 단 한 번도 마이너스 성장을 하지 않았다고 강석훈은 말했다. IMF(국제통화기금)는 2015년 보고서에서 대한민국이 세계에서 두 번째로 높은 재정 여력을 보유한 것으로 평가했다. OECD(경제협력기구)도 대한민국을 재정 건전성이 가장 우수한 국가 중 하나로 선정했다.

강석훈은 인터뷰에서 박근혜 대통령의 경제 운용방식과 관련, 에피소드 하나를 소개했다.

〈박근혜 대통령은 경제 공부를 오래 하셨습니다. 2007년에 한나라당 대선(大選)후보 경선에 나섰으니, 그 전부터 당대 최고의 경제전문가들과 함께였죠. 경제에 대해 이야기를 하실 때는 깜짝 놀랄 때가 많았습니다.

2012년 대통령후보 시절 박근혜 대통령과 경제학자 몇 명이 모여, 정부는 무슨 일을 해야 하고, 시장은 어떻게 해야 하는 등 경제운용 방식에 대해 열띤 토론을 했습니다. 대통령께서는 계속 듣고 계시더니 마지막에 한마디 하시더라고요.

"그러니까 정부는 멍석을 깔아주란 말이죠."

이 한마디로 정리가 되었죠. 정부는 시장에 개입하는 게 아니라 시장이 잘 돌아갈 수 있는 토대를 마련해줘야 한다는 것을 단 한마디로 정리한 것이죠. 이게 박근혜 대통령의 경제관이었습니다.

창조경제를 바탕으로 하는 성장정책, 대기업과 총수들의 불공정 행위를 제한하는 경제민주화, 국민의 개별복지 수요에 부합하는 맞춤형 복지정책 등의 중요 정책에 관하여 다양한 의견을 청취하고 관련 내부 토론에도 참여하고, 그리고 최종적인 결정을 하셨죠.〉

박근혜 정부에서 초대 국무총리를 지낸 정홍원은 박근혜 대통령의 국정수행 능력에 대해 조선일보와 인터뷰(2019. 2. 23.)에서 이렇게 말했다.

〈청와대에서 대통령 주재 회의를 하다 보면 전혀 주제와 상관없는 이야기가 나올 때가 있다. 그런 경우 밑천이 금방 드러난다. 한번은 경제 관계 부처회의에서 전혀 엉뚱한 사물인터넷(IoT) 이야기가 나왔다. 나 역시 개념만 알지 깊은 지식은 없었다.

그런데 대통령이 즉석에서 사물인터넷의 활용도와 가치, 미래 전망 등을 이야기하더라. 대통령이 되려고 10년여 간 준비한 분의 내공이라 생각했다. 사안을 보고할 때도 마찬가지다. 어떤 이야기를 해서 그저 수긍하는 게 아니라 전망과 방향성을 제시하는 게 박근혜 대통령의 스타일이다.

나는 대통령에게 장관들을 만나서 토론하는 모습도 보이고, 언론에도 다른 모습을 좀 보이라고 몇 차례 얘기했다. 그런데 박근혜 대통령은 보여주기는 하고 싶지 않다고 하더라. 포퓰리즘적 처신을 하고 싶지 않다는 생각이 명확했다.〉

"기금이나 돈 이야기는
나온 바가 없다"

    2015년 7월 24일 청와대 영빈관에서 열린, 전국 창조경제혁신센터장 및 후원기업 대표들의 오찬 간담회는 「창조경제」에 힘을 보태준 대한민국 기업과 기업인들에게 대통령이 감사함을 표시하는 자리였다. 이날 구본무 LG그룹 회장은 대통령과 같은 헤드테이블에 앉았다.
    당시 상황을 구본무 회장은 검찰 조사(2016. 11. 13.)에서 이렇게 진술했다.

    〈테이블이 커서 거기에 참석한 사람들이 다 한 테이블에 앉았던 것으로 기억하며, 사람들이 꽤 많아 정확하게 누가 어느 자리에 앉았는지 기억할 수는 없습니다. 그때 전경련 허창수 회장과 상공회의소 회장 박용만이 대통령의 양 옆에 앉았고, 저는 대통령의 반대편 쪽에 대통령과 마주 보고 앉았던 것으로 기억합니다.〉

구본무 회장이 헤드테이블에 앉은 것은 LG그룹이 충북 지역에서 창조경제혁신센터를 운영했기 때문이다. 이와 관련된 구본무 회장의 검찰 진술내용이다.

〈저희 LG그룹은 충북 지역을 담당하고 있으면서, 오창에 있는 창조경제혁신센터에서 뷰티, 바이오, 에너지 등을 중심으로 중소기업 및 창업희망자들에게 도움이 되고자, 무료로 특허권을 사용토록 하는 등 적극적인 지원을 아끼지 않고 있습니다.

저희 LG그룹은 LG생활건강이라는 화장품 회사를 청주에 갖고 있고, LG화학이 오창에 배터리 공장을 갖고 있으며, 제약회사인 LG생명화학이 오송에 공장에 두고 있기에 다수의 공장들이 충북에 위치하고 있고, 저희 회사의 사업과 상당 부분 일치하기에 위와 같은 사업들을 지원하게 되었습니다.

청와대 오찬간담회에서 창조경제혁신센터장인 윤준원 전무가 약 5분가량에 걸쳐 발표를 하였습니다. LG가 사용하지 않는 특허 수만 건을 중소기업들에게 무료로 사용하게 하고, 중소기업에서 만든 화장품을 저희 LG에서 판로를 개척해준 내용, 아이디어는 있으나 생산능력 부족 등으로 제품을 현실화하지 못한 업체에게는 컨설팅 및 기술지원을 한 내용 등을 발표하였습니다.〉

대통령은 오찬이 끝난 오후 2시부터 현대자동차그룹 정몽구 회장과 김용환 부회장을 만났고, 오후 3시에는 CJ그룹 손경식 회장을, 오후 4시에는 SK이노베이션 김창근 회장을 만났다. 대통령과 대기업 회장 간의 개별 면담 시간은 30분에서 40분 사이였다. 대통령의 이날 일정은 숨 돌릴 틈 없이 바쁘게 돌아갔다.

이러한 사실관계에 비춰볼 때, 안종범이 진술한 「대통령의 오찬장 헤드테이블 발언」은 공개석상에서 이뤄진 것이었다. 대통령이 주요 그룹 회장들과 600억 규모의 재단설립을 은밀하게 논의할 장소도 아니었고, 그런 분위기도 아니었다.

구본무 회장은 청와대 오찬 간담이 있었던 다음날, 오전 11시부터 서울 삼청동 안가에서 대통령과 단독 면담했다. 이어, 2016년 2월 15일에도 대통령을 단독으로 만났다. 구본무 회장은 투기자본 감시센터의 고발장 때문에 검찰에 소환되었다.

구본무 회장은 2016년 11월 13일 오후 3시16분부터 밤 11시5분까지 검찰 조사를 받았다. 구본무 회장을 조사한 사람은 김태겸 검사다. 다음은 대통령과 구본무 회장과의 1차 단독면담 내용을 일문일답으로 정리한 것이다.

〈**문**: 진술인과 대통령과의 독대는 어떠한 방법으로 진행되었나요.

답: 제가 지정된 시간보다 5분 전에 삼청동 모처에 도착하니, 청와대 경호원이 대기하고 있다가 제 수행원들은 다 빼고 저 혼자만 그 안으로 들어가도록 안내를 해 주었고, 그 안가(安家)에서 대통령을 직접 1대1로 만났습니다.

문: 안가로 들어가면서 가방이나 서류를 들고 들어갔는가요.

답: 아닙니다. 면담자료 2부 외에 가방이나 서류는 일체 들고 가지 않았습니다.

문: 당시 준비한 면담자료의 분량은 어느 정도였나요.

답: 15장 정도 되었습니다.

문: 진술인은 대통령과의 독대를 위하여 별도의 면담자료를 작성한 것인가요.

답: 네, 그렇습니다. 저의 비서실에서 만든 것은 아니고, 하현희 사장(주식회사 LG의 대표이사)이 실무진들을 통해 만들었고 이를 제가 숙지한 다음, 대통령과의 면담자료로 가지고 간 것입니다.

문: 진술인과 대통령의 독대는 어디에서 진행되었나요?

답: 아까 말씀드린 것처럼 삼청동에 있는 안가에서 진행되었고, 배석자 없이 저하고 대통령 두 명만 있는 자리에서 이루어졌습니다. 사각 테이블 상석에 대통령께서 앉으시고 제가 대통령 오른쪽 자리에 앉아 말씀을 나누었습니다.

문: 독대는 약 몇 분간 진행되었나요.

답: 제가 현장에 도착한 시간은 오전 11시 정도였으며, 대통령을 뵙고 직접 독대한 시간은 한 30분가량 되었던 것으로 기억합니다.

문: 당시 진술인과 대통령 이외에 다른 배석자는 없었지요.

답: 예, 없었습니다.

문: 진술인은 대통령과의 독대에서 어떠한 이야기를 나누었는가요.

답: 제일 처음에 뵙자마자 가볍게 인사를 드리고, "제가 눌변이라 미리 준비해 온 자료를 읽겠습니다"라고 하고, 면담자료 중 1부를 대통령에게 드리고 나머지 면담자료를 보면서 말씀을 드리고 읽어나갔습니다.

문: 면담자료의 내용은 무엇이었나요.

답: 애초 안종범 수석이 하현희 사장에게 이야기한 것이 창조경제, 경제 활성화, 고용촉진이라는 주제에 대해 의견을 듣고 싶어 하신다는 것이었기에 때문에 저희 측에서도 그 주제에 맞추어 자료를 준비하였습니다.

문: 구체적인 내용이 어떻게 되는가요.

답: 먼저 정부 정책에 대한 저희 그룹 차원에서의 지지 의사를 밝히고, 창조경제와 관련하여 벤처기업들에 대한 적극적인 투

자 지원이 이루어지고 있다는 점과 경제 활성화와 관련하여 중국 관광객 유치를 위한 한류스타 팬 사인회 등의 아이디어와 함께 저희들도 적극 참여하겠다는 뜻을 밝혔습니다. 그리고 앞으로 기술적인 발전 등을 위해서라도 이공계 대학들에 대한 정원을 많이 넓혀달라는 요청을 하였습니다.

문: 진술인은 그 자리에서 LG그룹이 겪고 있는 무슨 애로사항들을 전달하신 것이 있나요.

답: 특별한 애로사항을 말씀드린 것은 없었습니다.

문: 대통령과의 대화에서 문화, 체육 준비에 관한 대화를 나눈 사실이 있나요.

답: 대통령께서 "K팝이나 한류드라마 등의 한류, 스포츠를 통해 국가브랜드 이미지를 높여서 국가 경제에 도움이 되게 하고 싶다"고 하셨고, 구체적으로 정확한 표현은 기억나지 않으나 "앞으로 국가에서 이에 대하여 적극 추진할 계획인데, 민간 차원에서 협조를 바란다"고 말씀을 하셨습니다.

문: 대통령과의 독대에서 문화 및 체육 분야 지원, 재단 법인 설립 등에 대하여 대화를 나눈 사실이 있나요.

답: 제2의 김연아 이야기를 하시며, 스포츠를 통한 국위 선양 등을 위해 문화 및 체육 분야에서의 지원이 필요하다는 말씀을 하셨는데, 재단 이야기는 들은 바가 없습니다.

문: 지원이라는 것이 민간 차원에서의 지원을 요청한다는 의미인가요, 국가가 정책적으로 지원을 하겠다는 말로 이해하였나요.

답: 국가가 정책적으로 추진을 하고, 거기에 대해 민간 차원에서의 관심과 협조를 바란다는 취지였습니다.

문: 당시 상황을 확인해 보면, 대통령이 진술인을 비롯한 기업 회장들에게 문화, 체육 각 분야에 대하여 30억씩, 10대 기업 합하여 한 분야 당 300억 상당의 기금마련을 제안한 적이 있는 것으로 보이는데 어떤가요.

답: 기금 이야기도 없었고, 돈 이야기도 나온 바가 없습니다.

문: 그 이외 대통령과의 독대에서 나눈 대화가 더 기억나는 것이 있나요.

답: 30분이라는 시간이 짧아서 제가 준비해 간 자료들을 이야기하고 나니 저에게 주어진 시간을 거의 다 쓴 거 같았습니다.

문: 대통령 독대 후, LG그룹으로 돌아와서 LG그룹 내 전문 경영인들과 대통령과의 독대에서 어떤 얘기를 나누었는지 공유한 사실이 있지요.

답: 면담자료에 들어간 내용들이 기존의 저희 그룹의 사업계획에 포함된 내용들이었고, 면담자료 작성 자체를 하현희 사장이 하였기 때문에 특별히 후속조치가 필요치 않았습니다. 그리고 대

통령의 말씀도 관심을 가져달라는 것이지, 즉각 구체적인 조치를 요구한 것이 아니라 더더욱 회사 차원에서 지시나 특별히 전달할 내용이 없었습니다.

문: 진술인은 작년 이외에 올해 2016. 2.에도 대통령과 개별 면담을 가진 적이 있지요.

답: 예, 있습니다. 2016. 2. 15. 14:00경 장소도 작년과 똑같은 장소에서 대통령과 한 번 더 1대1 면담을 하였습니다. 지난 7월 면담에서 저희 그룹 차원에서 진행하고 있던 사업들에 대한 경과를 확인하고 싶으셔서 면담을 진행하는 것으로 생각을 하였습니다.

문: 위 개별 면담을 구체적으로 담당한 사람도 역시 하현희 사장인가요.

답: 네, 역시 하현희 사장에게 안종범 수석이 연락이 와서 일정을 조율한 것으로 알고 있습니다.

문: 위 개별 면담에서 대통령과는 무슨 이야기를 나누었는가요.

답: 시간을 맞추어서 도착을 하였고, 지난번과 마찬가지로 저희가 준비해 간 면담자료를 읽으면서 설명을 드리게 되었습니다.

문: 2월에 있었던 면담에서는 재단에 대한 언급은 없었나요.

답: 역시 없었습니다. 이때도 앞전처럼 면담자료를 읽으면서

보고를 하였고, 나중에는 대통령이 "잘 들었다"고 하시면서, 면담을 마치면 좋겠다는 눈치를 주시기에 "경청해 주셔서 감사합니다"라고 하고 바로 일어나서 나왔습니다.

문: 위와 같이 개별면담을 마친 이후 대통령으로부터 광고업체나 다른 회사에 대한 팸플릿을 건네받은 적이 있는가요.

답: 없습니다.

문: 2016년 2월 대통령과 개별면담을 가졌던 다른 기업의 경우, 위와 같은 「인터플레이그라운드」라는 광고업체의 리플릿(팸플릿 보다 가벼운 책자)이 든 봉투를 건네받아 왔다고 하는데 기억이 나지 않는가요.

답: 예, 대통령이나 안종범 수석으로부터 어떠한 것도 건네받은 것이 없습니다.〉

구본무 회장은 대통령으로부터 재단설립이나 기금 출연에 대한 이야기는 들어보지 않았다고 진술했다.

구본무
LG그룹 회장의 소신 발언

김태겸 검사는 구본무 회장에 대한 조사에서 박근혜 정부의 경제정책에 대한 LG그룹의 입장과 두 재단에 출연금을 내게 된 낸 이유를 신문했다. 다음은 일문일답이다.

〈문: 그간 정부와 대통령이 복지보다 성장을 우선시하고, 기본적으로 친(親)기업적인 태도를 보여 왔던 것으로 보이는데, 이에 대한 진술인의 생각은 어떠한가요.

답: 저는 그렇게 생각하지 않습니다. 제가 볼 때는 특별히 특혜를 받은 것이 없다고 생각합니다.

문: 당장 금년 8. 13.부터 시행되고 있는 「기업 활력 제고를 위한 특별법」 일명 「원샷법」만 하더라도 신속한 사업재편을 가능하게 하고 기업의 합병과 분할, 주식의 이전과 취득 등에 필요한 절차 및 규제를 최소화하는 등 기업을 경영하는 진술인과 같은 입장에서는 아주 큰 도움이 되는 정책 아닌가요.

답: 우리하고는 관계가 없습니다. 저희 회사들이 특별히 합병 절차를 진행하고 있는 것이 없고, 저희는 합병 등을 진행하는 과정에서 불법적인 일을 하거나 법에 저촉되는 일을 하지도 않고 그럴 필요도 없습니다. 그리고 지금 저희가 진행 중인 합병 건이 1건 있는데 이는 소액주주들의 동의까지 다 얻어서 진행하고 있는 것이고, 정부가 도와준다거나 부정한 방법으로 진행하고 있는 것이 아닙니다.

문: 기업을 경영하다 보면, 그룹 차원에서 혹은 그룹의 총수인 진술인이 경제수석비서관과 연락할 일이 있는가요.

답: 제가 직접 경제수석과 연락을 주고받는 일은 없고, 저는 경제수석의 연락처도 모릅니다. 하현희 ㈜LG 사장이 경제수석과 연락을 취하는 일을 하고 있습니다.〉

이어지는 신문은 LG그룹이 미르재단과 K스포츠재단에 자금을 출연하게 된 경위에 관한 것이다.

〈문: LG그룹은 2015. 12. 7. LG화학과 LG디스플레이에서 미르재단에 총 48억원, 2016. 4. 29. 위 2개 회사를 포함하여 LG유플러스 등 8개 회사에서 K스포츠재단에 30억원 등 합계 78억원을 출연한 사실이 있지요.

Ⅳ. 검찰 수사와 미르재단의 진실 _119

답: 네, 그렇게 알고 있습니다. 신문을 보고, 하현희 사장에게 확인을 하여 알게 되었습니다.

문: 진술인이 운영하는 회사에서 78억원이라는 거금이 불과 3개월 사이의 단기간 내 지급이 되었는데, 그룹의 회장으로서 이와 같은 사실을 알지 못하였다는 말인가요.

답: 네, 그렇습니다. 저희 LG그룹이 한 해 지출하는 수재의연금, 각종 기부금, 협찬금 등이 약 500억~600억 가량 되고, 하현희 사장이 사실상 결정을 하고 있습니다. 기부금 출연뿐만 아니라 각 계열사별로 자체적으로 실행하고 있는 CSR(사회공헌사업) 활동에 따른 지출 규모도 이에 못지않기 때문에, 몇십억원이 지출되는 것은 그렇게 이례적인 것도 아니고, 제가 모든 것을 다 관장할 수도 없습니다.〉

김태겸 검사는 이 대목에서 구본무 회장의 진술이 사실인지를 확인한다. 이 부분이 진술조서에 이렇게 적혀 있다.

〈이에 ㈜LG의 사장이자 복수 대표이사인 하현희에게 전화하여 확인한 결과, 이혁주 ㈜LG CFO(자금담당 임원)로부터 재단 출연과 관련된 보고를 받은 사실이 있으며, 이에 출연금 지급을 결정한 사실도 있다고 진술하며, 이와 같은

사항들에 대하여 구본무 회장에게 보고한 사실이 있는지 여부를 확인하자, LG그룹 전체가 연간 약 600억원의 기부활동을 하고 있는데, 그 범위 내에서는 자신(하현희)에게 결정 권한이 있으며, 이 정도 금액으로는 회장에게 보고를 하지 않는다는 진술을 확인하고 이를 진술인에게 고지한 후,

문: 그럼 하현희 사장으로부터 본 건이 아니더라도 기부금 출연 등과 관련하여 보고를 받은 사실이 있는가요.

답: 회사에서 집행하는 기부금과 관련해서는 단 한 차례도 보고를 받은 사실이 없고, 제가 그와 관련하여 어떠한 결정을 내린 사실도 없습니다.

문: LG그룹이 미르·K스포츠 두 재단에 78억원을 출연해서 얻는 이익은 무엇인가요.

답: 특별히 특혜를 입는 것은 없다고 생각합니다.

문: 그와 같이 생각하게 된 이유가 무엇인가요?

답: 저는 평소 정치에 대해서는 「불가근불가원」(不可近不可遠·가까이 하지도, 멀리 하지도 않는 것)이라고 생각합니다. 위와 같은 돈을 냈다고 어떤 특혜를 입는다고 하더라도, 다음 정권이 되면 불이익을 받는 사례를 봐왔기 때문에 저는 저희 회사가 위와 같은 돈을 낸다고 하더라도 뭔가를 바라지도 않습니다.

문: 진술인은 최순실을 아는가요.

답: 전혀 몰랐고 이번에 언론을 통해서 알게 되었습니다.〉

나는 구본무 회장의 신문조서를 통해, 대통령과 그룹 회장 간에 있었던 단독면담 내용과 면담 당시의 분위기를 확실히 알게 되었다. 구본무 회장은 2018년 5월 20일, 향년 73세의 나이로 타계(他界)했다.

일부 검사들의
편향된 시각

　김태겸 검사는 대기업 내에서 이뤄지는 모든 경비의 지출내역은 회장에게 보고되고, 정부에서 추진하는 일들을 지원하면 으레 특혜를 받는 것으로 예단(豫斷)하고 추궁했으나, 구본무 회장은 사실관계에 근거하여 부인했다.
　재벌 회장들이 과거 정권 시절에 이른바 「통치자금」 명목의 돈을 청와대에 낸 것은 사실이다. 그러나 정권이 바뀔 때마다 검찰에 불려가 조사를 받고 심한 경우에는 회장이 구속되는 등 호된 시련을 겪었기 때문에 대기업들은 대우그룹이 해체된 1998년 이후에는 총 매출액의 일부를 해마다 사회공헌사업(CSR) 활동비로 지출하고 있다.
　청와대에 낼 통치자금을 우리 사회의 공익사업에 환원하고 있는 것인데, 그 액수가 LG그룹은 연간 600억원 선이고, 삼성그룹은 2000억원에 달한다. 롯데그룹의 경우에는 해마다 총매출액의 1% 이하를 사회공헌사업 활동비로 사용하고 있다는 사실은 롯데그룹 신동빈 회장의 법정증언에서 확인되었다.

대기업의 경영환경이 이렇게 달라졌는데도, 「정경유착」이라는 잔재가 여전히 남아있는 것으로 추단(推斷)하는 검사들이 존재하고 있다는 것은 비극이 아닐 수 없다. 구본무 회장이 검찰이 원하는 답변을 하지 않자, 김태겸 검사는 LG그룹의 아픈 부분을 건드렸다. 이른바 별건(別件) 수사를 시작한 것이다.

문: 2016년 4월 29일, 미래창조과학부 주관으로 성남시 분당 한국정보통신기술협회에서 총 5개 대역 140MHZ에 대한 주파수 경매가 실시된 적이 있지요.

답: 네, 들어서 알고 있습니다. 앞서 말씀드린 바와 같이 저는 중요한 사업방향이나 사장단 인사 등에만 관여를 하고, 일상적인 경영 이슈에 대해서는 각 사(社)에서 자율경영을 하고 있기 때문에 제가 각 사의 현안에 대해서 모두 구체적으로 보고를 받거나 챙기지는 않습니다.

문: 언론보도에 의하면, LGU+는 이번 주파수 경매에서 가장 경쟁이 치열할 것으로 예상되었던 2.1GHZ를 최저가에 확보하여 최고의 속도와 서비스로 일등 LTE를 실현할 수 있는 기반을 확보하였다는 자체 평가를 내린 것으로 알려졌는데 맞나요.

답: 앞서 말씀드린 바와 같이 구체적인 내용은 잘 알지 못합니

다.

문: 이동통신 3사가 처음부터 각 주파수 대역을 나누기로 담합을 했던 것이 아닌가요.

답: 아니요. 각 통신사별로 전력이 다르고 이해관계가 첨예하게 대립했던 것으로 알고 있기 때문에 담합(談合)을 할 이유도 없고, 실제 담합을 하지 않은 것으로 알고 있습니다. 각 통신사들의 전력에 따라 적절한 예상 가격으로 입찰을 하여 낙찰을 받았다고 생각합니다.

문: LG상사는 2015년 5월경 대통령이 국빈 자격으로 이란을 순방할 당시, 이란 정부와 전기자동차 생산 사업 계약을 체결한 사실이 있는가요.

답: 네, LG상사와의 금번 컨센서스 미팅 때 들었습니다.

문: 당시 진술인도 대통령의 순방에 동행하였나요.

답: 아닙니다. LG상사 송치호 사장이 동행한 것으로 알고 있습니다.

문: 위 순방 기간 중에 LG상사는 이란 산업개발청과 이란 최초의 전기차 사업 관련 합의각서(HOA)를 체결한 것인가요.

답: 네, 그렇습니다.

문: 위 사업은 2023년까지 전기차 6만대를 생산하는 것으로, 1단계 사업은 시제품 전기차 20대를 개발하여 이란 수도 테헤란

에 충전소 인프라를 구축하는 것으로, 사업 규모는 약 520억원 가량이고, 2단계 사업은 전기차 6만대를 생산하여 이란 전(全) 지역에 충전소를 설치하는 것으로 사업규모가 조(兆) 단위에 이를 것이라는 관측 기사가 확인되는데, LG그룹에서도 이와 같은 평가를 내리고 있는가요.

답: 저는 잘 모르겠습니다만, 그 정도 되지 않을까 추측합니다.

문: LG그룹이 미르·K스포츠재단에 거액을 출연한 이유는 정부 내지 청와대가 주도적으로 진행하는 재단 설립사업에 응하지 않을 경우, 향후 LG그룹의 자체 사업 진행에 있어 불이익이 예상되고, 정부 주도적인 사업에 참여할 기회가 제한되거나 박탈될 우려가 있어서 불가피하게 응하게 된 것이 아닌가요.

답: 저는 모르겠습니다. 일단 제가 기금 출연 과정에 전혀 개입을 하지 않았고, 이를 결정한 하현희 사장도 관례에 따라 전경련이 분배한 금액을 낸 것으로 보입니다.〉

이것으로 LG그룹 구본무 회장에 대한 검찰 조사는 끝났다. 구본무 회장이 검찰 조사를 받은 날(2016. 11. 13.), 이재용 삼성전자 부회장도 검찰에 소환되었다. 검찰은 이재용 부회장을 이날 밤 10시50분부터 다음날 새벽 5시까지 철야 조사했다. 이재용 부회장을 조사한 사람은 정일균 검사다.

이재용 부회장은 대통령과의 단독면담에 대해 이렇게 진술했다.

〈면담 자리에서 대통령께서는 처음에 이건희 회장의 건강에 대하여 관심을 표명하시면서 질문을 하셨고, 갤럭시 S6 판매 현황 등에 대하여도 질문을 하셨던 것으로 기억합니다. 2014년 9월 대구 창조경제혁신센터 확대 출범식에 참석하셨던 것을 화제로 꺼내시면서, 지역혁신센터 중에서 제일 먼저 대구 창조경제혁신센터를 방문하였는데 삼성에서 선도적으로 창조경제를 뒷받침해 준 것에 대하여 감사하게 생각한다고 치하해주셨고, 당시 저도 대통령을 영접하였었기 때문에 감사하다는 말씀과 함께 당시 행사에 대하여 몇 마디 말씀을 드렸습니다.

대통령께서 가장 많은 시간을 할애하신 부분은 2014년 6월에 카자흐스탄 국빈 방문하셨던 것과 관련한 말씀이었습니다. 특히 당시 삼성물산이 투자하였던 카자흐스탄 발하쉬 화력발전소 건에 대하여 많은 말씀을 하시면서, 국내 중소기업의 해외 진출에 긍정적인 영향이 있기를 기대한다는 취지로 말씀하셨습니다. 대통령께서 발하쉬 사업 진행 과정에 대해 매우 소상하게 언급하셔서 깜짝 놀랐는데, 오히려 저는 발하쉬 사업 건에 대해서는 아는 바가 없어 다소 어정쩡한 상태로 듣기만 하였던 기억이 있습니다.

그리고 대통령께서 프랑스 파리 등 해외를 방문하셨던 경험에 대하여도 말씀하시면서, 문화와 산업의 융합이 미래 성장 동력이 되어 우리나라 경제발전에 많은 도움이 될 것이라고 생각한다, IT와 제조업에 문화산업을 융합하고 한류 문화 확산과 스포츠 분야를 지원하는 일에도 삼성이 적극적인 관심을 기울여 달라는 취지의 말씀과 함께 국내 투자확대와 일자리 창출에 대하여 삼성의 적극적인 협조를 당부하셨던 것으로 기억됩니다.

당시 대통령께서 그 문화와 산업의 융화, 한류 확산과 문화·스포츠 분야 발전에 대한 일반적인 말씀을 하셨기 때문에 그것과 관련하여 제가 특별히 대통령께 말씀을 드린 것은 없고, 투자 확대와 일자리 창출을 위해 열심히 노력하겠다는 말씀만 드렸던 것으로 기억됩니다.〉

이재용 부회장은 대통령이 문화와 스포츠에 대한 이야기는 했지만, 재단이라는 용어자체를 사용하지 않았다고 진술했다. 이재용 부회장의 진술도 구본무 회장과 다르지 않았다.

현대자동차그룹 정몽구 회장과 김용환 부회장, CJ그룹 손경식 회장, SK이노베이션 김창근 회장, 한화그룹 김승연 회장, 한진그룹 조양호 회장 등도 대통령을 단독 면담한 자리에서 재단설립이나 출연금 이야기를 들은 적이 없다고 진술했음이 검찰 조서에 기록돼 있다고 이경재 변호사는 법정에서 밝혔다.

구본무 회장과 이재용 부회장이 검찰 조사를 받은 날은, 검찰이 대통령을 「공범」으로 단정한 공소장을 작성하기 1주일 전이다. 검찰 공소장이 총 39장이라는 사실을 감안하면 공소장을 쓸 시간은 충분하고도 느긋했다.

검찰은 대기업 회장들의 솔직한 진술내용 중에서 검찰이 필요로 하는 부분만 발췌해서 증거라고 주장했다. 이에 대해 삼성전자 부회장 이재용의 항소심 재판장인 정형식 부장판사는 "대통령이 문화 체육 분야 융성을 위해 적극 지원을 요청했다는 것은 기부로 볼 수 없다"며 뇌물공여 부분에 무죄를 선고했다. 지원과 기부는 다른 개념이라는 이유에서였다.

최서원의 「알리바이」

「알리바이」라는 게 있다. 「알리바이」는 피고인이 범행 당시, 범행 현장에 있지 않았다는 객관적인 사실을 증거를 통해 밝히는 식으로 무죄를 입증하는 방법이다. 나는 「알리바이」에 착안하여, 미르재단 설립 무렵의 「최서원 행적」을 추적해 보았다. 첫 단서는 차은택의 헌법재판소 증언이다.

헌법재판소는 박근혜 대통령 탄핵결정문에서 "최서원이 문화 관련 재단법인이 설립될 것이라는 사실을 미리 알 수 있었던 것은 대통령이 미리 알려주었을 가능성이 매우 높다"라고 밝히면서, 그 근거로 삼은 게 차은택의 헌법재판소 법정에서의 증언이다.

차은택의 증언 내용은 탄핵결정문에 이렇게 적혀 있다. "차은택은 미르가 설립되기 두 달 전쯤, 최서원으로부터 문화계 사람들 중 믿을 수 있는 사람을 소개해 달라는 부탁을 받았고, 이때 최서원이 곧 문화재단이 만들어질 것이라는 이야기를 하였다. 또 차은택은 그로부터 한 달 정도 지나 최서원이 재단 이사진을 추천해 달라고 하여 김O화, 김O원, 장O각, 이O선 등을 추천하였다」는 취지의 진술을 했다는 것이다.

미르재단 설립일이 2015년 10월 27일이므로, 차은택이 최서원에게서 문화재단 설립 이야기를 처음 들었다는 시점은 대략 8월 27일 무렵인 것으로 추정된다. 그런데 놀랍게도 그 기간에 최서원은 한국에 없었다.

「개인별 출입국 현황」에 의하면, 최서원은 2015년 8월 14일 독일로 출국하여, 다음 달 9월 11일 인천공항을 통해 입국했다. 그러니까 차은택이 최서원으로부터 문화재단이 설립될 것이라는 이야기를 들었다는 8월 27일을 전후하여 보름 동안, 최서원은 독일에 있었다는 이야기다.

최서원의 출입국기록은 검찰이 수사 초기에 확인했다. 이를 확인한 사람은 서울중앙지검 김태겸 검사고, 김태겸 검사가 한웅재 형사8부장에게 수사보고(최순실 출국사실 확인)를 한 날은 2016년 10월 21일이다.

검찰 수사기록은 탄핵소추안이 국회를 통과한 2016년 12월 9일 이후, 헌법재판소로 이첩되었다. 때문에 헌법재판관 8명은 최서원의 출입국기록을 확인할 수 있었다. 헌법재판소가 차은택 증언을 대통령 탄핵의 증거로 인용하려면, 적어도 최서원의 출입국기록을 근거로 하여, 차은택에게 "증인은 최서원으로부터 그런 이야기를 어떻게 들었나요. 만나서 직접 들었나요, 아니면 전화 통화를 했나요" 하는 식으로 추궁했어야 한다.

그렇지만 헌법재판관들이 최서원의 출입국기록을 검토했다거나, 이를 근거로 차은택을 추궁한 흔적은 탄핵결정문에 없다. 백보를 양보하여 최서원이 독일에 있으면서 국제전화로 차은택과 상의했다고 치자. 그렇다면 그 증거는 검찰이 입수한 최서원의 휴대폰 통화내역이나 차은택 휴대폰에 남아있었을 것이다. 최서원과 차은택의 진술조서에는 두 사람이 통화했다는 기록자체가 없다.

또 하나 재미있는 사실은 탄핵결정문에 「차은택은 최서원의 요청에 따라 김O화, 김O원, 장O각, 이O선 등을 재단 이사진으로 추천하였다」라고 적시돼 있는데, 이 가운데 장O각은 장성각, 이O선은 이한선으로 둘 다 미르재단 이사가 맞지만, 미르재단 이사진 중에 김O화, 김O원이라는 이름을 가진 이사는 없다는 점이다.

검찰 공소장에도 차은택이 김O화, 김O원을 미르재단 이사로 추천했다는 내용이 없다. 강일원 주심을 비롯한 헌법재판관 8명이 미르재단 이사진 명부와 같은 기초적인 사실만 확인했더라면, 하다못해 검찰 공소장만 면밀히 살폈더라도 이와 같은 실수는 범하지 않았을 것이다.

　이는 헌법재판소의 대통령 탄핵사건 심리가 사실관계 검증이나 확인 없이, 무성의하게 진행되었음을 반증하는 증거라 아니할 수 없다. 그래서 나는 헌법재판관 8명을 허위공문서작성·직무유기·직권남용 혐의로 형사고발하고, 애국시민 479명과 함께 손해배상 청구소송을 제기하게 된 것이다.

　손해배상 청구소송은 대통령 사건에 대한 대법원의 최종판결이 나오면, 그때부터 시작될 예정이다. 담당 재판부는 서울중앙지방법원 제207민사단독이며, 사건번호는 「2017가단33078」이다.

　또 하나 눈여겨 볼 알리바이는 미르재단이 현판식을 가졌던 2015년 10월 27일의 최서원 행적이다. 이날도 최서원은 한국에 없었다. 최서원은 이보다 이틀 전인 10월 25일 독일로 출국하여, 다음 달인 11월 22일 인천공항을 통해 입국했다. 미르재단 설립 후 한 달가량 한국에 없었다는 이야기다.

　미르재단 현판식 날, 최서원이 여론을 의식하여 불참할 수는 있었겠지만 대통령과 공모하여 미르재단을 설립하기로 하고, 재단 이사진 인선 등에 관여했다고 한다면, 재단이 설립되고 각종 준비 등으로 한창 바쁜 시기에 최서원이 한국에 있어야 하는 게 합리적 추론일 것이다.

최서원이 미르재단 설립 직후에 한 달 동안 한국에 있었느냐, 없었느냐 하는 것은 최서원의 「알리바이」와 직결되는 사안이다. 대통령이 미르재단을 설립하기로 계획했다는 2015년 7월의 경우에도 최서원은 7월 8일부터 7월 23일까지 독일에 있었다. 하지만 「대통령 재판」과 「최서원 재판」에서는 이에 대한 다툼이 없었고, 재판부 역시 최서원의 알리바이에 전혀 관심을 두지 않았다.

검찰은 미르재단 설립 무렵에 최서원이 한국에 없었다는 출입국기록이 「알리바이」로 작용할까봐 엄청나게 고심했음을 공소사실에서 확인할 수 있다. 예컨대 최서원의 범행 일시와 관련하여, 검찰은 구체적인 날짜를 특정하지 못했다.

예를 들면, 「최서원 피고인은 2015. 9.말경부터 10.경까지 문화재단에서 일할 임직원을 직접 선정하였고」라거나, 「최서원은 그 무렵(**필자 주:** 앞뒤 문맥을 종합하면 2015. 7. 하순경부터 8. 초순경으로 추정되는데 최서원이 한국에 있었던 무렵이다) 대통령으로부터 재단 운영을 살펴봐 달라는 요청을 받고」라는 식으로 범행일시를 두루뭉술하게 기재하여, 최서원이 독일에 체류한 날짜들을 피해갔다.

검찰 공소사실에 의하면, 2015년 10월 26일 서울 팔레스호텔에서 미르재단 이사로 내정된 사람들이 참석한 가운데 상견례가 있었다. 이날 최서원은 상견례에 참석하지 않았다. 그 전날 독일로 출국했기 때문이다. 미르재단이라는 「옥동자」가 탄생하던 그날, 검찰이 주장하는 「주인공」은 역사의 「현장」에 없었다.

최서원이
독일에 자주 간 이유

　최서원은 무슨 이유로 2015년 무렵에 자주 독일에 갔을까? 정유라의 출산(出産) 때문이다. 정유라는 최서원과 정윤회 사이에서 태어난 유일한 혈육이다. 최서원이 그토록 애지중지한 딸이 결혼식을 올리지 않은 몸으로 사내아이를 출산했다.

　최서원의 손자가 태어난 날은 2015년 5월 8일이다. 대통령 비서실장을 역임한 사람의 아내이자, 서울 강남의 부호였던 최서원 입장에서 외동딸의 느닷없는 출산은 드러내기 어려운 창피한 사건이었을 것이다.

　최서원은 출산을 앞둔 정유라를 제주도로 내려 보냈다. 정유라는 사람들의 눈을 피해 제주에 사는 사촌언니 장시호 집에서 애를 출산했다. 정유라는 출산 후인 6월 12일, 유연이란 이름을 유라로 개명했다. 있지도 않은 최서원의 아들이 청와대에 근무했다는 언론 보도가 사실이 아니라는 점은 최서원이 법정 증언에서 스스로 밝혔다.

정유라 출산 무렵, 최서원은 딸과 손주를 데리고 한국을 떠나 독일에서 살려고 했다. 독일은 승마 종주국이다. 정유라는 2014년 인천아시안게임 승마 단체전의 금메달리스트다. 딸 정유라를 국제적인 승마 선수로 키우면서 독일에서 말 사업을 하려고 했던 게 그 당시 최서원의 꿈이었다. 법정에서 다 공개된 내용이다.

정유라 출산을 한 달 앞두고 최서원은 2015년 4월 11일 독일로 출국했다. 최서원은 독일에서 일주일가량 머물면서 정유라와 함께 살 집을 물색했다. 독일은 비자 없이 여행은 가능하지만 장기 체류를 하려면 취업비자가 있어야 한다. 이를 위해 최서원은 「마인제 959」라는 승마 운영회사를 인수하기로 마음먹었다.

출산 후 어느 정도 산후조리를 마친 정유라는 갓 태어난 아기와 아기를 돌볼 가사도우미와 함께 2015년 6월 30일 인천공항을 통해 독일로 출국했다. 그날, 최서원은 한국에서 키우던 말 네 마리 모두를 배편으로 독일에 보냈다. 정유라가 독일에서 승마훈련을 계속하려면 말이 필요했다. 말 네 마리 중 두 마리는 정유라가 2014년 인천아시안게임에서 금메달을 딸 때 타고 다닌 말이었다.

이어 최서원도 7월 8일 독일로 출국했다. 최서원이 독일에서 「마인제 959」라는 회사를 정식 인수한 날이 7월 17일이다. 전(前) 소유주는 독일계 승마인 캄플라테였고, 지분 인수대금은 1

만7500유로(우리 돈으로 2178만원 상당)였다.

인수 후 회사 대표는 독일 승마 선수 출신이자 헤센주(**필자주**: 헤센주는 독일 중서부에 위치한 주도로, 최대 도시는 프랑크푸르트암마인이다) 승마협회장인 쿠이퍼스와 독일계 한국 변호사 박승관이 맡았다. 회사 지분의 70%는 최서원이, 30%는 정유라 소유였다.

독일 회사 인수로 최서원과 정유라는 체류비자를 획득했다. 「마인제 959」가 나중에 「코어스포츠」로 이름이 바뀌었다. 나는 이런 사실을 최서원과 정유라의 출입국기록 및 정유라의 주민등록을 통해 확인했다.

최서원이 독일 내에 3조 내지 300조원의 재산이 있었다면, 「마인제 959」라는 회사를 살 이유가 없었을 것이다. 독일에서 석 달 동안 최서원의 운전기사로 일했던 노승일(K스포츠재단 부장)은 최서원의 독일 내 행선지를 잘 알고 있었다.

그래서 노승일은 더불어민주당 안민석 의원이 최서원의 독일 재산을 찾겠다며 전(前) 대구지방국세청장 안원구와 함께 추적팀을 만들 때 합류하지 않았다고 법정에서 증언했다. 안민석 의원팀은 2년 동안 최서원의 독일 행적을 추적했지만 아무런 재산을 찾아내지 못했다. 최서원은 자기 재판이 거의 끝나가던 2019년에 안민석 의원을 명예훼손 혐의로 형사 고소했다.

최서원의 독일에서의 삶은 그러나 순탄하지 않았다. 최서원이 독일에 갈 때 공교롭게도 전 대한승마협회 전무 박원오와 동행했기 때문이다. 동행한 이유를 박원오는 특검 조사(2017. 1. 8.)에서 이렇게 진술했다. 박원오를 신문한 사람은 김영철 검사다.

〈**문**: 진술인은 2015. 4. 11.부터 2015. 4. 18. 기간 동안에 독일에 다녀온 사실이 확인되는데, 이때 최순실과 함께 독일에 갔었지요.
답: 예, 그렇습니다.
문: 최순실과 함께 독일로 간 이유가 무엇이었나요.
답: 2015. 4.경, 정유연이 국내에서 애를 낳으면 창피해서 얼굴을 들고 다닐 수가 없다고 하면서, 저보고 정유연과 함께 독일로 같이 가서 정유연 생활도 봐주면서 기회가 되면 승마 관련 사업도 하자고 하였습니다. 그래서 최순실과 함께 승마 관련 사업을 위해 승마장도 알아보고, 정유연이 독일에서 생활할 숙소를 알아보기 위해서 독일로 갔었던 것입니다.〉

최서원이 정유라 출산을 앞두고 독일에서 살려고 했다는 사실은 박원오 진술에서도 확인된다. 그러나 박원오와 동행한 이유에 대해 최서원은 법정에서 이렇게 증언했다.

〈박원오는 굉장히 교활하고 교묘한 사람입니다. 삼성전자 박상진 사장이 2015. 3.경 대한승마협회 회장이 되면서, 그 전까지 승마협회 회장사였던 한국화약이 승마단 지원을 중단했고, 그렇게 되자 한국화약에서 월급을 받았던 박원오는 살기가 굉장히 어려워졌습니다.

그런 사람이 저에게 접근하기에 "이 사람이 갑자기 왜 이러나"하는 생각을 가졌습니다. 왜냐하면 박원오는 저에게 여러 가지 거짓말을 많이 했기 때문입니다. 저는 박원오가 거짓말을 한다는 것을 알고는 있었지만, 내색은 하지 않고 멀리했더니 한번은 박원오가 와이프를 데리고 와서 저와 만났습니다.

저는 그 당시 박원오가 이혼한 줄은 모르고 있었어요. 그런데 박원오 와이프가 여자로서 참 괜찮은 분이더군요. 게다가 딸만 셋이라고 했어요. 저 역시 딸을 키우는 여자라서 제가 그 와이프를 도와주겠다고 한 거예요. 그랬더니 박원오가 독일에 적극적으로 따라가겠다고 해서 같이 간 것이지, 제가 다 큰 어른을 어떻게 독일까지 끌고 가겠어요.〉

박원오는 최서원의 모성애를 자극해 독일에 갔던 것이다. 삼

삼성전자가 2020년 동경(東京)올림픽에 출전할 승마 선수들을 지원하기 위해 코어스포츠와 용역계약을 체결한 날은 2015년 8월 26일이다. 최서원과 정유라가 독일 생활에 막 적응하고 있을 때였다.

박영수 특검의 주장대로 삼성에서 정유라에게 좋은 말을 사주기로 약속했다면, 최서원은 정유라가 한국에서 타던 말 네 마리를 힘들게 독일까지 가져갈 필요가 없었을 것이다. 삼성전자가 코어스포츠와 맺은 용역계약서는 승마계 사정에 정통한 박원오가 만들었다. 그 후 박원오는 최서원에게 코어스포츠 지분 20%를 요구했다. 박원오는 명마(名馬) 살시도를 구입할 때 가격을 속인 사실이 발각돼, 최서원에 의해 해고되었다.

최서원과 정유라, 그리고 두 모녀와 이 사건과의 관련성에 대해, 최서원의 변호인 중 한 명인 오태희 변호사는 1심 재판부에 제출한 「최후 변론서」에서 이렇게 주장했다.

〈최서원 피고인은 나이 마흔에 정유라를 출산하였습니다. 정유라의 언행이 어떠하든, 최서원 피고인에게 있어서 정유라는 금지옥엽과 다름없는 딸입니다. 그런 딸이 2015. 5. 8. 아들을 낳았습니다. 결혼식도 올리지 않은 상태였습니다. 이럴 경우, 대부분의 어머니는 가까운 친인척이나 동네사람들이 알까봐 걱정이 태산일 것입니다.

정유라가 출산을 앞두고 있었을 때, 최서원 피고인의 심정도 여느 어머니와 마찬가지로 노심초사였을 것입니다. 그래서 피고인은 딸 정유라를 서울에서 멀리 떨어진 제주도에 보내, 그곳에서 해산할 수 있도록 조치를 취했습니다. 제주도에 내려간 정유라는 이종사촌 언니인 장시호 집에 짐을 풀었으나, 장시호의 박대로 얼마 머물지를 못하고 거처를 옮기고 말았습니다.

이것이 2015. 5. 8.을 전후한 때의 상황입니다. 동계스포츠영재센터가 사단법인체로 설립된 것이 바로 이 무렵인 2015. 7. 14.입니다. 만약 최서원 피고인이 장시호에게 영재센터 설립을 지시하면서 "대통령에게 부탁하여 경제적인 지원을 해 주겠다"고 언질을 주었거나 약속했다면, 장시호가 해산을 앞둔 정유라를 구박하는 일은 없었을 것입니다.

그러나 장시호의 구박 때문에 정유라는 장시호 집에서 나왔습니다. 이러한 사실관계를 종합하면, 정유라 해산 무렵에 최서원 피고인과 장시호 관계는 평탄하지 않았을 것이라는 게 경험칙상의 합리적인 판단일 것입니다. 동계스포츠 영재센터는 최서원 피고인과 무관하게 설립된 것이 사실입니다.

또한 박근혜 대통령은 2018년 평창 동계올림픽에 대비하여 "동계올림픽 메달리스트들을 활용하는 방안을 강구하라"는 말을 한 적은 있지만, 영재센터라는 말은 들은 적도 없고, 영재센터를 지원해 주라는 지시를 내린 바가 없다고 검찰 조사에서 분명히 진술하고 있습니다.

그런데 특검과 검찰은 "동계올림픽 메달리스트"지원을 "동계스포츠 영재센터"지원으로 견강부회하여, 대통령과 최서원 피고인이 공모한 것처럼 국민과 법원을 기망하고 있는 것입니다. 온 국민이 주시하고 있는 최서원 피고인 사건에서 무엇보다 중요한 것은 사실관계에 대한 확인일 것입니다.

대법원의 최근 판례(2017. 1. 12. 선고 2016도 15479판결)에 의하면, 「관련성 있는 간접사실 또는 정황사실에 의하여 사실을 증명함에는 정상적인 경험칙에 바탕을 두고 치밀한 관찰력이나 분석력으로 사실의 연결상태를 합리적으로 판단하는 방법에 의하여야 한다」고 하고 있습니다. 재판부의 치밀한 관찰력과 냉철한 분석력으로 이 사건의 실체적 진실을 밝혀주시기를 간곡히 부탁드립니다.〉

미르재단 설립 후, 최서원이 한 번도 재단에 모습을 드러내지 않았다는 사실은 미르재단 사무부총장 김성현의 검찰 진술에서 확인되었고, 최서원이 K스포츠재단에 한 번도 나타나지 않았다는 사실은 노승일의 진술로 확인되었다.

"대통령 지시라는 말은 없었다"

대통령은 안종범으로부터 재단설립과 관련된 보고를 최초로 받은 시점은 2015년 여름경으로 기억했다. 이 부분이 대통령 진술조서(제5회. 2017. 4. 12.)에는 이렇게 기록돼 있다.

〈**문**: 피의자는 1회 조사 당시, 기업들이 자발적으로 출연하여 재단을 설립한다는 보고를 받았으며, 이에 재단설립이 자발적으로 이루어지고 있는 줄로만 알았다는 취지로 진술하였습니다. 언제, 누구로부터 이와 같은 보고를 받은 것입니까.

답: 2015. 여름경 안종범 경제수석으로부터 그와 같은 보고를 받은 것으로 기억합니다.

문: 또한 피의자는 2회 조사 당시, 재단설립이 잘 진행되고 있는 것으로 알고 있었다고 진술한바 있습니다. 피의자는 안종범으로부터 문화, 체육 관련 재단의 설립 작업에 대한 진행 내역 등을 보고받은 사실이 있습니까.

답: 재단설립에 대한 진행 상황 등을 보고받은 사실은 없습니다. 기업들이 자발적으로 나서서 재단을 설립한다고 하니 감사하게 생각하고 특별히 진행 경과 등을 보고받지는 않았습니다.〉

이로 미뤄, 안종범은 2015년 2월경 방기선 선임행정관에게 좌파 단체들에 대항하는 차원에서 우파 인사들로 이뤄진 재단설립을 검토해보라는 지시를 내린 뒤, 이 지시를 근거로 대통령에게 "재단설립 작업이 잘 진행되고 있다"고 보고한 것으로 추정된다.

검찰은 헌법재판소 판결문을 근거로 대통령에게 이런 질문을 던졌다. "헌법재판소에서는 「문화융성」이라는 국정과제 수행을 위하여 미르·K스포츠재단의 설립이 필요하다고 판단했다면, 공권력 개입을 정당화할 수 있는 기준과 요건을 법률로 정하고 공개적으로 재단을 설립했어야 한다고 판단하였습니다. 미르·K스포츠재단의 설립에 관하여 관련 법률의 개정, 국무회의 논의와 같은 공론화 과정을 거치지 않은 이유는 무엇입니까."

이에 대통령은 "민간이 주도해서 하는 것을 국무회의에서 논의하고 법을 만들 이유는 없습니다. 안종범에게 「민간에서 합의가 되면 정부 차원에서 지원을 해주면 좋겠다」는 이야기는 했지만, 재단설립은 민간이 하는 것이기 때문에 국무회의에서 논의할 이유가 없습니다"라고 대답했다.

공소사실에 의하면, 최상목 청와대 경제금융비서관이 상급자인 안종범으로부터 "문화재단을 즉시 설립하라"는 지시를 받은 날은 2015년 10월 19일이다. 이때 안종범은 최상목에게 "대통령의 지시사항이다"라는 말은 하지 않은 것으로 법정에서 확인되었다. 검찰에서 두 번, 특검에서 한차례 조사를 받은 최상목은 법정에 증인으로 출석해(2017. 3. 20.), 이같이 증언했다.

이날 공판 관여검사인 손찬호 검사가 "안종범이 문화재단 설립을 지시할 당시, 「대통령의 지시사항이다」라는 말을 하던가요"라고 묻자, 최상목은 "그 말은 직접 못 들었습니다. 전경련 실무자들이 올 테니 도와주라는 취지의 말씀이 있었습니다"라고 진술했다.

미르재단이 대통령 지시에 의해 설립되었다면 안종범은 처음부터 이런 사실을 숨길 이유가 없었을 것이다. 최상목은 법정에서 "전경련 전무 박찬호가 회원사에 출연금 납부를 독려하는 과정에서 「BH 요청」이라는 문구를 집어넣은 일로 안종범으로부터 질책을 당한 적도 있다"고 진술했다.

전경련 전무 박찬호는 2015년 10월 22일 오후 5시경, 전경련(全經聯) 10대 그룹 임원회의를 개최한 자리에서 "BH 요청으로 문화 및 체육 관련 재단을 만들어야 하는데, 문화재단은 10월 27

일까지 설립하여야 하니 협조해 달라"고 요청하고, 출연금 납부를 독촉하기 위해 기업 관계자들에게 「BH 요청」이라고 표시한 문자메시지와 이메일을 보낸 일이 있었다. BH는 Blue House의 약자로 청와대를 지칭한다.

이 사실을 알게 된 안종범이 최상목 비서관에게 "전경련의 누군가가 기업들에 출연을 요청하면서 BH 요청이라고 쓴 문자와 이메일을 돌렸다고 하는데, 그게 말이 되느냐"며 화를 냈다는 것이다. 최상목 비서관이 확인해보니 당사자가 전경련 박찬호 전무였다.

박찬호는 최상목에게 "나의 실수였다. 앞으로 그렇게 하지 않겠다"고 이야기한 것으로 최상목 진술조서에 기록돼 있는데, 최상목은 실제로 그런 일이 있었다고 법정에서 인정했다. 안종범이 이런 식으로까지 청와대 개입사실을 철저히 숨기려 한 것은 미르재단이 청와대나 대통령 지시와 무관하게 설립되었기 때문이다.

안종범이 자기 책임을 모면하기 위하여 거짓말을 하거나 거짓말을 하도록 사주한 증거는 많다. 미르재단 설립을 둘러싸고 언론에서 의혹을 제기하던 무렵, 전경련 부회장 이승철은 연합뉴스와 인터뷰에서 "미르재단과 K스포츠재단은 전경련 주도로 설립되었다"는 취지로 말한바 있다.

이승철은 그러나 법정증언에서는 "그 인터뷰는 경제수석 안종범의 지시에 의한 것"이라며 내막을 털어놓았다. 다음은 이승철의 증언 취지를 요약한 것이다.

〈전경련의 공식 입장을 발표하라는 안종범 수석의 지시를 받고, 전경련 내부에서 검토한 적이 있었습니다. 사실이 아닌 것을 기자간담회까지 하는 것은 곤란하다고 판단하여 전경련 전무 선에서 연합뉴스와 인터뷰하는 정도로 끝내기로 하고 실제 그렇게 하였습니다.

그런데 연합뉴스에서 인터뷰 내용을 보도해주지 않았습니다. 나중에 들어보니까 청와대 홍보 쪽에서 연합뉴스에 전화해, 왜 전경련 인터뷰를 실어주지 않느냐고 항의를 했다고 합니다. 이렇게 되니까 연합뉴스에서는 전경련 전무 정도는 안 되고, 부회장이 직접 인터뷰를 해야 되겠다고 해서, 제가 전화로 30분간 인터뷰를 하였습니다. 어쩔 수 없어서 그렇게 했습니다.

그때부터 저에 대한 비난이 쏟아지면서 전경련 해체 이야기가 나왔습니다. 직원들 볼 면목이 없었습니다. 그래서 검찰 조사에서는 "전경련이 자발적으로 설립한 게 아니라 청와대 경제수석 안종범의 지시로 설립한 것"이라고 사실대로 진술하였습니다.〉

500억원으로
갑자기 증액된 사연

공소사실에 의하면, 미르재단 출연금이 300억에서 500억으로 갑자기 증액된 날은 2015년 10월 24일이다. 미르재단 설립 이사회가 열리기 이틀 전이다. 이 바람에 전경련은 500억원을 기준으로 하는 새로운 출연금 분배 안을 작성하는 한편, 법인설립 허가에 필요한 서류들을 대폭 수정해야 했다. 전경련으로서는 비상이 걸릴 수밖에 없었다.

안종범은 재단 출연금 증액 이유에 대해 "이승철 부회장이 처음에 300억으로 하려고 했는데 모으다 보니 500억원 가까이 된다고 하였다. 이승철이 먼저 제안을 한 것이지, 청와대가 일방적으로 증액을 지시한 것이 아니다"라고 검찰에서 진술(2016. 11. 14.)했다.

공소사실에 의하면, 안종범이 이승철에게 재단 출연금 증액을 전화로 지시할 때, "출연 기업에 KT, 금호, 신세계, 아모레는 반드시 포함시키고 현대중공업과 포스코에도 연락해 보고, 추가

할 만한 그룹이 더 있는지도 알아보라"고 지시하며, 기업체 이름을 구체적으로 거론했다고 되어 있다.

이승철은 법정증언에서 "제가 그 전화를 받을 때 옆에 있던 전무(박찬호)가 메모를 하고 있었기 때문에 기억할 수 있었다"며 "아모레의 경우에는 20대 그룹에 속하지 않았고, 현대중공업은 그 당시 적자가 3조니 4조니 하는 회사라서 임직원들이 월급도 못 받는 상태인데 반드시 포함시키라고 하여 의아하게 생각했다"고 증언했다.

다음은 이승철 부회장의 법정증언을 요약한 것이다.

〈사실 처음 낼 때부터 부담을 느끼는 상황인데, 그것을 기업들이 자발적으로 낼 리도 없고, 또 저희는 회원사의 회비를 먹고 사는 조직으로서 회원사 이익을 대변해야 하는데, 그들에게 저희가 돈을 더 내라고 해야 될 하등의 이유가 없습니다.

그 당시 제가 토요일 오후에 전화를 받았는데, 안종범이 "VIP께 보고를 드렸더니 300억이 작다, 500억으로 올려야 되겠다"고 말씀하셔서 저는 그대로 따를 수밖에 없는 상황이었습니다. 하지만 참 난감한 상황이어서 안종범에게 이렇게 말했습니다.

"내일모레 재단이 설립되는데, 너무 짧은 시간에 갑자기 금액을 올리는 것은 만만치 않다. 그리고 또 새로운 그룹을 추가해야 하는데, 그 그룹에 뭐라고 이야기해야 하느냐. 그리고 전화받을 때가 토요일 오후인데, 다들 퇴근하고 아무도 없는데 어떻게 의사결정을 할 수 있느냐. 참 난감한 상황"이라고 이야기를 하였습니다.

그랬더니 안종범은 자기도 도와주겠다고 했습니다. 제가 하도 황당하다고 이야기하니까 본인도 도와주겠다는 이야기를 했습니다.〉

안종범이 대통령 지시라며 이승철 부회장에게 500억 증액을 지시한 2015년 10월 24일은 토요일이다. 토요일이면 웬만한 기업은 쉬는 날이다. 이승철도 모처럼 쉬는 날이어서 강촌에서 기자들과 점심을 먹으며 간담회를 하고 있던 중, 안종범의 전화를 받았다고 진술했다. 안종범이 이승철에게 전화한 시각은 낮 12시 28분57초였다. 이는 안종범의 휴대폰에서 확인된 시각이다.

안종범 주장대로라면, 대통령이 기업 휴무일인 토요일 점심시간에 경제수석에게 재단 출연금을 300억에서 500억원으로 올리라고 지시했다는 이야기가 된다. 이 부분에 대한 검찰과 대통령 간의 일문일답이다.

〈**문:** 재단 출연금이 300억원에서 500억원으로 증액되는 과정에 대하여는 안종범으로부터 보고를 받은 사실이 없습니까.

답: 네, 없습니다.

문: 안종범은 피의자에게 재단 출연금 증액에 대해 보고하고 재가를 받았다는 내용으로 법정 증언한 바가 있는데, 안종범에게 미르재단 출연금 증액에 대해 보고받거나 지시한 사실이 없다는 것입니까.

답: 저는 안종범에게 그와 관련된 보고를 받거나 지시를 한 기억이 없습니다. 기업들이 자발적으로 출연하여 재단을 설립한다고 보고를 받았는데, 그런 제가 재단 출연금을 증액하라고 지시를 하였다는 것은 맞지 않습니다.〉

게다가 안종범이 반드시 포함시키라고 지시한 신세계그룹은 검찰 조사 결과, 미르재단에 출연금을 내지 않은 것으로 확인되었다. 이에 대해 신세계 정동혁 상무는 검찰 조사에서 "전경련에서 미르재단 출연금을 요청할 당시, 대통령이 직접 챙기면서 재단을 출범시키라고 한 사실을 정확하게 인지하였더라면 거절하지 못했을 것인데, 단순히 정부나 청와대에서 그런 연락이 왔구나 하는 정도로 생각했고, 그 당시 회장이 해외 출장 중이어서 결재가 곤란하다며 거절했다"고 진술했다.

대통령이 신세계라는 기업체 이름까지 언급하며 출연금을 내도록 강요했는데도 회장이 해외 출장 중이라는 이유로 돈을 내지 않았다는 점, 그리고 대통령의 그런 지시가 기업 휴무일인 토요일에 있었다는 검찰의 공소사실은 내가 아무리 이해하려고 해도 이해되지 않았다. 나는 안종범과 이승철의 진술 내용을 검토하면서, 이승철의 법정 증언이 안종범 주장에 비해 보다 객관적이고 합리적이라고 생각한다.

중국과의 MOU를
경제수석이 담당?

공소사실에 의하면, 미르재단 설립 작업이 본격적으로 추진된 계기는 리커창 중국 총리의 방한(訪韓) 때문이라는 것이다. 김세윤 재판장이 작성한 대통령 1심 판결문에도 "피고인 안종범은 2015. 10. 19.경 대통령으로부터 2015. 10. 하순경으로 예정된 리커창 중국 총리 방한 때 양국 문화재단 간에 양해각서(MOU)를 체결하여야 하니 재단설립을 서두르라는 지시를 받았다"고 명시돼 있다.

그런데 청와대가 리커창 총리의 방한을 공식 발표한 날은 2015년 10월 26일이다. 10월 19일이 아니다. 청와대는 10월 26일에 배포한 보도 자료에서 "리커창 중국 총리가 10월 31일부터 11월 2일까지 공식 방한할 예정이다. 리커창 총리는 이번 방한 기간 중 박근혜 대통령과의 양자회담을 비롯해, 국회의장 면담, 국무총리 면담, 한국 경제단체 주최 환영 리셉션 등의 일정을 소화할 예정이다. 또 다음 달 1일로 예상되는 한중일(韓中日) 3국정상회의에도 참석할 계획"이라고 밝혔다. 이는 조선일보에 보도된 내용이다.

대통령과 외국 정상과의 회담은 경호와 보안을 감안, 임박해서 발표하는 것이 관례다. 대통령이 리커창 방한과 같은 고도의 보안을 요구하는 사안을 공식 발표가 있기 8일 전에 경제수석 안종범에게 알려주었다는 것이고, 안종범은 이런 보안사항을 전경련 부회장 이승철과 청와대 경제금융비서관 최상목에게도 알려주며 "재단설립을 서두르라고 지시했다"는 것이 검찰 주장이다. 국제관례에 비춰, 매우 비정상적인 일이 대한민국에서 일어났다는 이야기다.

마지막으로 남은 한 가지 의문점은 안종범이 왜 「2015. 10. 19.」을 재단설립의 D-데이라고 주장했을까 하는 것이다. 이에 대해서는 대통령이나 안종범 진술조서에 명확한 설명이 없다. 때문에 나 역시 정확한 이유를 모른다. 다만 안종범이 검찰 조사에서 그렇게 주장했으므로, 그 진실은 안종범 본인만이 알고 있을 것이다.

나는 안종범 주장의 사실관계를 확인하기 위해, 「2015. 10. 19.」에 대통령과 안종범 주변에 무슨 일들이 있었는지를 취재했다. 2015년 10월 19일은 월요일이었다. 안종범의 보좌관 김건훈은 법정에서 "안종범은 10월 18일 새벽에 귀가했다"고 진술했

IV. 검찰 수사와 미르재단의 진실

다. 그것은 안종범이 10월 13일부터 18일까지 3박6일 동안, 미국에서 열린 한미(韓美) 정상회담의 수행원이었기 때문이다.

그때 박근혜 대통령은 오바마 미국 대통령과 4번째 정상회담을 하고, 6·25전쟁 참전용사와 그 가족 등 120명을 만나 감사인사를 하는 한편, 우리나라 역대 대통령 가운데는 두 번째로 나사(NASA) 우주센터를 방문했다. 공식 행사를 숨 가쁘게 소화한 대통령이 한미 정상회담을 마치고 귀국한 날이 10월 18일이었다.

때문에 그 다음날인 10월 19일 월요일은 미국과의 시차(時差)적응을 감안할 때, 그리고 대통령의 약한 체질을 고려하면, 정상적인 근무가 다소 어려울 때라고 할 수 있다.

그럼에도 안종범 주장대로, 대통령이 경제수석에게 그런 지시를 했다면 대통령은 외교안보수석과 교육문화수석에게도 똑같은 지시를 내렸을 것이다. 왜냐하면 중국과 관계된 양해각서 체결인데다 문화재단 설립과 관련된 것이어서 관련 수석들이 함께 논의해야할 사안이기 때문이다.

그렇기 때문에 안종범이 그런 진술을 하면, 검찰은 외교안보수석과 교문수석을 상대로 대통령의 지시가 있었는지를 당연히 조사해야 한다. 이것이 합리적이고 객관적인 수사다. 하지만 검찰은 안종범의 진술만 들었을 뿐, 외교안보수석과 교육문화수석은 조사하지 않았다.

하다못해 검찰은 안종범에게 "중국과 관련된 외교문제를 주무 수석도 아닌 경제수석이 왜 혼자서 처리하였나요"라는 상식적인 질문이라도 했어야 했다. 검찰은 안종범에게 "문화재단과 관련된 사안을 왜 경제수석이 담당했느냐"는 정도로 추궁하고 말았다.

다음은 리커창 총리 방한과 관련된 검찰과 대통령 간의 일문일답이다.

〈**문**: 피의자는 안종범에게 2015. 10. 19. "리커창 중국 총리 방한 전, 문화재단을 출범시켜라"는 지시를 한 사실이 있습니까.

답: 당시 제가 "중국 민간과 우리 민간이 MOU를 체결하면 좋지 않겠냐"는 정도의 이야기를 하였을 뿐, 재단을 급히 만들어서 MOU를 체결하라는 취지로 말하진 않았습니다. MOU를 체결한다면 문화창조융합센터도 있고 다른 재단들도 있는데, 제가 꼭 어떤 재단을 특정하여 MOU를 체결하라고 지시하지는 않았습니다.

문: 정호성은 "최순실이「리커창 총리 방한 전, 한·중 문화콘텐츠 투자 확대를 위한 MOU를 체결하면 좋지 않겠느냐」고 해서, 대통령에게 이를 보고했다"고 합니다. 정호성으로부터 그런 보고를 받은 사실이 있습니까.

답: 그런 보고를 받은 기억이 나지 않습니다.

문: 피의자는 최순실의 의견을 듣고, 2015. 10. 19. 안종범에게 리커창 방한 전에 문화재단을 출범시키라고 지시한 것입니까.

답: 최순실의 얘기를 듣고 위와 같은 말을 한 것은 아닙니다.

문: 피의자의 지시에 따라 안종범은 전경련 부회장에게 재단 설립을 재촉하고, 최상목 경제금융비서관은 10. 21.~10. 24. 4회에 걸쳐 전경련, 문체부 관계자를 청와대로 불러 회의를 하였습니다. 위 사실을 보고받아 알고 있습니까.

답: 그때는 그런 사실을 전혀 몰랐고, 나중에 보도가 되고 나서 알게 되었습니다. 저는 자발적으로 재단설립이 잘 진행이 되는 것으로 알고 있었는데 이번에 언론보도를 보고 그때 이런 일이 있었나 하고 상당히 놀랐습니다.

(이때 검사는 피의자에게 2015. 11.경 경제수석실 작성의 「지시사항 과제별 이행 현황표」 사본을 제시함)

문: 위 보고서를 보면 2015. 10. 19. 피의자의 지시사항으로 「리커창 방한 전 문화재단을 출범시키고, 재단-중국 정부 간 비즈니스 차원에서 MOU 등을 체결할 수 있도록 준비」라는 말이 기재되어 있고, 보고 여부에 대하여는 「10. 22. (수석)」이라고 기재되어 있으며, 이행상황으로는 「BH-문화부-전경련 간 협의 진

행 중. ※10. 27. 재단출범」이라고 기재되어 있습니다. 재단설립 경과에 대하여 보고받은 것이 사실 아닙니까.

답: 위 문건은 제가 보고받은 적이 없는 문건입니다.〉

검찰이 제시한 2015. 11.경 경제수석실 작성의 「지시사항 과제별 이행 현황표」 사본은 이미 앞에서 언급했듯이 대통령에게 보고된 청와대 공식문건이 아니다. 안종범과 안종범의 보좌관 김건훈이 공동으로 사용한 「구글 캘린더」 양식에 근거한 사적(私的)기록을 검찰이 사본으로 출력한 것이다. 그러니 대통령으로서는 보고받은 적이 없는 문건일 수밖에 없다.

대통령이 안종범에게 그런 지시를 내렸다면, 대통령은 리커창 총리와의 정상회담에서 한중(韓中) 문화재단 간의 양해각서 체결 문제를 거론했을 것이다. 그러나 그 당시 국내외 어느 언론에도 대통령과 리커창 총리가 양해각서 체결 문제를 논의했다는 보도가 없었다.

리커창 총리가 방한했던 2015년 11월 1일, 서울 신라호텔에서 「리커창 중국 총리 초청 한국 경제계와의 간담회」가 열렸다. 이 자리에 참석한 중국 측 인사는 리커창 총리를 비롯, 왕이 외교부 부장, 쉬야오스 국가발전개혁위원회 주임, 완강 과학기술부 부장, 러우지웨이 재정부 부장, 천지닝 환경보호부 부장, 가오후

청 상무부 부장, 저우샤오촨 인민은행장, 장정웨이 중국국제무역촉진위원회(CCPIT) 회장 등 정부 인사들과 기업인 100여명이었다. 문화계 인사는 명단에 들어있지 않았다.

한국 측에서는 박용만 대한상의 회장, 정몽구 현대자동차그룹 회장, 구본무 LG그룹 회장, 최태원 SK 회장, 이재용 삼성전자 부회장, 신동빈 롯데그룹 회장, 손경식 CJ그룹 회장, 박삼구 금호아시아나그룹 회장, 권오준 포스코 회장, 이웅열 코오롱그룹 회장 등 기업인 200여명이 참석했다.

이런 사실에 비춰, 리커창 총리를 언급한 안종범 진술은 합리적 의심을 갖기에 충분하며, 검찰은 「대통령을 엮기」 위해 안종범 진술의 사실여부를 확인하지 않고 공소장에 기재했음을 유추할 수 있다.

이성한 휴대폰에
숨어있는 진실

나는 「2015. 10. 19.」의 진실에 접근할 수 있는 결정적인 단서 하나를 찾았다. 미르재단 초대 사무총장 이성한의 검찰 진술 내용이다. 이성한은 검찰 조사(2016. 10. 28.)에서 자기가 미르재단 사무총장이 된 경위를 진술했다. 신문자는 김민형 검사다.

〈문: 진술인은 누구로부터 미르재단 사무총장의 제안을 받은 것인가요.

답: 당시 창조경제추진단장인 차은택 단장으로부터 제안을 받은 것입니다. 제가 쓰러지기 하루 이틀 전, 차은택이 운영하는 아프리카픽쳐스 사무실에 가서 차은택 단장을 만났는데, 차은택이 "재단을 설립할 예정인데 이 대표의 능력이 필요하다. 「재능기부」라고 생각하고 도와줬으면 좋겠다"하는 정도의 얘길 했는데, 그때는 「미르」라는 이름도 없었던 상황이었고 「재단」이라는 말만 들었는데 내용이 추상적이었고 그 재단의 성격에 대하여 자

세하게 설명해주지는 않았습니다. 저는 알겠다는 뜻에서「알겠습니다」라는 말을 하였습니다.

문: 그러면 미르재단의 성격이나 설립 취지에 대해서는 언제 알게 된 것인가요.

답: 11.초경 퇴원하고 나서 처음 미르재단 사무실에 나갔을 때 창립총회 의사록에 붙어있는 설립취지문을 보고 알게 되었습니다.

문: 진술인은 차은택을 언제부터 어떻게 알게 되었나요.

답: 2013. 말경으로 기억하는데 제가 운영계획을 수립한 골프장(소노펠리체 컨트리클럽)에 차은택이 손님으로 왔는데, 부킹으로 처음 만나 알게 된 사람입니다. 당시 저희 회사가「소노펠리체 컨트리클럽」골프장 클럽하우스 내에 사무실이 있어서 제가 그곳에서 근무하고 있었고, 차은택이 그 골프장을 지인들과 자주 이용하였는데, 저에게 예약도 종종 부탁하곤 하였습니다. 그 계기로 친해지게 되었습니다.

문: 진술인은 차은택과 사업적인 관계는 없는가요.

답: 예, 차은택과 사업적인 관계는 없었고, 위와 같이「소노펠리체 컨트리클럽」에서 만나게 친하게 됐고, 이후에 저는「노량진 수산시장 현대화 사업」TF에서 사업총괄을 맡게 되었는데 2014. 경 제가 차은택을 위 노량진 수산시장 현대화 사업 관련하여 문

화콘텐츠 개발 자문위원으로 추천하였고, 이에 수협(水協)이 자문으로 위촉한 사실이 있었습니다.〉

이 조서에는 이성한이 차은택으로부터 미르재단 사무총장을 맡아달라는 제안을 받은 날짜가 명확하게 기록돼 있지 않았다. 나는 35페이지에 달하는 이성한 조서를 꼼꼼히 살폈다. 네 가지 단서가 포착됐다.

첫째, 이성한이 강원대학교 병원 응급실에 입원한 날이 2015년 10월 20일 오전 9시경이라는 사실, 둘째 입원 당시 이성한은 뇌경색이어서 응급실을 거쳐 상당 기간 중환자실에 입원했다는 것, 셋째 차은택이 이성한에게 미르재단 사무총장을 맡아달라고 요청한 장소가 차은택이 운영하는 아프리카픽쳐스 사무실이라는 점, 넷째 아프리카픽쳐스의 소재지는 서울 강남구 논현동이고 이성한의 주소지는 강원도 춘천인데, 이성한은 자기 차(SUV)로 서울과 춘천을 오가며 생활했다는 것이다.

네 가지 단서를 종합하면, 이성한은 입원하기 전날인 10월 19일 서울 논현동에 있는 차은택 사무실에서 재단 사무총장직을 수락했고, 미팅이 끝난 후 자기 차를 운전해서 강원도 춘천에 있는 집에 도착해 잠을 자던 중, 뇌졸중을 일으켜 10월 20일 오전 9시경 강원대 대학병원 응급실에 입원했다는 이야기다.

이성한이 차은택에게서 미르재단 사무총장직을 제의받은 날은 「병원 입원」이라는 객관적인 증거가 있기 때문에 10월 19일이 확실하다. 그러니까 대통령이 안종범에게 재단설립을 지시했다는 바로 그날, 놀랍게도 차은택은 자기를 「노량진 수산시장 현대화 사업」 문화콘텐츠 개발 자문위원으로 추천한 이성한을 미르재단 사무총장에 임명한 것이다.

대통령은 안종범에게 재단설립을 지시한 사실이 없다고 검찰에서 진술했고, 최서원도 차은택에게 이성한을 사무총장으로 추천하지 않았다고 진술했기 때문에 그 자세한 내막을 알고 있는 사람은 안종범과 차은택 둘뿐일 것이다.

이와 관련해 이성한 진술조서에는 또 하나의 중요한 단서가 들어있었다. 안종범이 10월 21일과 10월 24일에 자기 휴대폰으로 이성한의 휴대폰과 통화했다는 사실이다. 10월 21일과 24일은 이성한이 중환자실에 입원해 있을 때였다.

뇌경색으로 수술을 받고 입원 중인 이성한이 안종범과 통화를 했다는 것인데, 그 이유가 이성한의 진술서에 기록돼 있다. 나는 이 조서에서 안종범과 차은택이 그 당시 「특별한」 관계에 있었음을 확인할 수 있었다. 진술조서를 인용하면 이렇다.

〈이때 진술인(이성한)에게 안종범과 진술인 사이의 통화내역

을 보여주며,

문: 이 통화내역을 보면 안종범 수석이 2015. 10. 21. 15:02경 진술인의 휴대전화로 전화를 걸어 3분56초나 통화하고, 재차 2015. 10. 24. 11:09경 안종범 수석이 전화하여 3분11초 동안 통화하며, 2015. 11. 6. 18:43경 02:30동안 통화하고, 2015. 12. 10. 14:39경 08:59경이나 통화하였으며, 2016. 1.경부터 2016. 2. 중순경까지 수회에 걸쳐 통화를 하고 있는데, 진술인은 미르재단에 사무총장으로 정식 선임되기 전부터 안종범 수석과 통화하였음이 확인됩니다. 진술인은 차은택으로부터 사무총장직을 제의받은 이후 안종범 수석과 통화를 한 셈인데 어떻게 된 것인가요.

답: 저가 2015. 10. 20. 09:00 쓰러졌는데 제가 당시 다른 사람하고 통화하고 이럴 상황이 아니었습니다. 제 주변에 제 처 밖에 없었는데 어떻게 된 영문인지 모르겠습니다. 당시 저를 간병한 사람이 제 처이므로 제 처한테 물어보고 싶습니다.

(이때 진술인으로 하여금 02:51경 유근O에게 전화하여 스피커폰으로 통화하게 하고 그 내용을 청취하다. 진술인이 유근O에게 "내가 병원에 있을 때 누가 찾아온 적이 있느냐"고 물어보니 "당신이 쓰러진 다음날 차은택이 왔는데 당신 휴대전화를 가져갔

다가 며칠 있다가 가져다주었다"라고 진술하다.)

문: 방금 진술인의 처 진술이 사실인가요.

답: 사실 저로서는 당시에 뇌졸중으로 쓰러진 상태라서 잘 기억이 나지 않습니다. 지금 시간이 새벽인데, 갑자기 전화를 받은 제 처가 그렇게 진술하니 사실이 그렇겠거니 하고 생각할 뿐입니다. 이 부분은 제가 병원에서 쓰러진 날짜, 수술받은 내역 등을 확인을 해보면 되지 않을까 생각합니다.〉

이성한의 처 진술에 의하면, 이성한이 입원한 다음날, 즉 10월 21일에 차은택이 병문안을 왔다가 이성한의 휴대폰을 가지고 갔으며, 며칠 후에 돌려주었다는 것이다. 그러므로 안종범이 통화한 사람은 차은택일 수밖에 없다.

차은택이 이성한의 휴대폰을 이용해, 안종범과 3분56초 동안 통화한 10월 21일은 차은택이 연세대 커뮤니케이션대학원 원장 김형수에게 "원장님, 전경련(全經聯)이 만드는 문화재단에 비상근 이사장으로 선임되었습니다"라는 사실을 통보한 날로 확인되었다.

김형수 이사장은 검찰 조사에서 "2015년 10월초 차은택이 「전경련에서 설립하는 문화재단의 이사장을 맡을 용의가 있습니까」라고 물어보기에, 연세대 교수 신분이기 때문에 상근 이사장은 맡을 수 없고 비상근이라면 가능하다고 대답했다. 그러고 난 뒤, 10월 21일에 차은택으로부터 비상근 이사장으로 선임되었다는 통보를 받았다"고 진술했다. 김형수 이사장은 차은택이 연세대 커뮤니케이션대학원 영상예술학 박사과정 학생으로 등록(2015. 3.경)하면서 교수와 학생 신분으로 알게 된 사이다.

또 안종범이 이성한의 휴대폰을 가지고 있던 차은택과 3분11초 동안 통화한 10월 24일은 미르재단 이사장 김형수가 청와대 회의에 처음 참석한 날이다. 이날 김형수 이사장은 미르재단 사무부총장 김성현과 함께 청와대 회의에 참석했다.

김성현은 검찰 조사에서 "차은택이 저에게 「청와대에서 재단 설립을 논의하기 위해서 회의가 열리는데 이성한이 아파서 참석할 수 없으니 네가 김형수 이사장을 모시고 가서 참석을 좀 해라」고 하였습니다. 그때 제가 사무총장인 이성한을 대신해서 참석을 하게 되니까 사무부총장이라는 직함을 쓰기로 하였습니다"라고 진술했다.

검찰이 이성한 휴대폰에 숨어있는 이 같은 통화내역의 진실을 확인한 날은 2016년 10월 28일이다. 최서원·안종범·정호성에 대해 본격적인 수사를 시작하기도 전이다. 이성한을 조사한 김민형 부부장 검사는 이성한을 조사한데 이어 최서원과 안종범, 차은택을 차례로 조사했다.

하지만 김민형 검사는 안종범 조사에서 차은택과 통화한 이유를 추궁하지 않았고, 차은택에게는 왜 입원 중인 이성한의 휴대폰을 사용하게 되었는지를 신문하지 않았다. 미르재단 설립이 대통령이나 최서원과 무관하게 안종범과 차은택이 주도했다는 진실이 드러날 경우, 대통령을 「정조준」한 검찰 수사방향에 엄청난 차질이 빚어지기 때문인 것으로 보인다.

최서원 피고인의 변호인 오태희 변호사는 재판부에 제출한 의견서에서 "미르재단 설립 작업이 한창 진행 중일 때, 차은택이 이성한의 휴대폰으로 안종범과 전화 통화를 했다는 사실은 미르재단 설립 및 이사진 구성과 관련하여 대단히 중요한 팩트"라고 전제한 뒤, "그럼에도 검찰이 이 부분을 의도적으로 수사하지 않은 것인지, 아니면 수사는 했지만 최서원 피고인과 대통령에게 유리한 증거이다 보니 그 기록을 법원에 제출하지 않은 것인지는 대단히 의문스럽다"고 지적했다.

결론적으로 「2015. 10. 19.」부터 10월 24일 사이에 미르재단 설립과 관련된 일련의 일들은 안종범과 차은택 주도아래 진행되었다. 대통령 이름을 팔고 다닌 사람은 최서원이 아니라 차은택이라는 사실은 김형수 미르재단 이사장의 검찰 진술조서에 기록돼 있다.

"미르재단 설립과 운영은
차은택이 주도"

　미르재단 이사장 김형수는 언론에서 의혹을 제기하던 2016년 10월경에는 진실을 털어놓지 않았다. 검찰 1차 조사에서 일부 사실을 숨겼던 김형수 이사장은 그러나 2차 조사에서 1차 진술을 부인하고 사실대로 진술했다. 이렇게 되자 검찰은 김형수 이사장의 진술을 믿지 않았다. 이 바람에 김형수 이사장은 3차 검찰 조사(2016. 11. 8.)를 받아야 했다. 다음은 3차 조사에서 있었던 김형수 이사장의 진술 내용이다.

　〈**문**: 지난 2회 조사 시, 기존 진술내용을 번복하여 사실대로 진술한 이유는 무엇인가요.
　답: 1회 검찰 조사를 받고 나가는 날 새벽에, 학생들이 학교에 대자보를 붙이고 저와 면담 요청을 하였습니다. 학생들 전체, 또한 일부와 면담을 하는 과정에서 제가 뭘 바라고 재단 이사장을 한 것도 아닌데, 이건 아니라는 생각이 들어 그때부터 사실대로

말씀드리려고 하고 있었습니다.

문: 진술인은 2016. 10. 27. 검찰 수사관에 의해 주거지 압수수색을 당한 사실이 있습니까.

답: 네, 그런 사실이 있습니다.

문: 압수수색 당시 노트북 1대가 압수되었는데, 당시 진술인은 위 노트북에 안종범 수석, 차은택, 이한선, 이성한 등과의 카카오톡 메시지 내용이 저장되었다고 진술하였는데 사실인가요.

답: 예, 사실입니다.

문: 【이때 검사는 위 압수수색 당시 진술인으로부터 압수한 노트북에 대한 포렌식 분석 결과 추출된 문자메시지 사진을 제시하고】 이 문자메시지들이 차은택, 안종범과 주고받은 것인가요.

답: 예, 상대방이 "(알 수 없음)"으로 표시된 것은 차은택과 주고받은 문자메시지이고, 상대방이 "안종범 수석"으로 표시된 것은 안종범 경제수석비서관과 주고받은 문자메시지입니다. 특히, 차은택의 경우, 2016. 7.경 언론에서 본 건(件)에 대해 문제제기가 된 이후에 차은택으로부터 갑자기 비밀채팅 요청이 들어왔는데, 당시 차은택과 비밀채팅방에서 나눈 얘기가 그와 같이 캡쳐되어 있는 것입니다.

문: 차은택, 안종범 등과의 문자메시지를 사전에 캡쳐하여 노트북에 저장시켜둔 이유는 무엇인가요.

답: 언론으로부터 문제제기가 계속되고, 차은택이 보내온 카카오톡 문자메시지 화면에도 상단에 차은택의 이름이 기재되지 않고 "(알 수 없음)"이라고 기재되어 있는 것을 보고, 차은택과 안종범이 재단설립을 위해서 저를 도구로만 사용하고 정작 문제가 발생하면 모른 척 할 수도 있다는 생각이 들어 문자메시지를 캡쳐해 둔 것입니다. 그런 이유로 급하게 아들 전화기로 차은택, 안종범과의 문자메시지를 촬영해서 노트북에 저장해 둔 것입니다.

문: 진술인과 차은택이 주고받은 문자메시지를 살펴보면, 차은택이 진술인을 미르 이사장으로 추천한 사실 등 차은택이 미르 설립·운영에 관여한 사실을 감추기로 하는 내용이 대부분인 것으로 보이는데, 맞는가요.

답: 예, 그렇습니다.

문: 그럼에도 차은택의 부탁대로 언론 등에 차은택이 재단 설립 및 운영에 전혀 관여하지 않은 것처럼 말하기로 한 이유는 무엇인가요.

답: 차은택은 그 이전부터 미르재단의 설립, 운영은 VIP(대통령)가 직접 지시하여 설립, 운영되는 재단이라는 말을 여러 번 하였고, 청와대 민정수석실에서 저를 사찰하고 있을지도 모른다는 생각에 차은택의 부탁을 바로 거절할 수는 없었습니다.

문: 진술인은 미르재단이 VIP가 지시하여 설립, 운영되는 재

단이라는 말을 언제, 어떤 경위로 들었나요.

답: 재단이 설립되고 얼마 지나지 않은 무렵이었습니다. 당시 이사진들끼리 얼굴도 잘 몰라 얼굴이라도 익히자는 의미에서 워크숍을 계획하고, 장소는 김영석 이사가 가지고 있는 부여 소재 스튜디오로 정하였습니다. 그런 결정이 있고나서 차은택이 제게 전화를 걸어, 워크숍을 가지 말라고 하는 것이었습니다.

그래서 제가 왜 그러느냐고 물어보니, 차은택이 미르재단은 VIP가 지시하여 설립, 운영되는 재단인데 이사진들끼리 따로 모이는 등의 행동을 하는 것은 적절하지 않다고 하는 것이었습니다. 저로서는 차은택이 VIP를 직접적으로 언급하면서 워크숍을 가지 말라고 하니 어쩔 수 없이 취소하고 이사들에게는 다음에 가기로 하였다고 말한 사실이 있습니다.

문: 차은택이 VIP를 언급한 또 다른 사례도 있는가요.

답: 예, 있습니다. 이성한의 해임 여부를 두고 재단 내부적으로 말이 많았던 때인데, 2016. 5.말경으로 기억합니다. 당시 저와 장순각 이사(한양대 실내건축가 교수) 사이에 이성한이가 어떻게 사무총장이 되었는지, 미르재단의 실질적인 주인이 누구인지 등에 관하여 물어보자는 얘기가 나왔습니다. 장순각 이사는 그 전부터 차은택과 친해서 차은택을 "은택아"라고 부를 정도였습니다.

그래서 늦은 시간에 차은택을 장순각 교수의 장충동 「작은 집」 스튜디오로 불러내었습니다. 그 자리에서 우선 저와 장순각은 이성한이 어떻게 사무총장에 취임하였는지를 물어보았는데, 차은택은 김성현의 소개로 이성한을 사무총장에 임명을 한 것이라고 하였습니다.

또한 차은택에게 미르재단의 배후에 있는 실체가 누구인지에 대해서도 물었는데, 차은택은 VIP의 사업을 역동적으로 추진하기 위해서 만든 민간단체가 미르재단이라고 하였습니다. 공무원 조직은 지시를 해도 잘 돌아가지 않으니 민간단체를 통해서 VIP의 사업을 하는 것이라고 하였습니다.

문: 그럼 차은택 자신은 미르재단에서 어떤 역할을 담당한다고 하던가요.

답: 차은택은 VIP의 지시를 받고, 그 지시를 미르재단에 내려주는 역할을 하였습니다. VIP 얘기를 할 때는 목에 힘을 주기도 하구요.

문: 진술인은 미르재단의 이사장으로 재임할 당시 최순실(또는 최서원)에 관하여 들어본 사실이 있는가요.

답: 이번 사건으로 언론에 나오기 전까지는 최순실에 대해서는 전혀 알지 못했습니다.〉

미르재단 이사진은 김형수 이사장과 5명의 이사(이한선·장순각·김영석·송혜진·조희숙), 그리고 감사(채미옥) 1명 등 총 7명으로 구성되었다. 이 중 김형수 이사장과 장순각 이사는 차은택과 친한 사이며 차은택에 의해 미르재단 이사가 되었다는 사실은 김형수 이사장의 진술로 확인되었다.

나머지 이사 중, 이한선 상임이사는 광고회사 HS애드 출신으로, 차은택이 본부장으로 있던 문화창조융합본부에서 같이 근무했다. 김영석 이사는 유명 한복 디자이너이며, 송혜진 이사는 숙명여대 전통문화예술대학원 교수로 국악방송 사장을 역임했다. 김영석·송혜진 이사는 차은택과 함께 대통령 직속의 문화융성위원회 위원으로 활동했다.

채미옥 감사는 한국감정원 부동산연구원장인데, 그녀 역시 문화융성위원회 위원이었다. 조희숙 이사는 한국 공예디자인문화진흥원 출신이다. 조희숙 이사는 미르재단 이사를 그만 둔 뒤, 손혜원 의원의 보좌관이 되어 목포 땅 매입에 관여했다.

이러한 사실관계로 미뤄, 미르재단 이사진은 모두가 차은택과 인연이 있는 사람들이었다. 최서원은 검찰 조사에서 "미르재단 이사 중, 제가 아는 사람은 김영석 이사뿐"이라며 "그 분이 제 한복을 디자인해 주었기 때문에 이름을 알고 있습니다"라고 진술했다.

이한선의 진술과
MOU 체결의 진실

미르재단 상임이사 이한선은 광고업계 출신이다. 검찰 조서에 의하면, 이한선은 1993년 광고회사인 「LG애드」(나중에 HS애드로 상호 변경)에 입사하여 2008년에 부장이 되었다. 그가 차은택을 처음 알게 된 것은 2012년 말경이었다.

당시 HS애드가 인천 아시안게임(2014년 개최) 개·폐회식 행사의 입찰에 응할 때, 영상제작 파트 부문의 협력업체로 참여한 회사가 아프리카픽쳐스이며, 이 회사의 영상감독이 차은택이었다. 이한선은 그 후 광주 유니버시아드(2015년) 개·폐회식 행사의 입찰을 준비하면서 차은택과 친분을 유지하게 되었다.

이한선은 차은택이 2015년 5월경 문화창조융합본부 본부장이 되었을 때 HS애드 직원이었지만, 그해 11월경까지 문화창조융합본부 개발팀장으로 파견근무를 하면서 차은택과 자주 만났다.

이한선은 미르재단이 출범하기 전에 차은택으로부터 처음에 비상임 이사를 맡아 달라는 제안을 받았고, 미르재단이 출범한 이후인 2016년 1월 1일부터 상임이사가 되었다. 이한선은 검찰에서 네 차례 참고인 조사를 받은 뒤, 2017년 1월 20일 법정에 증인으로 출석해 미르재단 상임이사가 된 과정을 이렇게 증언했다.

〈연휴가 끝난 2015년 10월 첫째 주(10월 12일에서 10월 18일 사이) 어느 평일 날, 차은택이 소개시켜줄 사람이 있다며 서울신라호텔 1층 커피숍으로 나오라고 하였습니다. 가보니 차은택과 김성현, 김홍탁과 전병석이 있었고, 차은택이 "회장님"이라고 부르는 여성이 동석하였습니다. (**필자 주**: 김홍탁과 전병석은 광고계 종사자여서 이한선이 아는 사람이고, 김성현은 이한선이 차은택과 골프 칠 때 차은택이 데리고 온 골프멤버였다.)

차은택은 그 여성의 이름이 최순실이라는 사실을 밝히지 않았습니다. 차은택으로부터 그 여성의 이름을 들었다거나 소개받은 적이 한 번도 없습니다. 회장님이라 불린 여성은 "대한민국은 문화가 발전해야 앞으로 살아날 수 있다, 대한민국 문화융성을 위해 앞으로 노력하자"는 말을 하였습니다. 그 자리에서 회장님이라는 여성이 재단 이야기를 한 적은 없습니다.

그 얼마 뒤 차은택으로부터 "제2 한류를 위해 기업들이 출연을 해서 재단이 만들어지는데, 비상임이니 출근을 하지 않아도

되고, 부담이 없으니 추천을 해 주겠다."라는 말을 들었습니다. 그러고 나서 재단 첫 이사회가 열리기 일주일 전(10월 19일에서 25일 사이), 차은택과 둘이서 김형수 이사장을 만났습니다. 이때 김형수 교수가 "대한민국 문화발전을 위해 기여할 수 있는 재단이다. 이사들끼리 잘 해 보자"는 이야기를 하였습니다.

미르재단 현판식 전날(10. 26.), 서울 팔레스호텔에서 열린 미르재단 이사진 조찬모임에 참석한 적이 있습니다. 그러나 그 전날까지 전경련(全經聯) 관계자를 만나거나 면접을 본 일은 없습니다. 미르재단이 출범하고 한 달쯤 지난 2015년 11월경, 저는 HS애드로 복귀하기로 되어 있었는데, 차은택이 상임이사를 맡아 달라고 간청하여 회사에 사직하고 2016년 1월 1일부터 6월 29일까지 상임이사를 맡게 되었습니다.〉

이한선 이사는 미르재단 현판식이 있었던 2015년 10월 27일, 재단 사무부총장 김성현과 함께 1박2일로 중국에 출장 갔다. 이른바 중국과의 양해각서(MOU) 체결 건이다. 다음은 법정에 증인으로 출석한 이한선의 공판녹취록 가운데 중국 출장 건을 발췌한 것이다. 심문자는 공판관여 검사인 최임열 검사다.

〈**문:** 증인은 미르재단의 현판식이 있던 당일인 2015. 10. 27.

김성현과 함께 1박2일 일정으로 중국으로 출장을 간 사실이 있지요.

답: 예.

문: 그 출장은 중국에 있는 중국문화산업협회 관계자를 만나, 미르재단과의 MOU 체결 문제를 사전 협의하기 위한 것이었지요.

답: 예.

문: 증인은 10. 20. 또는 10. 21. 융합본부가 입주한 건물의 옥상, 담배를 피우고 있는 곳에서 차은택으로부터 중국 출장을 다녀오라는 말을 들었나요.

답: 예.

문: 당시 차은택이 증인에게 "중국 비즈니스를 위해 중국에 다녀와라. 중국 비즈니스는 북경에서 중국 문화산업협회 관계자를 만나, 미르와의 MOU 체결과 관련하여 상의를 하는 것이다"라는 취지로 말하였나요.

답: 차은택이 구체적으로 이야기한 것 같지는 않고, 가는 비행기에서 김성현한테 들은 것 같습니다. 차은택에게서는 "중국에 MOU 하러 가야 되는데 김성현 혼자 가기 좀 그러니까 같이 가줬으면 좋겠다"는 식으로 들었던 것 같습니다.

문: 출장 당시 중국 문화협회 관계자와 MOU 체결에 관하여

합의가 되었나요.

답: 합의 못 했습니다.

문: 합의가 안 된 이유가 무엇인가요.

답: 김성현한테 들은 이야기로는, 저희는 한국에서 콘텐츠를 제공하고 자금은 중국에서 제공하는 것으로 MOU 체결이 되어야 된다고 이야기가 되어 있었는데, 그쪽은 전혀 그런 내용도 모르고 준비가 안 되어 있는 것 같았습니다.

문: 중국 측에서는 그런 사정을 전혀 모르는 상태에서 나왔기 때문에 협의가 안 되었던 것인가요.

답: 예.

문: 증인과 김성현의 중국 출장비용은 누가 부담하였나요.

답: 김성현이 낸 것으로 알고 있습니다.

문: 증인과 김성현은 중국 출장 후 피고인 최순실과 차은택에게 결과를 보고했나요.

답: 저는 안 했습니다.

문: 증인은 전경련 관계자로부터 중국 출장에 관하여 듣거나 협조를 받은 사실이 있나요.

답: 없습니다.〉

이한선은 법정에서 "중국 북경에 있는 대한무역투자진흥공사(KOTRA) 사무실에서 중국 문화산업협회 관계자를 만났다. 그러나 중국 측에서 내용을 모르고 나오는 바람에 두 시간 가량 미팅한 뒤, 그 다음날 바로 귀국했다"고 증언했다.

이한선의 법정증언에서 확인된 것은 차은택의 지시에 따라 김성현과 함께 중국 출장을 갔다 왔다는 사실뿐이다. 중국 출장 건에 최서원이 어떤 식으로 연관돼 있는지를 검찰은 법정에서 입증하지 못했다. 나는 이한선 이사의 법정녹취록을 보면서 중국 출장이 황당하다는 느낌을 받았다.

중국과의 양해각서(MOU) 체결이 대통령 지시사항이었다면 이한선 이사는 중국 출장을 떠나가기 전, 외교부나 문체부 등 관련 부처 사람들을 만나, 협상 내용과 협상 방식 등에 대해 당연히 협의했을 것이고, 하다못해 우리 정부 관계자가 동행했을 가능성이 크다.

그런데 그런 절차가 없었다는 것이고, 특히 중국 문화재단과의 MOU 체결처럼 중요한 국가적 사안을 문화창조융합본부 사무실의 옥상에 위치한 담배피우는 곳에서 차은택으로부터 지시를 받았다는 이한선의 증언은 황당함의 극치였다.

"한중 문화교류는 차은택이 처음 제안"

나는 MOU 체결의 진실을 알기 위해 김성현 사무부총장의 진술조서를 면밀히 살폈다. 김성현은 참고인 신분으로 검찰 조사를 9번이나 받았으나 중국 출장과 관련된 신문사항은 많지 않았다. 김성현의 3차 진술조서(2016. 11. 14.)에 처음 등장한다. 다음은 그 내용이다.

〈최순실이 직접 저에게 지시한 미르재단 사업이 몇 개 있습니다. 첫 번째로 2015. 11. 경 중국 문화산업협회와의 미팅 건이 있습니다. 한중(韓中) 문화교류와 관련하여 중국 문화산업협회가 미르재단과 유사한 형태의 조직인데, 그 조직과 MOU를 맺을 수 있는지 확인해 보라고 했었습니다.

차은택이 항공권 등을 알아봐 주었고, 중국 출장 경비는 차은택의 아프리카픽쳐스에서 대준 것으로 알고 있습니다. 그래서 제가 이한선 이사와 함께 중국에 가서 중국 문화산업협회와 미팅을 한 적이 있고, 미팅 끝나고 다음날 최순실이 "미팅이 어떻게 됐어요"라고 전화가 와서, 미팅 내용에 대해서 설명을 해 준 적이 있습니다.〉

최서원이 김성현에게 MOU 체결과 관련하여 중국 출장을 지시했다는 것인데, 지시한 날짜와 장소가 구체적으로 특정되지 않았다. 보다 구체적인 내용은 김성현의 4차 진술조서(2016. 11. 29.)에 나온다. 김성현을 신문한 사람은 최영아 검사다.

〈**문:** 한중 문화교류에 관하여 최순실로부터 지시를 받은 사실이 있는가요.

답: 처음에는 차은택, 전병석, 김홍탁, 김성현 등이 모였고, 그날은 최순실이 없는 자리였는데 차은택이 재단에 대한 구체적인 얘기를 하면서 중국이랑 어떤 일을 같이 할 수 있는지, 한중 문화교류 관련해서 아이디어가 있는지 같이 생각을 해보자고 하였습니다.

그 이후 차은택과 이야기를 하면서 차은택이 몇 가지 아이디어를 정리해서 안건을 가지고, 최순실, 저, 차은택, 김홍탁, 전병석을 만났습니다. 최순실이 그 자리에서 아이디어 관련 문건을 보면서 이야기를 했고, 한중 문화교류에 대해 더 할 수 있는 일이 무엇인지 생각해 보자고 했었습니다.

문: 당시에 최순실이 어떤 이야기들을 하면서 한중 문화교류에 대하여 지시를 하였는가요.

답: 최순실은 한중 문화교류를 위해서 중국에서 자금이 만들어져 있다고 하면서, 그 자금을 어떻게 사용하여 문화교류 사업을 할 것인지 고민들을 해 보라는 말도 했었습니다. 그때 나왔던 아이디어들이 한중 문화엑스포 얘기도 있었고, 한중 문화벤처밸리 얘기도 있었습니다.

그리고 최순실은 "한국에서는 콘텐츠 개발이라든지 문화교류의 기획을 담당하고, 중국에서는 자본을 대는 것으로 되어 있는데 중국에게 문화적인 영혼을 뺏기지 않도록 하는 것이 중요하다"고 했습니다.

문: 진술인의 출입국 내역을 보면, 진술인은 2015. 10. 27. 인천공항을 통해 중국으로 출국하였다가 그 다음날인 10. 28. 입국을 하는데, 이때 최순실의 지시에 의해 문화교류와 관련하여 중국 출장을 다녀온 것인가요.

답: 네, 맞습니다.

문: 진술인은 당시 최순실로부터 어떤 내용의 지시를 받은 것인가요.

답: 제가 중국으로 출국하기 며칠 전에 최순실이 전화로 "한

중 문화교류 관련하여 중국 측과 MOU를 맺으려고 하는데, 중국 측과 기본적인 내용들은 다 얘기가 되어 있으니까 중국에 가서 사업 내용이라든지 진행사항이 어떻게 되는지 사전미팅을 해봐라"고 하였습니다.

그때 출국일 임박해서 그런 지시를 해서, 이한선의 비자도 급하게 만들고 비행기 티켓도 급하게 발급받았습니다. 처음에는 중국 문화산업협회로 특정해서 지시하지는 않았습니다.

문: 신종필(청와대 교문수석실 행정관)의 진술에 의하면, 2015. 10. 25.(일요일)경에 진술인과 통화를 할 때, 진술인이 이한선과 중국을 가게 되었다고 말하면서 이한선의 중국비자를 신속하게 받을 수 있도록 해달라고 요청을 했다는데, 맞는가요.

답: 네, 맞습니다.

문: 진술인이 이한선의 비자를 신종필에게 요청했던 이유는 무엇인가요.

답: 처음에 최순실이 지시할 때 누구랑 같이 가라는 말이 없었고, 제가 혼자 가기는 좀 부담스러워서 차은택에게 이한선 이사와 같이 가게 해달라고 했습니다. 그래서 이한선과 같이 들어가기로 했는데, 이한선이 비자가 없어서 마땅히 상의할 곳도 없고 해서 제가 신종필에게 이한선 비자를 부탁했던 것으로 기억합니다.

문: 신종필의 진술에 의하면, 진술인은 신종필에게 "우리가 중국 출장을 가서 만날 중국 측 카운터파트너를 물색해 달라"고 부탁했다는데, 사실인가요.

답: 제가 먼저 부탁을 한 적은 없고, 신종필 자기가 코트라 직원이 마중 나올 것이라고 얘기를 하였습니다.

문: 최순실은 진술인에게 중국 출장을 다녀오라고 하면서 누구를 만나고 오라고 특정하였는가요.

답: 최순실은 특정을 해서 말하진 않습니다.

문: 진술인은 중국 문화산업협회 직원들을 만나 어떤 대화를 나눴는가요.

답: 제가 27일 저녁에 북경에 도착하여 코트라 직원을 만나 코트라 사무실에 도착하니까 중국 문화산업협회 직원이 5명 정도 있었고, 코트라 직원과 코트라에서 지원해준 통역을 포함해서 3명 정도가 있었습니다. 그래서 그 사람들과 저, 이한선이 얘기를 나눴고 막상 얘기를 나눠봤더니 중국 쪽에서는 자금에 대한 계획도 없었고, 사업에 대한 구체적인 계획도 없는 상태였습니다.

중국 문화산업협회 쪽에서는 중국 사절단이 조만간 방한(訪韓)을 하는데 그때 자기네들이 MOU 체결을 하려고 한다면서, 그때 누가 참석을 하고 장소는 어디인지 등 MOU 체결식 때 사인하는 퍼포먼스에 대한 얘기만 했었습니다. 제가 자금집행 계획이 있는지 물었더니, 자기들은 자금집행 계획이 없고 구체적인 사업 방향도 MOU 체결 이후 정하자고 했습니다. 그래서 저는 최순실로부터 들었던 내용과는 차이가 있어서 당황했던 기억이 있습니다.

문: 중국 문화산업협회에서는 누가 나왔는가요.

답: 그쪽에서는 사무총장 직책이 나왔고, 나머지는 직책은 모르겠고 젊은 사람들이었습니다.

문: 진술인은 중국 문화산업협회 직원으로부터 들은 내용을 최순실에게 보고하였나요.

답: 그날(10. 27.) 저녁 미팅이 끝나고 호텔에 들어와서 최순실에게 전화를 해서 상황에 대한 설명을 하였습니다. 제가 "금액에 대해서 그쪽에서 집행하거나 이야기를 들은 것이 없다고 하고, 계획이나 예산도 없더라, MOU 사인 같은 형식적인 부분에 대해서만 이야기를 한다"는 취지로 보고를 하니까, 최순실은 상대쪽 카운터파트너가 잘못 정해진 것 같다고 하면서 저한테 그런 것도 모르면서 어떻게 MOU를 맺냐고 하면서 막 화를 냈었습니다.

문: 진술인은 그 다음날도 중국 문화산업협회 직원들을 만났나요.

답: 그 다음날은 만나지 않았습니다. 최순실이 "사업 부분이

정확하지 않으면 돌아오는 게 낫겠다"고 하여 코트라 직원을 통하지 않고 바로 저희끼리 입국을 하였습니다.

문: 리커창은 2015. 10. 31. 방한을 하였는데, 그때 미르재단과 중국 문화산업협회는 MOU를 체결하였나요.

답: 그때는 안 했던 것으로 알고 있습니다. 그 이후 진행상황에 대해서는 정확히 모르겠습니다.〉

검찰은 미르재단 사무부총장 김성현의 진술을 통해, 중국과의 MOU 체결 건이 최서원의 지시에 의한 것이라는 점을 부각시키려고 애를 썼으나, 김성현의 3차 진술과 4차 진술, 그리고 법정 증언을 비교하면 내용에 일관성이 없었다.

김성현은 3차 진술에서는 중국 측과 미팅이 끝난 뒤 최서원이 먼저 전화를 걸어왔다고 진술했으나, 4차 진술에서는 자기가 먼저 최서원에게 전화를 했다고 진술했다. 그러나 법정에 증인으로 출석했을 때는 "제가 27일에 출국해서 28일에 입국했었는데, 최순실과 통화한 시각이 28일 오전인지 27일 저녁인지는 잘 기억나지 않는다"고 얼버무렸다.

대통령 재판은 관련자들의 주장만 있지, 객관적인 증거가 없는 사건이다. 김성현의 진술이 사실이라면, 검찰은 김성현이 최서원의 지시를 받았다는 날짜와 장소, 그리고 지니 내용을 구체적으로 특정해서 증거로 제시하면 끝난다. 검사가 증거를 제시하지 않고 증인심문을 계속할 경우, 재판장이나 배석판사들이 직접 나서서 김성현을 상대로 의문점을 물어보고 확인하는 게 재판의 정도(正道)다.

하지만 3명의 판사들은 묵묵히 듣고만 있었다. 총 108페이지에 이르는 김성현의 법정녹취록에는 판사들이 김성현 증인을 상대로 아무 것도 묻지 않았다고 기록돼 있다. 대통령 재판은 이같이 검찰의 일방적 주장 속에 무성의하게 진행되었다.

검사 5년, 판사 14년 경력의 변호사

나는 이한선과 김성현의 검찰 조서와 법정녹취록을 보면서 중국과의 MOU 체결 건은 청와대와 무관하게 차은택의 아이디어로 시작되었음을 확인했다. 하지만 불행하게도 미르재단과 한중(韓中) 문화재단 간의 양해각서 체결 건이 마치 실제 있었던 일인 것처럼 잘못 알려지게 된 데는 대통령 변호인단의 책임도 없지는 않다.

대통령 변호인단이 헌법재판소에 제출한 「준비서면」에 이를 시인하는 내용이 들어있기 때문이다. 대통령 탄핵심리는 민사소송법에 준용하여 진행되었기 때문에 제출 서류의 명칭은 「의견서」가 아니고 「준비서면」이다. 나는 준비서면에 어떻게 해서 사실이 아닌 내용이 들어가게 되었는지를 채명성 변호사에게 문의했다. 채명성 변호사의 대답은 이랬다.

"기록은 방대한데 준비할 시간은 부족했다. 그래서 변호인단은 사건별로 나눠서 준비서면을 작성했다. 그 과정에서 어느 변호사가 언론에 보도된 내용들을 토대로 준비서면의 초안을 작성한 후, 청와대에 보내 검토를 부탁했다. 최대한 꼼꼼하게 하려고 했는데 청와대에서 아무런 답변이 없어 그대로 제출하게 되었다."

헌법재판소가 대통령 탄핵에 대한 심리를 시작하자 박근혜 대통령은 변호인단을 구성했다. 대통령이 변호인단의 좌장(座長)으로 제일 먼저 염두에 둔 사람은 박근혜 정부의 초대 국무총리 정홍원이었다. 정홍원은 수원지검장을 지낸 검사 출신이다.

그런데 정홍원이 고사했다. 대형 로펌에서도 사건 수임을 기피했다. 대다수 국민들이 언론의 허위기사에 속고 있었기 때문이다. 대통령 변호인단은 가까스로 구성되었지만 그 수가 많지 않았다.

게다가 박한철 헌법재판소 소장이 "이정미 재판관의 임기 만료가 2017년 3월 13일이므로 그 전에 탄핵심리를 끝내겠다"며 선고기일을 사실상 못 박았다. 이 바람에 촉박한 재판일정에 쫓긴 대통령 변호인단은 방대한 기록을 제대로 볼 틈이 없었던 것이다.

대통령도 그 무렵에는 전체적인 사건 개요를 몰랐기 속수무책으로 지켜볼 수밖에 없었다. 그러나 다행스럽게도 대법원이 2019년 8월 29일, 직권남용과 관련된 대통령 사건을 파기환송했기 때문에, 그리고 김기춘 청와대 비서실장이 연루된 세칭 블랙리스트 사건도 2020년 1월 30일에 파기환송되었기 때문에 새로운 무대가 마련되었다.

대통령 사건의 사실관계를 다시 심리하고 판단할 파기환송심 재판은 2020년 3월 25일부터 본격적으로 시작된다.

따라서 그 전까지는「진실싸움」을 결코 멈춰서는 안된다. 내가 기록으로 정리 중인「대통령을 묻어버린 거짓의 산」제2권 원고를 법원에 의견서로 제출하고, 책으로도 출간해 국민들에게 널리 알려야 한다.

그 첫 시작으로 나는 2020년 2월 14일에 내가 쓴「검찰 수사와 미르재단의 진실」을 요약한,「직권파기를 위한 의견서」를 파기환송심 재판부에 제출했다. 이어 3월 17일에는「특검과 승마 뇌물의 진실」을 요약한 두 번째 의견서를 제출할 예정이다.

내가 혼자서 하고 있는 이 작업에 큰 도움을 주는 사람이 있다. 김OO 변호사다. 그는 서울대 법대 출신으로 사법연수원 23기다. 윤석열 검찰총장, 이성윤 서울중앙지검장과 연수원 동기이다.

김OO 변호사는 검사로 공직생활을 시작했다가 중간에 판사로 자리를 옮겨, 2013년 2월 부장판사를 끝으로 퇴임했다. 검사 생활 5년, 판사 경력 14년의 베테랑 변호사다. 판사 경력 14년 중

9년은 형사 관련 업무를 담당했다. 영장전담 판사와 국민참여재판 전담 재판장으로 재임한 경력도 있다.

김OO 변호사는 2년 전부터 구독자 입장에서 나를 도왔다. 그는 내가 2017년 10월부터 시작한 유튜브 방송 「거짓과 진실」을 보면서 대통령 사건의 실체를 접하였고, 이듬해 5월부터는 내 유튜브 방송을 본격적으로 모니터하면서 내 약점인 법률지식을 커버해 주었다.

대통령 사건이 대법원에서 심리 중이던 2018년 10월 15일, 나는 대법원에 「직권파기를 위한 의견서-서(緖)」를 제출했다. 나는 이 의견서에서 대통령 사건을 대법원 전원합의체에 회부해, 전체 대법관 13명의 판단을 모두 받아볼 것을 요청했다. 계란으로 바위를 깨뜨리겠다는 나의 무모한 행동을 지지한 사람이 김OO 변호사다.

그는 내가 쓴 의견서의 초안을 검토하고 사실관계의 맥락을 점검하는 한편, 법률가의 관점에서 원고를 수정해 주었다. 의견서 분량이 상당하고, 제출 시한이 촉박한데도 불구하고, 그는 내가 보낸 초안을 완벽하게 다듬었다. 덕분에 나도 많이 배웠다.

나는 김OO 변호사의 도움을 받아 2018년 10월 29일에는 「직권파기를 위한 의견서 총론」을, 11월 13일엔 「직권파기를 위한 의견서 각론1」을 제출했다. 김OO 변호사는 박근혜 대통령에 대한 「형 집행정지 요청서」를 제출할 때도 큰 도움을 주었다. 검사 출신이기 때문에 검찰 내부의 소식도 빨랐다.

나는 김OO 변호사의 도움에 힘입어 2019년 4월 23일 서울중앙지검 공판부에 1차 형 집행정지 요청서를 접수시킬 수 있었다. 유영하 변호사가 대통령에 대한 형 집행정지 요청서를 제출한 그 무렵이었다. 이어 2020년 1월 6일에는 2차 요청서를 검찰에 제출했다. 이런 작업들을 진행하면서 그는 나에게 자기 이름을 공개하지 말 것을 요청했다.

그동안 이름을 공개하지 않았던 김OO 변호사가 대통령 사건을 재심리하는 파기환송심 재판부(서울고등법원 제6형사부)에 제출하는 「직권파기를 위한 의견서」에는 자기 이름을 공개해도 좋다고 동의했다. 그는 그 이유를 이렇게 말했다.

"대통령 사건 심리는 이번 파기환송심이 사실상 마지막이다. 그렇다고 역사의 심판이 끝난 것은 아니다. 하지만 법원에 의견서를 제출할 수 있는 공식적인 기회가 더 이상 없을지도 모른다. 법률가로서 절박함을 알고 있기 때문에 법원에 제출하는 서류에 한해서 내 이름을 공개해도 좋다. 또 하나의 이유는 역사적 진실을 마음껏 외쳐보라는 내 마음의 소리를 외면하기가 어려웠기 때문이다."

전직 기자인 내가 혼자서 의견서를 제출하는 것 보다는 윤석열 검찰총장과 사법연수원 동기생 변호사와 공동으로 제출하는 것이라면 재판부가 받아들일 무게감은 분명 다를 것이다. 그의 이름은 법원에 제출된 의견서에는 적혀 있다.

차은택,
중국으로 도피하다

검찰이 초등수사 단계에서 미르재단의 실체를 제대로 파악하지 못한 것은 차은택(1969년생)이 한국을 탈출했기 때문이다. 차은택은 2016년 9월 30일 김포공항을 통해 중국 상해로 출국했다. 「투기자본 감시센터」의 고발장이 검찰에 접수된 다음날이다. 그러니까 차은택은 출국금지 조치가 내리기 직전에 한국을 벗어난 것이다.

차은택은 그때부터 한 달 10일 동안, 중국과 일본에서 숨어지내다가 최서원·안종범·정호성이 구속된 이후인 11월 8일 저녁에 인천국제공항을 통해 귀국했다. 차은택은 입국 즉시 검찰에 체포돼 서울중앙지검으로 압송되었다.

차은택 신병을 확보했을 때, 검찰이 진실을 밝히겠다는 강력한 수사 의지가 있었더라면 검찰의 수사방향은 완전히 달라졌을 것이다. 현직 대통령을 「공범」이라고 함부로 단정하지 못했을 것이다. 그런 점에서 차은택에 대한 제1회 피의자신문조서는 검찰의 「수사 의지」를 엿볼 수 있게 하는 중요한 자료다.

차은택을 맨 처음 조사한 사람이 김민형 부부장 검사다. 미르재단 사무총장 이성한과 최서원, 그리고 안종범을 이미 조사했던 그 검사다. 검사 중에서는 미르재단 설립의 객관적 실체와 관련해 제일 많이 알고 있는 사람이다.

차은택은 11월 9일 새벽 0시35분부터 4시45분까지 조사를 받았다. 차은택에 대한 신문 내용은 굉장히 많을 것 같았는데, 제1회 피의자신문조서의 양은 17페이지에 불과했다. 나는 이 신문조서를 보면서, 검찰이 교묘하게 미르재단 설립의 진실을 피해가면서 검찰이 원하는 부분만 수사했다는 느낌을 지을 수가 없었다.

김민형 검사는 차은택을 신문할 때 어떤 때는 「피의자」라 불렀고, 또 어떤 경우에는 「진술인」이라고 호칭했다. 차은택에 대한 검찰의 애정이 남달랐음을 나는 직감했다. 다음은 제1회 피의자신문조서 내용을 신문 순서대로 기록한 것이다.

〈**문**: 피의자에게 여러 가지 의혹이 제기되고 있고, 최순실, 안종범 등과 함께 그 의혹의 중심에 서있는데 그에 대해서 피의자가 아는 대로 진술할 수 있는가요.

답: 예, 제가 아는 한도 내에서 모든 것을 사실대로 말씀드리

겠습니다.

문: 피의자의 신분을 증명할 만한 신분증명서가 있는가요.

답: 현재는 없습니다.

문: 진술인의 학력은 어떻게 되는가요.

답: 휘문고를 졸업하고, 상지대학교 공예학과를 졸업하고, 동국대 대학원 연극영화과를 수료하고, 홍익대학교 영상대학원 영상디자인과 석사를 졸업하였습니다. 그리고 연세대 커뮤니케이션 대학원 박사 3학기를 마치고 휴학 중입니다.〉

차은택이 상지대 공예학과 출신이란 사실을 나는 검찰조서에서 확인했다. 그가 조선일보 최보식 기자와 인터뷰한 「최보식이 만난 사람」이라는 기사(2016. 1. 4. 보도)에는 고교 졸업 후 동국대 시각디자인학과에 진학한 것으로 소개되었기 때문이다. 계속되는 일문일답이다.

〈**문:** 진술인의 사회경력은 어떻게 되는가요.

답: 대학을 졸업하고, 한국비전에서 연출부로 일을 시작하였습니다. 이후 전인방이라는 프로덕션에서 연출부로 일하고, 김종덕 전 문체부장관이 대표였던 「영상인」이라는 회사에서 조연출을 담당하였습니다. 그리고 1997.경 메스메스에이지라는 회사에

서 본격적으로 감독을 시작하게 되었습니다. 그리고 나서 양철집이라는 곳으로 회사를 옮겼고, 2001.경에 아프리카픽쳐스를 직접 만들게 되었습니다.

문: 세간에 피의자가 설립하거나 소유한 것으로 알려진 플레이그라운드나 플레이그라운드커뮤니케이션, 인터플레이그라운드는 피의자와 무관한 회사인가요.

답: 제가 일부 지분을 가지고 있는 것은 맞는데, 제 소유 회사는 아닙니다. 김홍탁과 김성현이가 소유한 회사입니다.

문: 피의자의 재산 관계는 어떻게 되는가요.

답: (서울 강남구) 논현동에 제 명의의 4층짜리 건물이 있고, 저희 아프리카픽쳐스가 위치한 논현동 OO빌딩은 회사 소유로 되어 있습니다. 제 집 주소로 된 청담파크빌도 제 소유 빌라입니다. 그리고 청담동 삼익아파트 7동에 있는 48평짜리 아파트가 제 명의로 되어 있습니다. 금융 자산은 채무가 약 65억원 가량 됩니다.〉

차은택의 재산은 서울 강남에 빌딩 2채, 빌라 1채, 그리고 아파트 하나인데, 금융채무가 65억원인 것으로 미뤄,「갭 투자」방식을 통해 재산을 증식한 것으로 추정된다.「갭 투자」는 매매가격과 전세가격 간에 격차가 작을 때 그 차이만큼의 돈만 갖고 집을 매수한 후 직접 살지는 않고 임대주택으로 공급하다가 집값이 오르면 매도해 차익을 실현하는 투자법을 말한다. 이어지는 신문 내용은 **[회사 자금 횡령 부분]**이다.

〈문: 피의자는 아프리카픽쳐스와 그 자회사인 엔박스를 운영하면서 피의자의 배우자인 오수O, 직원 가족인 조용O에게 급여 명목으로 723,233,517원을 지급한 것처럼 처리한 사실이 있는가요.

답: 예, 사실은 오수O, 조용O이 직원으로 근무하지 않았음에도 급여 명목으로 빼서 은행 대출 이자, 어머니 용돈 등으로 사용하였습니다.

문: 피의자는 배우자 오수O의 아우디A6와 레인지로버 차량의 리스비 52,025,906원과 10,120,465원을 회사 자금으로 지급한 사실이 있는가요.

답: 예, 맞습니다. 잘못하였습니다.〉

검찰 조사 결과, 차은택은 자기 부친 차재O도 아프리카픽쳐스 직원인 것처럼 허위 등재하여, 회사 돈 127,220,540원을 횡령했다. 차은택의 횡령금액은 20억원에 달했다. 차은택은 그러나 횡령 혐의를 순순히 인정했다.

횡령죄는 5년 이하의 징역 또는 1500만원 이하의 벌금형인데, 횡령액을 변제하면 양형 참작사유가 되어 집행유예가 가능하다. 이어지는 신문 내용은 【재단 설립 배경 등】이다. 이때부터 피의자라는 호칭은 진술인으로 바뀐다.

〈문: 진술인은 최순실을 알고 있지요.

답: 네, 알고 있습니다. 2014. 4.~5.경 제가 평소 알고 지내던 고영태의 소개로 최순실을 처음 만나게 되었습니다. 저희 직원인 브랜든 PD의 소개로 고영태가 저를 꼭 만나고 싶다고 해서 같은 자리를 했고, 그 이후로 한 달이 채 지나지 않아 고영태가 다시 최순실을 저에게 소개시켜준 것입니다.

문: 고영태는 어떤 일을 하는 사람으로 알고 있었나요.

답: 처음에 연예엔터테인먼트 사업을 하는 사람으로 소개를 받았는데, 나중에 알고 보니 펜싱 선수 출신이라고 하였고, 가방을 만드는 일을 하는 사람으로 듣기도 하였습니다.

문: 당시 고영태는 피의자에게 최순실이 어떤 일을 하는 사람이라고 하며 소개를 하던가요.

답: 제가 고영태의 고원기획 사무실에 가서 최순실을 두세 번 보았을 때 최순실과 인사를 나누게 되었습니다. 처음에는 최순실의 이름도 이야기해 주지 않고, 제 프로필을 최순실에게 소개시

켜 주는 식이었습니다. 당시 고영태는 최순실을 「소장님」이라고 불렀는데, 나중에 「테스타로싸」로 옮기면서부터 「회장님」이라고 불렀습니다.〉

차은택을 최서원에게 소개한 사람은 고영태가 맞다. 최서원과 고영태의 진술조서에도 그렇게 기록돼 있다. 중간다리 역할을 한 「브랜든」 PD는 호주 교포 출신으로, 아프리카픽쳐스 직원이면서 고영태 친구이기도 하다.

그러나 차은택이 고영태의 「고원기획」 사무실에서 최서원을 만났다는 진술은 사실이 아니다. 고영태의 검찰 조서에 의하더라도 두 사람은 서울 강남구 삼성동에 위치한 고영태의 개인사무실인 「삼성동 사무실」에서 만났다. 사실이 아닌데도 김민형 검사는 차은택이 진술한 내용을 그대로 조서에 기재했다.

차은택의 이 진술을 근거로 대다수 언론들은 고원기획이 고영태의 성인 「고」와 최서원의 이름 끝 자 「원」을 합성해서 만든 회사라는 식으로 허위 보도했다. 최서원과 고영태가 마치 불륜관계인 것처럼 알려진 것도 차은택의 허위진술 때문이다.

차은택은 검찰 조사에서 미르재단 설립과 관련된 모든 책임은 최서원과 청와대로 떠넘겼다. 최서원이 청와대 등에 영향력이 있음을 알고 있었으며, 미르재단 설립과 이사진 인선은 모두 최서원이 주도했다고 진술했다. 차은택의 진술 역시 주장이지 증거가 없는 것이었다.

탄핵결정문 오류는
바로 잡아야

차은택의 1차 진술조서에는 내가 참고할만한 내용이나 정보가 들어있지 않았다. 다만, 한 가지 놀라운 사실이 기재돼 있었다. 대통령 탄핵결정문이 허위로 작성된 경위와 관련된 것이었다. 앞에서 이미 언급했지만, 미르재단 이사가 아닌 「김O화, 김O원」이라는 이름이 탄핵결정문에 들어간 과정이다.

차은택은 미르재단 이사진 추천과 관련된 김민형 검사 신문에 "제가 최순실에게 추천한 미르재단 이사는 장순각, 이한선, 김용화(영화감독), 김종원(광고감독) 등 대여섯 명"이라고 진술한 것이다. 이어지는 검사 질문은 "피의자가 추천해서 실제로 이사가 된 사람은 누구인가요"라는 것인데, 이에 대해 차은택은 "장순각, 이한선입니다"라고 진술했다.

이렇게 되면, 대통령 탄핵결정문을 쓴 헌법재판소의 그 「누군가」는 차은택의 앞부분 진술만 인용하고, 곧바로 이어지는 진술은 의도적으로 제외했다는 이야기가 된다. 이는 그 「누군가」

가 대통령 탄핵과 직결되는 사건기록들을 성의 있게 읽지 않았음을 반증한다.

나아가 그 「누군가」는 방대한 대통령 사건 기록을 주의 깊게 읽을 만한 대한민국 국민은 아무도 없을 것이라고 짐작한 것 같다. 그 정도로 그 「누군가」는 대한민국 국민들을 「무식한」 바보로 취급한 꼴이다.

나는 차은택의 제1회 피의자신문조서를 통해, 탄핵결정문에 기록된 「김O화」가 영화감독 김용화임을, 그리고 「김O원」이 광고감독 김종원임을 확인했다. 나는 차은택의 이 진술조서를 근거로 헌법재판소에 탄핵결정문 경정(更正· 바르게 고침) 신청을 제기할 예정이다.

나는 박근혜 대통령 탄핵결정문을 누가 썼는지 모른다. 다만, 주심이 강일원 재판관이기 때문에 강일원 주심이 쓴 것으로 알고 있다. 그러나 박근혜 대통령 탄핵결정문은 그 전에 있었던 노무현 대통령의 탄핵결정문과 비교하면 내용과 법리 구성에서 하늘과 땅 차이다.

노무현 대통령 탄핵결정문은 첫 문장에서부터 끝 문장까지 법리적으로 아주 탄탄한 구조로 구성돼 있다. 반면, 박근혜 대통령 탄핵결정문은 맨 앞부분부터 언론 보도로 시작한다. 첫 문장은 이런 식이다.

"전국경제인연합회가 주도하여 만든 것으로 알려져 있던 재단법인 미르와 재단법인 케이스포츠가 설립될 때 청와대가 개입하여 대기업으로부터 500억원 이상을 모금하였다는 언론 보도가 2016년 7월경 있었다."

언론 보도들이 상당히 많이 인용돼 있다는 점에서 박근혜 대통령 탄핵결정문은 헌법재판소 재판관이 쓴 게 아니고, 언론인 출신의 법조인이 썼을 것이라는 지적이 있었다. 증거가 없다보니 어쩔 수 없이 그렇게 썼을 수도 있었을 것이다.

그러나 헌법재판관소 재판관들이 기록검토를 소홀히 하는 대신, 정치적 행동을 했다는 증거도 있다. 강일원 주심은 탄핵심리 도중, 자유한국당 유기준 의원을 통해 "대통령이 스스로 하야(下野)하지 않으면 헌법재판소가 8대 0으로 대통령을 탄핵하겠다"는 헌법재판소의 의사를 전달했기 때문이다.

강일원 주심은 사법연수원 14기이고, 유기준 의원은 사법연수원 15기이며 두 사람은 1959년생 동갑이다. 나는 박근혜 대통령 탄핵결정문 작성자가 누구인지, 끝까지 추적해서 역사의 기록으로 남길 생각이다.

안종범과 차은택의 UAE 출장

차은택의 제1회 진술조서에는 차은택과 안종범 관계가 간략하게 언급돼 있다. 이와 관련된 김민형 검사와의 일문일답이다.

〈**문**: 피의자는 안종범 수석을 알고 있지요.
답: 네, 알고 있습니다.
문: 안종범이 재단설립 과정에서 어떤 역을 하였나요.
답: 안종범 수석과는 2014. 8.경 UAE(아랍에미리트) 방문 때 현지에 제가 문화자문역으로 가서 한 번 만난 사실이 있고, 그 이후에 UAE 분들이 한국에 오셨을 때 제가 그 분들을 모시고 K라이브, 홀로그램 극장, 콘텐츠 코리아랩 등을 방문시키면서 콘텐츠 코리아랩에서 한 차례 만난 것이 전부입니다. 그리고 문화창조융합벨트 구축사업을 하면서 자주 보았을 뿐, 재단설립 과정에서는 안종범 수석을 만난 사실이 없어서 안종범 수석이 어떠한 역할을 했는지 잘 모르겠습니다.〉

차은택과 안종범 관계에 대한 신문은 이게 모두다. 차은택이 미르재단 설립 무렵, 이성한의 휴대폰을 이용해 안종범과 통화한 사실은 이성한 조사에서 확인되었고, 이성한을 조사했던 김민형 검사는 그런 사실을 알고 있음에도 차은택의 허위진술을 추궁하지 않았다.

그것이 검찰 수뇌부의 압력에 의한 것인지, 아니면 말 못할 다른 이유가 있었던 것인지는 확인하지 못했다. 하지만 김민형 검사도 언젠가는 「역사의 법정」에 서서, 수사 과정에서 있었던 진실을 국민들 앞에 공개해야 할 것이다.

안종범은 차은택보다 1주일 전인 2016년 11월 2일에 있었던 검찰 조사에서 차은택을 알게 된 경위를 진술했다. 심문자는 역시 김민형 검사다.

⟨문: 차은택을 알게 된 경위는 어떻게 되는가요.
답: 대통령 소개로 알게 되었습니다. 제가 2014. 8.경 경제수석으로 취임한지 한 달 정도 지났을 때, 대통령께서 UAE에 친서(親書)를 가지고 특사로 다녀오라고 말씀을 하신 적이 있습니다. 그 당시에 바라카 원전이라고 한국이 원전(原電)을 건설하고 있었는데, 그게 지체가 되고 있어, 문제가 되기 전에 대통령 친서를 UAE 왕세제에게 전달하기로 하였습니다. 그래서 제가 UAE

의 행정처장인 칼둔을 만나서 왕세제에게 전달해 달라고 대통령의 친서를 건네주었습니다.

　　당시 UAE와 협력할 사안으로 원전 이외에 문화협력 사안도 중요 비중을 두고 있었는데 특히 아부다비에 한국문화원 건설이 막 논의되기 시작하던 시점이었습니다. 한국에서 위 출장 건을 검토하고 있을 때, 대통령께서 "한국문화원의 운영 및 내부 프로그램 등의 구성에 있어 아이디어를 가지고 있는 사람이 있는데 차은택이라고 한다. 수석이 UAE로 가게 되면 그 사람도 따로 갈 텐데 UAE에서 그 사람을 만나 UAE 문화 관련 부서 담당자와 만나게 해 주면 좋겠다"라고 말씀이 있으셨고, 직접 휴대전화 연락처를 주신 것으로 기억합니다. 그래서 제가 그 전화번호로 연락하여 연풍문에서 만났습니다.

문: 본인에 대한 출입국 내역을 보면 2014. 8. 18. UAE로 출국하였는데, 그렇다면 그 직전에 한국에서 차은택을 만났다는 말인가요.

답: 예, 그렇습니다. 그때로부터 한 일주일정도 전이었던 것으로 기억합니다.

문: 차은택에 대한 관련 기사를 보면, 차은택은 2014. 8. 19. 대통령 소속 문화융성위원회 위원으로 위촉되는데 피의자가 차은택을 만난 시점은 그 직전이라는 말인가요.

답: 예, 그렇습니다. 제가 만났을 때는 위원으로 위촉되기 전인 순수 민간인 신분이었습니다.

문: 차은택을 만나서 바로 업무 이야기만 하지 않았을 것이고, 신상 이야기를 나누었을 것으로 보이는데 어떤가요.

답: 예, 대통령께서 전화번호를 주신 다음에 제가 차은택이라는 사람에 대하여 찾아보니, CF감독 출신이고 싸이 뮤직비디오 감독이고 하여튼 문화계에서 활발하게 활동을 하고 있었습니다. 제가 UAE에 가는 일정을 말해주었을 것이고 차은택한테 UAE에 오면 저한테 연락을 달라고 하고 제 전화번호를 주었습니다.

그랬더니 제가 UAE에 있는 동안에 실제로 차은택이 UAE에 왔다면서 연락이 왔고 그래서 대통령께서 지시하신대로 UAE 문화국인가 하는 곳에 차관급 정도 되는 인사를 소개해 주었습니다.

문: 차은택이 진행하였을 UAE 내 문화원 개원 업무는 잘 되었는가요.

답: 잘 되어 나중에 대통령께서 UAE를 방문했을 때 MOU를 체결한 것으로 알고 있습니다.

문: 차은택을 UAE 문화원 건 이후에도 몇 번 보았는가요.

답: 예, 그 이후에도 대통령께서 참석하시는 「문화가 있는

날」 행사 등이 있었는데 그런 행사장에서 차은택을 본 적이 서너 번 있었던 거 같습니다.

문: 2014. 11.경 차은택의 외삼촌인 김상률이 청와대 교육문화수석에 취임하고. 차은택과 함께 「영상인」이라는 회사에서 근무한바 있던 김종덕이 2014. 8. 21. 문화체육부 장관에 임명되었고, 언론보도 등에 따르면 최순실이 그 인사에 영향력을 미쳤다고 하는데 피의자는 그러한 내용에 대하여 알고 있는가요.

답: 김상률 수석하고 김종덕 문체부 장관이 취임한 것은 알지만, 김상률 수석이 차은택 외삼촌이라는 것은 김 수석이 퇴임하고 나서 최근에 언론을 보고 안 것이고, 김종덕 장관도 차은택하고 연관이 있다는 것도 언론 보고 알았습니다. 그리고 그와 같은 인선에 차은택, 그리고 최순실이 있다는 사정은 저로서는 전혀 몰랐습니다.〉

안종범이 UAE에서 차은택을 만났을 때, 차은택의 동행인이 미르재단 사무부총장 김성현이다. 김성현은 검찰 조사에서 "차은택이 UAE로 출장을 가게 되었는데 혼자 가기가 심심하다면서 저하고 같이 가자고 했었습니다. 그래서 제가 여자 통역사와 함께 차은택과 동행하게 되었는데, 이전에 인사를 나눈 안종범 수석이 있기에 먼발치에서 뵌 적이 있습니다"라고 진술했다.

미르재단
로고·명함 제작자 김성현

김성현은 차은택의 측근이자 심복으로 통했다. 김성현은 차은택보다 네 살 어리다. 김성현이 검찰에 소환된 날은 2016년 10월 24일이다. 언론에 허위기사가 난무할 때로, 당시 차은택은 한국을 탈출한 후였다. 김성현은 이날 오후 7시15분부터 다음날 새벽 7시까지 참고인 신분으로 조사를 받았다. 김성현을 조사한 사람은 김석훈 검사다.

진술조서에 의하면, 김성현은 2002년 중앙대 산업디자인학과를 졸업했다. 김성현은 대학 재학 중이던 1998년부터 (주)온디자인이라는 그래픽 디자인 전문회사에서 대표로 있으면서 2015년 8월까지 디자인 작업을 많이 했다.

김성현의 대표적인 작품이 에버랜드 캐릭터 개발(2007년), 인천아시안게임 홍보물 제작(2014년), 코엑스(COEX) 캐릭터 개발(2015년) 등이라고 조서에 기재돼 있다. 한 마디로 김성현은 실력 있는 그래픽 디자이너였다.

김성현은 2015년 10월 24일 청와대에서 미르재단 설립을 위한 제4차 회의가 열렸을 때, 차은택의 지시에 따라 미르재단 사무부총장 자격으로 참석했다. 이날 김성현은 미르재단 사무부총장이라고 새긴 명함을 들고 나타났다. 김성현은 검찰 조사에서 "미르재단에서 만들어준 명함"이라고 진술했다.

그러나 그때는 미르재단이 정식으로 발족되기 전이었다. 이렇게 되자 김성현은 진술을 번복하고, "제가 그 전에 차은택한테서 재단의 명칭이 「미르」라고 결정되었다는 말을 들었던 것 같습니다. 제가 그래픽 디자이너이기도 하니까, 제가 명함을 디자인해서 사무부총장이라는 명함을 만들었습니다"라고 진술했다.

검찰은 김성현이 제출한 명함을 조서에 첨부했다. 명함에는 미르재단의 로고가 선명하게 인쇄돼 있었다. 미르는 용(龍)을 뜻하는 순수 한국어다. 미르재단 로고는 중앙에 위치한 용(龍)의 머리를 중심으로, 용의 꼬리가 하늘을 향해 치솟아 오르면서 타원형을 그리는 형상인데, 김성현이 만든 명함과 똑같았다.

김석훈 검사는 언론에 보도된 기사들을 중심으로 김성현을 신문했다. 다음은 일문일답이다.

〈문: 최근 진술인과 관련된 언론 보도 내용이 많은데 어떤가요.

답: 제 스스로 해명하는 것도 중요하지만 차은택이 직접 와서 해명을 해야지만 모든 것이 명확해진다고 생각합니다.

문: 차은택이 반드시 조사를 받고 해명을 해야 하는 이유가 무엇인가요.

답: 사실 미르재단하고 저와 관련된 모든 일이 다 차은택과 연관이 되어 있는데, 차은택의 행동 때문에 저뿐만이 아니라 여러 사람들에게 피해가 있다고 생각이 듭니다. 혹시나 차은택이 문제가 있으면 처벌을 받아야 한다고 생각을 하는데, 차은택이 지금 버티고 있는 것인지는 잘 모르겠습니다.

제가 차은택과는 오래전부터 막역한 사이입니다. 오래전부터 만나서 한 달에 한두 번 함께 골프를 치던 사이이고, 저에게는 항상 형처럼 행동했습니다. 그런데 언젠가부터 차은택 주변에 큰 변화가 있었던 것으로 기억합니다. 차은택이 CF감독이었다가 갑자기 문화융성위원이 되었고, 그 다음부터는 차은택이 무슨 창조경제단장인가 되기도 하고, 그러면서 어깨에 힘이 많이 들어가 있다는 생각이 들었고, 어깨에 힘이 들어가 있는 모습을 자주 봤던 것 같습니다. 제가 친한 동생의 입장에서 바라본 시선입니다.

문: 차은택이 진술인에게 정부 관계자나 지위 높은 사람들을 만나는 이야기를 자주 하기도 하였나요.

답: 제가 가족 같아서 그랬는지 몰라도 오히려 저에게는 일 애

기는 많이 안했던 것 같습니다. 그런데 특이했던 것은 차은택이 「BH」에 들락거린다는 것은 알았습니다. 「BH」를 아무나 들어갈 수 있는 건 아니니까요. 사실 차은택은 머리숱이 없어서 그것에 대한 콤플렉스가 정말 많고 예민합니다.

머리 스타일에도 굉장히 예민하고요. 그래서 차은택은 어떤 경우에서도 모자를 절대 벗지 않습니다. 그런데 차은택이 유별나게 모자도 벗고, 옷도 잘 차려입고 어딘가를 간 적이 있었습니다. 아, 차은택이 무슨 문화위촉장인가 그런 것을 받으러 갈 때 평소와 다른 모습을 보였던 것으로 기억합니다.

그런 모습은 차은택에게는 굉장히 낯선 모습이었고, 그래서 그 이후에도 차은택이 행선지를 명확히 언급하지는 않았지만 모자를 벗고 옷을 잘 차려입은 모습으로 어디를 가는 것을 보면, "청와대 가는 구나"라고 생각했습니다.

문: 진술인은 청와대를 「BH」라고 칭하고 있는데, 누가 그런 표현을 사용하였던 것인가요.

답: 차은택이 청와대를 지칭할 때 「BH」라고 했었습니다.

문: 다수의 언론 보도에 따르면, 차은택은 창조경제추진단장이 된 후 주변사람들에게 "VIP에게 심야 독대보고를 한다", "1주일에 한 두 번씩은 청와대에 드나든다", "저녁에도 밤에도 청와대에 들어갈 수 있다"라는 말을 하고 다녔다고 하는데, 진술인은 이

런 말을 들어보지 못했는가요.

답: 저는 전혀 들어보지 못했습니다.

문: 진술인은 평소 차은택과 전화 통화나 만남을 자주 가졌는가요.

답: 올해(2016년) 3월 이전에는 같은 건물에 차은택 사무실이 있었고, 저는 5층 옥상에 거주를 하고 있었습니다. (진술조서에 의하면, 김성현은 2006년에 이혼하고 혼자 살았다). 그래서 2~3일에 1번꼴로 만날 기회가 있었고, 전화를 하는 횟수도 어림잡아 2~3일에 1~2번 정도 주고받았던 것 같습니다.〉

김성현은 차은택의 콤플렉스와 관련, 이런 진술도 했다.

〈제가 아는 차은택은 콤플렉스가 심한 사람입니다. 차은택은 그런 콤플렉스 때문에 다른 사람들이 있는 자리에서 과시욕이 셉니다. 차은택은 운동신경도 정말 없는 사람인데, 심지어 같이 골프를 칠 때 스코어를 고쳐서까지 자기가 잘하는 것처럼 보여지고 싶어하기도 했거든요.

그런 성격으로 봤을 때 높은 사람과 친분이 있었다면 그걸 엄청 과시하려고 했을 것이고, 저는 그런 것에 좀 거부감을 느끼는 사람이라서 굳이 물어보지는 않았습니다. 차은택은 자기 것을 잘 챙기는 스타일로 돈을 안 쓰는 사람입니다. 광고회사인 플레이그라운드커뮤니케이션즈가 설립될 무렵, 차은택이 저에게 "내가 무보수로 문화창조융합본부장, 문화융성위원으로 활동한 것에 대한 보상으로 최순실이 광고대행사를 만들어 준 것"이라는 취지로 말을 한 적도 있습니다.〉

김성현은 차은택을 알게 된 경위에 대해서는 이렇게 진술했다.

〈차은택 감독과는 약 10여 년 전에 사회인 야구단 「스웨이」에서 처음 만났습니다. 차은택 감독이 만든 야구팀이었는데, 그 야구팀에 있던 사람이 저에게 들어오라고 해서 야구팀에 들어가면서 처음 알게 되었습니다. 처음에는 그렇게 형, 동생으로 먼저 가까워졌고, 차은택 감독도 뮤직비디오 등으로 업계에서는 굉장히 유명한 감독이었습니다.
업무적으로는 차은택 감독이 CF제작을 하는데, 저희 회사에 그래픽 작업을 의뢰해서 제가 두 세 개 정도를 해 준 적이 있고, 금액은 한 건에 200만~600만원 정도였습니다. 제가 (주)온디자인이라는 회사를 운영할 당시에 직원이 두세 명 정도였는데, 그 직원들이 2015년 상반기경에 6개월 정도 아프리카픽쳐스 2층에 있는 사무실을 함께 사용하였습니다. 그 당시 제가 사업이 쉽지 않았고, 사무실 임대료를 아끼는 차원에서 차은택 감독에게 부탁했고, 차은택 감독이 저에게 사무실 한 공간을 빌려준 것이라서 별도로 임대료를 지불한 것은 아닙니다.〉

법인을 설립하려면 사무실 임대계약서가 필요하다. 미르재단 사무실 임대계약서는 2015년 10월 24일 체결되었다. 임대차계약서에 임차인으로 서명한 사람이 김성현이다. 다음은 미르재단 사무실 임대에 대한 김석훈 검사와 김성현의 일문일답이다.

〈**문:** 진술인은 미르재단 설립 과정에 어떤 역할을 담당하였나요.

답: 김형수 이사장이 저에게 주변에 사무실이 있으면 알아봐 달라고 연락이 왔었고, 20명이 쓸 공간과 공실이어야 한다는 조건에 맞는 사무실을 제가 찾아봤었는데, 부동산을 통해 두 개 정도를 알아보았습니다. 그 중에 하나가 괜찮을 것 같아서 김형수 이사장인지 이한선 이사에게 이야기를 했고, 나중에 사무실 쪽으로 전경련(全經聯)에서 부동산 업무를 담당하는 이준섭 과장이 와서 보고, 이준섭과 함께 부동산에 가서 제가 계약서에 서명을 하였습니다.

문: 진술인이 2015. 10. 24.경 미르재단의 사무실 임대차 계약에 관여한 것으로 보이는데, 임대차계약서 작성 당시 동석한 사람은 누구인가요.

답: 부동산 중개업자와 저와 전경련 이준섭 과장만 있었습니다.

문: 위 미르재단의 사무실 임대차계약의 계약 조건은 보증금 1억5천만원, 임대료 월 600만원, 계약금 3000만원이 맞나요.

답: 네, 맞는 것 같습니다.

문: 이러한 계약조건은 누가 정한 것인가요.

답: 제가 부동산을 통해 적당한 조건에 맞는 계약 건을 물색하였고, 최종적인 결정은 이사장에게 보고를 드린 후에 이루어졌던 것으로 기억합니다.

문: 위 계약금의 출처는 어디인가요.

답: 다음 주 월요일인 2015. 10. 26.에 전경련으로부터 제 우리은행 통장으로 3천만원을 받았고, 제가 그 돈을 다시 건물주에게 계좌이체로 보냈습니다.

문: 전경련의 자금으로 미르재단의 사무실 임대계약을 하는데, 위 계약서 작성에 진술인이 참석하고 진술인의 이름으로 계약서를 작성한 이유는 무엇인가요.

답: 제 생각에도 미르재단이나 그 이사장 명의로 해야 하는 것

이 맞지만, 그 당시에는 미르재단이 아직 설립되기 전이고, 이성한이나 이한선도 내정되어 있던 것에 불과하고, 당장 급하게 사무실은 구해야 하고 그런 상황에서 일단 제 이름으로라도 계약을 해야겠다는 생각을 했던 것 같습니다.

현실적으로 당시에 계약에 참여할만한 사람이 마땅치 않았기 때문에 저 밖에 할 사람이 없다는 생각에 제 이름으로 했던 것뿐입니다. 그리고 일단 가계약을 해놓고 미르재단이 설립되고 나면 잔금을 지급하거나 계약을 최종적으로 완결할 때 계약의 주체를 변경해도 되지 않을까 생각을 했었습니다.

계약 자리에 전경련 직원이 동행하고 있었기 때문에 제가 무슨 나쁜 짓을 할 수 있는 상황이 아니었고, 저는 좋은 의도로 도움을 준다는 생각 밖에 없어서 제 이름으로 계약하는 것에 대해 그렇게 심각한 문제가 있을 것이라고는 생각하지 못했습니다.〉

사실이 이러함에도 대다수 언론은 미르재단 사무실을 대통령과 최서원이 정했다고 허위 보도했다. 미르재단 사무총장 이성한이 법정에 증인으로 출석했을 때(2017. 2. 6.), 검찰은 이성한에게 이런 질문을 던졌다.

"미르재단 사무실 구입 당시, 최순실이 차은택과 함께 직접 사무실을 방문하여 건물 위치, 구조 등을 확인한 후「좋다」고 하여 결정된 것인데, 그 후 김성현을 통해서 그런 이야기를 들은 적이 없나요"라고 물었는데, 이성한은 "그런 적이 없습니다. 제가 퇴원한 후 재단사무실을 처음 방문할 때 차은택과 동행했지 최순실은 없었습니다"라고 증언했다.

"최서원이 죽일까봐 무서웠다"

한국을 벗어난 차은택은 한 달 10일 동안 귀국을 하지 않았다. 차은택에게 그 이유를 신문한 사람은 안병수 검사였다. 안병수 검사는 김민형 검사에 이어 2차 조사 때부터 관여했다.

〈문: 피의자는 2016. 9. 30. 김포공항을 통해 중국 상해로 출국하였다가 어제(2016. 11. 8.) 중국 동방항공편으로 중국 청도에서 인천공항으로 귀국한 사실이 있지요.

답: 예, 맞습니다.

문: 언론보도에 의하면, 피의자는 2016. 9. 30. 중국으로 출국한 후 2016. 10. 12. 일본 오사카로 이동하여 체류하다가 2016. 10. 31. 대한민국으로 귀국하지 않고, 다시 중국 청도로 이동한 사실이 있다고 하는데, 어떤가요.

답: 최근 언론에 최순실 의혹 관련 보도가 크게 불거져 혼란스럽기도 하고, 연락 오는 기자들 등으로 인해 솔직히 두렵고 무섭

기도 하여 혼자 있고 싶어 당분간 귀국하지 않았었습니다. 그러다가 중국 상해에까지 한국 기자들이 찾아와 취재를 시작했기 때문에 언론을 피해 사촌동생이 사는 일본 오사카에 잠시 가서, 혼자 렌탈아파트에서 지내다가 다시 중국 청도에 머물며 귀국을 준비하고 있었습니다.〉

차은택이 귀국을 망설인 결정적인 이유는 최서원이 자기를 죽일까봐 두려웠기 때문이다. 이 내용은 차은택의 법정녹취록(2017. 3. 7.)에 기록돼 있다.

〈**문:** 증인은 피고인 최서원이 증인에게 위해를 가할 수도 있다는 생각을 하였기 때문에 2016. 10. 당초 중국으로 업무차 출국하였다가 피고인 최서원 등에게는 알리지 않고 일본으로 이동을 했던 것이지요.

답: 직접적으로 협박을 받거나 그러지는 않았었는데, 김성현이라는 친구가 국내에 있으면서 저하고 통화를 자주 했었습니다. 그래서 영화에서 많이 상상되듯이 혹시나 그런 최서원씨에 대해서 어쨌든 익히 알고 있는 상황이었고, 고영태씨도 2014년도에 최서원씨를 만났을 때 저한테 가장 많이 했던 이야기가 "무서운 분이다"라는 이야기를 많이 했었기 때문에, 그런 것들이 머릿속

에 복합적으로 생각이 들면서 바로 일본에 잠깐 갔다 왔습니다.〉

차은택은 중국과 일본에 체류하고 있던 동안, 한국 상황을 수시로 파악하고 대책을 준비 중이었다. 다음은 차은택 법정녹취록 내용이다.

〈문: 증인이 처음 변호인을 통해 제출한 첫 번째 진술서는, 2016. 10. 23. 있었던 청와대 비서실 등에 대한 국정감사가 있기 약 1주일 전, 김성우 당시 청와대 홍보수석이 송성각(한국콘텐츠진흥원장)을 통해 해외에 머물고 있던 증인에게 연락하여, 당시 언론을 통해 제기되던 각종 의혹에 대한 사실관계를 정리해 달라는 이야기를 듣고 작성한 것으로, 당시 피고인 최서원에 대한 사실관계를 일부 숨기거나 허위로 작성한 것이지요.

답: 저에 관련된 의혹에 대해서 요청을 했고, 그래서 당시에는 겁이 나서 최서원씨에 대한 부분은 전면 배제하고 저에 대한 부분만 진술을 해서 보내드렸었습니다.

문: 증인은 위와 같이 작성하여 이메일에 첨부한 진술서를, 송성각이 다시 김성우에게 전달한 것으로 알고 있지요.

답: 예, 그렇습니다.

문: 또한 증인은 2015. 1.경 피고인 최서원의 지시로 청와대

홍보수석을 맡을 의향이 있는지 알아보기 위해 당시 대통령비서실 사회문화특별보좌관이던 김성우를 만난 사실도 있지요.

답: 예, 홍보수석의 의향을 한 번 물어보라고 하셨습니다.

문: 증인은 당시 김성우와 잘 알고 있는 송성각의 주선으로 김성우를 만났고, 증인이 직접 김성우에게 청와대 홍보수석을 맡을 의사가 있는지를 확인하였지요.

답: 예.

문: 이후 실제 김성우는 청와대 홍보수석에 임명이 되었지요.

답: 예, 그 자리에서 바로 답을 하신 것은 아니고, 고민해 보시겠다고 했고 며칠 후에 연락이 오셔서 한 번 헌신하시겠다는 이야기를 하셨습니다. 그 이후에 최서원씨에게 보고를 했고 실제로 시간이 좀 경과된 후에 임명된 것으로 알고 있습니다.〉

중국에 도피 중인 차은택과 연락을 취했다는 김성우 청와대 홍보수석은 MBC 기자 출신이다. 그 후 세계일보를 거쳐 SBS 기자가 되었으며, SBS에서 보도국장과 기획본부 본부장을 역임했다. 김성우는 2015년 1월 대통령비서실 사회문화특보에 임명되었고 한 달 후인 2월부터 2016년 10월말까지 청와대 홍보수석비서관으로 활동했다.

JTBC가 태블릿PC 날조 보도를 하던 무렵의 청와대 홍보수석이 김성우였다. 한국콘텐츠진흥원장 송성각은 광고기획사인 제일기획 상무보 출신으로 차은택과 업무적으로 가까운 사이다. 법정녹취록에 의하면 차은택은 송성각을 문체부 차관에 추천한 적도 있다고 돼 있다. 송성각과 김성우 홍보수석은 서울 대일고 동문이다.

차은택은 법정에서 미르재단 이사진 인선은 최서원과 대통령이 주도했다고 증언했는데, 이는 증거가 있는 게 아니고 차은택의 일방적인 생각이었음이 확인되었다. 이 부분에 대한 심문내용이다.

〈문: 증인은 검찰 조사 당시 미르재단의 이사진 선임에 대하여 결정권을 피고인 최서원이 가지고 있다고 진술한바 있지요.

답: 예, 그렇게 생각했습니다.

문: 실제 피고인 최서원의 이야기대로라도 미르재단은 대통령의 의지로 만들어진 재단인데, 왜 재단의 이사진 선임 결정권이 피고인 최서원에게 있다고 판단하였나요.

답: 어쨌든 당시에 제가 커뮤니케이션을 할 수 있었던 분은 최서원씨 밖에 없었고, 그런데 이런 것은 있습니다. 추천을 드리면 그 자리에서 최서원씨가 바로 결정을 하는 것이 아니라 그것을 가지고 어디론가 가서 2~3일 후에 또 누군가의 의견이 반영된 것

으로 이야기를 합니다. 그래서 "어디선가 분명히 논의를 하고 오시는구나"라고는 생각을 하고 있었습니다.

문: 지금 증인이 증언한 "2~3일 후", "어딘가", "누군가의 의견"이라는 것은 대통령을 말하는 것인가요.

답: 지금은 그렇게 생각을 하고 있습니다.〉

차은택이 법정에 증인으로 출석한 2017년 3월 7일은 헌법재판소가 대통령 탄핵을 결정하기 직전이다. 차은택이 법정에서 증언한 진술과 그가 헌법재판소 법정에서 증언한 내용은 대통령 탄핵에 결정적인 영향을 미쳤다.

차은택은 1심에서(2017. 11. 22.)에서 횡령 등의 혐의로 징역 3년을 선고받았다. 이에 불복한 차은택은 상고했고, 차은택 사건 기록이 대법원에 접수된 날은 2018년 6월 8일이다. 그로부터 5개월 후인 2018년 11월 23일, 대법원은 직권으로 차은택에 대해 구속취소 결정을 내렸다. 차은택의 수감생활은 1년 보름 정도였다.

「고원기획」은
차은택·고영태의 합자회사

　차은택이 최서원을 처음 만난 곳은 고영태의 개인사무실이다. 고영태의 검찰 조서에는 이 사무실이 서울 강남구 삼성동에 위치한 「삼성동 사무실」이라고 적혀 있다. 이 사무실은 대통령 의상을 제작했던 「신사동 의상실」에서 쫓겨난 고영태가 최서원을 이용하기 위해 개인적으로 만든 곳이다.
　그럼에도 차은택은 고영태를 만난 곳이 삼성동 사무실이 아니라 「고원기획」이라고 진술했다. 법인등기부에 의하면, 고원기획의 대표이사는 김수현이었다. 「김수현 녹음파일」을 작성하고 관리한 그 김수현이다. 고원기획 설립 과정에 대해 김수현이 진술한 내용은 검찰 조서에 이렇게 기록돼 있다.

　〈문: 고원기획은 언제, 어떻게 설립한 것인가요.
　답: 2014. 8.경 저를 대표이사로 하여, 아프리카픽쳐스에 사무실을 두고 설립하였는데, 저는 명의만 빌려준 것이고 실제 고

영태, 차은택, 아프리카픽쳐스의 회사입니다. 저도 지분이 있었지만 고영태 지분으로, 저에게 지분 권한은 없었습니다.〉

나는 김수현 진술의 사실여부를 확인하기 위해, 고원기획의 법인등기부를 떼 보았다. 고원기획은 광고 기획, 제작, 판매, 배급 및 광고매체 운영업 등을 하는 회사로, 설립 등기일은 2014년 7월 21일, 해산일은 같은 해 11월 6일이다. 회사 주소지는 차은택이 운영한 아프리카픽쳐스와 같았다. 아프리카픽쳐스는 CF나 공연 영상, 뮤직비디오 등 영상을 전문적으로 제작하는 회사다.

법인등기부에 의하면, 고원기획의 자본금은 1억원이며 사내이사는 김수현·김재민·차은택·김성현 등 4명이었다. 김재민·김수현 이사가 전체 지분의 55%를 소유했고, 차은택·김성현 이사의 지분이 45%였다. 이 중 김재민 이사가 고영태의 대리인이며, 김성현은 차은택에 의해 미르재단 사무부총장에 임명된 사람이다. 지분 구조로 따지면 고원기획은 고영태와 차은택이 합자한 광고회사였다.

김성현은 검찰 조사에서 "차은택이 저를 고원기획 이사로 등재한 것은 맞으나, 그 이유는 모르며 저는 고원기획에서 아무런 업무를 하지 않았다"고 진술했다. 김성현은 고영태에 대해서는 "차은택의 아프리카픽쳐스 사무실에서 여러 번 봤다"고 진술했다.

　고영태가 개인적으로 만든 「삼성동 사무실」은 2014년 5월 1일에 오픈했다. 박근혜 정부가 출범하고 1년이 지났을 무렵이다. 이 사무실에 첫 출근한 직원이 김수현이고, 김수현을 맞이한 사람이 고영태였다. 고영태는 김수현보다 두 살 많다.

　검찰 진술조서에 의하면, 김수현은 수원에서 중·고를 마치고 안양과학전문대 건축학과에 진학했다. 2005년에 대학을 졸업한 김수현은 인터넷을 이용한 쇼핑몰 사업을 잠깐 하다가 그만둔 뒤, 2007년까지 건축회사에 다녔다. 퇴사 후엔 6개월간 필리핀으로 어학연수를 다녀왔고, 2008년 제18대 국회의원 선거가 시작되자 김수현은 정치판에서 새로운 일거리를 찾기 시작했다.

　김수현은 경기도 안산 상록을 지역에 한나라당 후보로 출마한 전(前) 조선일보 기자 이진동이 개설한 「이진동 캠프」에 들어갔다. 선거 캠프에서 그가 맡은 일은 지역 선거관리위원회에서 요청하는 각종 서류들을 준비하는 것이었다. 이런 일들을 깔끔하게 처리하면서 김수현은 이진동 위원장의 신임을 얻었다.

　김수현이 「이진동 캠프」에 있을 때, 같이 일한 여성이 이현정인데, 이현정에 대해서는 「대통령을 묻어버린 거짓의 산」 제1권에 자세히 기록해 놓았다.

　김수현은 이진동이 선거에서 패배하자 일거리를 잃었다. 공사장을 전전하며 현장 관리 일을 하던 김수현은 2014년 지방자치단체장 선거 때, 안산시장 후보로 출마한 「박주원 캠프」에 회계책임자로 들어갔다. 김수현이 고영태를 만난 게 바로 이 무렵이다. 다음은 김수현의 검찰 진술내용이다.

〈박주원 캠프에 문제가 많아, 이현정이 먼저 나가고 저도 캠프에서 제대로 돈을 받지 못한 상황이었습니다. 그 무렵 이현정이 저에게 "가방을 만드는 동생인 고영태가 있는데, 컴퓨터를 할지 모르니 컴퓨터 작업을 좀 도와줘라. 고영태는 주변에 좋은 사람이 많으니까 열심히 하면 돈 걱정 없이 생활할 수 있을 것이다. 또한 고영태는 VIP 가방을 만들어서 돈이 많다"고 하였습니다.

그래서 2014. 4. 즈음에 서울 논현동에 있는 커피숍에서 고영태를 만났습니다. 당시 고영태가 뭐라고 했는지는 기억이 나지 않지만, 같이 빨리 일했으면 좋겠다고 하여, 원래는 캠프 일을 끝내고 가려 했지만, 고영태가 급하다고 하여 2014. 5. 1.부터 삼성동 사무실로 출근하게 되었습니다.〉

김수현을 면접하고 채용을 결정한 사람이 고영태였다. 김수현은 고영태의 첫 인상에 대해 "외제 승용차 포르세를 몰고 왔는데, 잘 생기고 옷 입는 스타일이 좋았으며 차고 있는 시계도 비싸

보였다"며 "찻값을 꺼낼 때 보니까 길쭉하게 생긴 장지갑 속에 5만원짜리 지폐가 수두룩하여 돈 많은 사람이라는 느낌을 받았다"고 말했다.

김수현은 삼성동 사무실 분위기에 대해 이렇게 말했다.

"15평가량 되는 사무실에 상주한 직원은 고영태와 저 둘뿐이었다. 여직원도 없었다. 소장실이라는 방은 있었지만 항상 문이 닫혀있었다. 소장 이름이 뭔지도 몰랐고, 직원이 달랑 두 명이었지만 소장과 회식한 적도 없다. 입사 후 4개월쯤 지나서 고영태가 처음으로「저 사람이 최순실이야」라고 알려줘, 인터넷 검색을 통해 최순실이 누군지 알게 되었다."

삼성동 사무실에 출근을 시작한 김수현은 첫 달 봉급 350만 원을 고영태로부터 받았다. 그는 이때부터 최서원 사건이 터지기 전인 2016년 8월 말까지 2년 3개월 동안 고영태에게서 월급을 받으며, 고영태의「그림자」노릇을 했다.

「고영태 친구들」인 노승일·류상영·박헌영·이현정·최철 등이 고영태와 함께 무슨 일을, 어떤 식으로 논의하는지를 곁에서 지켜보고, 그들의 대화내용을 녹음할 수 있었던 것은 김수현이 고영태의 그림자였기 때문이다. 세칭「김수현 녹음파일」은 김수현에 의해 녹음되고 파일로 정리되어 컴퓨터에 보관되었다.

「고영태 친구들」중 한 명인 이현정의 경우, 그녀는 자기 동생 이현주를 통해 고영태를 알게 되었다고 한다. 이현주는 서울 강남의 부유층 사이에서 신기(神氣)가 있는 점쟁이로 알려진 여성이다. 김수현에 의하면, 사업에 실패한 고영태에게 심리적 위안을 준 사람이 이현주였다는 것. 그래서 고영태는 자기보다 몇 살 위인 이현주를 엄마라고 불렀다고 한다.

차은택 사무실 옆이
「테스타로싸」 카페

나는 김수현을 통해 차은택과 고영태의 행동반경을 파악했다. 나는 현장을 답사하기로 했다. 사건기자의 중요 임무 중 하나가 현장 확인이다. 현장은 아무리 시간이 지나도 증거가 남아있기 마련이다.

나는 김수현의 안내를 받아 맨 먼저 삼성동 사무실을 찾아갔다. 서울 강남의 유명 사찰인 봉은사 뒤편이면서 서울 정애학교 정문 앞이었다. 정애학교는 발달지연, 장애아동들이 다니는 특수학교다. 오전 11시쯤 찾아갔는데 사람들의 왕래가 뜸했다. 위치적으로 외진 장소였다.

고영태의 개인사무실은 30평 남짓의 대지 위에 세워진 4층 건물의 3층에 있었다. 1층은 중국집이었다. 고영태는 이 사무실을 2014년 연말에 폐쇄했다. 그 이유를 고영태는 검찰에서 이렇게 진술했다.

〈**문:** 진술인이 봉은사 부근 개인사무실을 그만두게 된 경위는 어떠한가요.

답: 당시 최순실과 사소한 문제로 다투는 일이 많았는데, 최순실은 저에게 "네가 뭘 안다고 대드느냐"는 식으로 저를 무시하였고, 저 역시 "그러는 당신은 뭘 안다고 나를 무시하느냐"는 식으로 싸웠습니다. 제가 더 이상 사무실에서 할 수 있는 일이 없어 보였고, 최순실이 장관 인사까지 좌지우지하는 것을 보고, 나중에 큰일이라도 벌어질 것 같아 2014년 연말경 사무실을 그만둔 것입니다. 저와 다툰 후, 최순실도 더 이상 사무실에 나오지 않았습니다.〉

3층에 올라가니 출입문이 잠겨있었다. 유리창을 통해 안을 드려다 보니 네모반듯한 구조가 아니었다. 좁은 공간을 최대한 활용하다보니 벽을 따라 길쭉하게 생겼다. 응접세트나 고급 소파를 설치해 사람들을 만나는 그런 고급스런 사무실이 아니었다. 이 사무실에 최서원이 가끔 나타나 차은택을 만났다고 김수현은 말했다.

김수현은 "고원기획 사무실은 차은택 회사인 아프리카픽쳐스 2층에 있었다"고 말했다. 나는 김수현과 함께 아프리카픽쳐스를 찾아갔다. 아프리카픽쳐스는 서울 강남구 논현동, 단독주택이 밀접한 지역에 있었다. 고원기획에서 먼 거리도 아니었다. 4층 건물인데 옥상에 옥탑방이 보였다. 김성현이 한동안 혼자 살았다는 그 옥탑방이다.

「테스타로싸」 카페는 최서원이 차은택·이성한(미르재단 사무총장)·이한선(미르재단 상임이사)·김성현(미르재단 사무부총장) 등을 만나, 미팅을 하거나 회의를 한 곳으로 알려져 있다. 이 카페는 소형차 한 대가 다닐 수 있는, 좁고 미로(迷路)와 같은 골목길에 자리 잡고 있었다. 가정집을 개조한 2층 카페였다.

주변 지형을 살펴보니, 바로 앞 건물이 아프리카픽쳐스였다. 직선거리로는 약 10미터인데 골목이 미로여서 약간 걸어야 했다. 김성현은 검찰 조사에서 "테스타로싸가 아프리카픽쳐스 근처에 위치하고 있어서 평소에 자주 간 곳"이라며 "그곳에서 차은택 감독과 외부 사람들이 회의하는 것을 많이 봤고, 광고계 이외의 사람들과 회의하는 것도 여러 번 봤다"고 진술했다.

김성현과 이성한, 이한선의 검찰 진술을 종합하면, 차은택이 오라고 해서 가 보면, 최서원이 있었다는 것이고, 그 곳이 테스타로싸 카페였다는 것이다. 차은택은 제1회 검찰 조사에서 "테스타로사 카페는 최순실이 운영했다"고 진술했다. 이에 대해 최서원은 "테스타로싸 카페는 제가 운영한 게 아니고, 저는 거기 손님일 뿐입니다"라고 부인했다.

김성현은 테스타로싸 카페의 소유주에 대해 검찰에서 이렇게 진술했다.

"작년(2015년) 초쯤으로 기억을 하는데 차은택이 테스타로싸 운영권에 어느 정도 관여하고 있다고 생각했습니다. 차은택이 테스타로싸를 프렌차이즈로 확장할 계획이 있다는 취지로 말을 한 적도 있습니다. 그러면서 차은택이 테스타로싸 카페의 메뉴판 같은 것의 디자인을 맡아 주면, 나중에 프렌차이즈가 잘 되고 하면 저에게 돈벌이가 될 수 있도록 도움을 주겠다는 등의 이야기를 했던 같습니다."

미르재단과 K스포츠재단의 사무실도 아프리카픽쳐스 근처에 있었다. 지도를 통해 확인하니 반경 1㎞ 안에 다 들어왔다. 반면, 최서원의 거주지인 미승빌딩은 아프리카픽쳐스에서 3㎞쯤 떨어진 곳에 위치했다. 이러한 지형적 위치를 감안하면, 고원기획과 테스타로싸 카페, 그리고 미르재단과 K스포츠재단은 차은택이 활동한 「영역」 안에 들어있었다.

인간이든 동물이든, 심지어 식물까지도 자신의 영역을 지키려는 본능이 있다. 영역처럼 편하고 자유로운 공간이 없기 때문이다. 영역을 지배하는 사람이 그곳의 주인이다. 나는 현장답사를 통해 최서원 사건은 차은택의 영역 안에서 이뤄졌음을 확인했다.

미르재단이 설립 후
추진한 사업들

　검찰은 최서원과 미르재단의 연관성에 대해, 공소사실 ⑤항에서 이렇게 밝혔다. 「피고인 최서원은 그 무렵 대통령으로부터 "전경련 산하 기업체들로부터 금원을 갹출하여 문화재단을 만들려고 하는데 재단의 운영을 살펴봐 달라"는 취지의 요청을 받고, 재단의 이사장 등 임원진을 자신이 지정하는 사람들로 구성하여 재단 업무 관련 지시를 내리고 보고를 받는 등 재단의 인사 및 운영을 장악하기로 하였다」는 것이다.

　검찰은 최서원이 대통령의 요청을 받았다는 시점을 특정하지 못하고, 「그 무렵」이라는 막연한 표현을 사용했다. 공소장 앞뒤 문맥을 살펴보니, 「그 무렵」은 대통령이 대기업 회장 7명과 단독 면담을 한 직후인 2015년 7월 25일부터 8월 13일 사이로 추정된다.

　그 이유는 출입국기록에 의하면, 최서원은 2015년 7월 8일부터 7월 23일 사이에, 그리고 8월 14일부터 9월 11일 사이에 독일로 출국했기 때문이다. 검찰은 독일 출국이라는 최서원의 「알리바이」를 피하기 위해, 범행이 이뤄진 날짜를 이런 식으로 얼버무릴 수밖에 없었던 것으로 보인다.

최서원이 미르재단과 관련해 오해를 사게 된 데는 본인에게도 일말의 책임이 없지는 않다. 최서원 본인이 검찰 조사와 헌법재판소 증언에서 "대통령으로부터 재단이 잘 돌아가는지를 살펴봐달라는 말을 들었다"고 진술했기 때문이다.

최서원은 그러나 피고인 최후신문(2017. 4. 17.)에서 "제가 확대 해석한 것 같습니다. 정호성 비서관한테서 이런 재단이 생기니까 지켜보라는 말을 들었지, 대통령으로부터 직접 들은 게 아닙니다"라고 정정했다. 최서원은 정호성 비서관에게서 그런 말을 들은 시점이 "2015년 가을경"이라고 기억했다.

미르재단이 현판식을 갖고 정식 출범한 날은 2015년 10월 27일이다. 이 내용은 한국경제신문에 2단짜리 사진기사로 보도되었다. 대통령이나 청와대 지시로 만들어진 재단이 아니므로, 청와대는 보도자료를 내지 않았고 언론에서도 비중 있게 보도하지 않았다.

미르재단이 설립 후, 처음으로 한 일은 「단동 사업」이다. 단동(丹東)은 압록강을 경계로 북한과 맞닿은 중국의 국경도시다. 단동을 비롯한 중국의 동북(東北) 3성(길림성·흑룡강성·요녕성)

에 살고 있는 조선족 교포들에게 한국 문화를 널리 알리는 것이 단동 사업인데, 북한에 대한 경제제제 조치로 인해 기획단계에서 중단되었다.

미르재단이 두 번째로 추진한 사업은 한식(韓食)의 세계화였다. 미르재단은 2015년 11월 30일, 프랑스의 명문 요리학교인 「에콜 페랑디」와 MOU(양해각서)를 체결했다. 「에콜 페랑디」와 제휴해, 한식을 프랑스 요리처럼 세계화하는 사업이다. 프랑스에서 열린 양해각서 체결식에는 미르재단 김형수 이사장과 이한선 이사, 김성현 사무부총장이 참석했다. 최서원은 참석하지 않았다.

이듬해 4월 22일에는 「에콜 페랑디」와 MOA(합의각서)를 체결하고 한국 내에 페랑디 분원을 설치할 후보지 선정에 나섰다. 그 대상지가 이화여대, 서울시립대, 한국의 집, 승강기 안전공사 등이었다.

미르재단이 세 번째로 추진한 것은 ODA(개발도상국)에 식량이나 식량개발을 지원하는 「코리아에이드 사업」이다. 이 사업은 문화·음식·보건 등 세 분야에 걸쳐 추진되었다. 특히 식량이 부족한 아프리카 후진국들에게 한국 음식을 제공하는 「K-Meal」 사업이 핵심 내용이다. 이를 위해 미르재단은 2015년 11월경 이화여대 식품영양학과에 쌀을 가공한 영양식품 개발을 의뢰했다.

「에콜 페랑디」와 「코리아에이드 사업」은 한식의 세계화와 더불어 대한민국의 위상을 높이는 일이었다. 하지만 이화여대가 최서원의 딸 정유라를 체육특기생으로 선발한 대가로 특혜를 입었다는 이유로 언론의 뭇매를 맞았다. 미르재단에서 추진한 사업들은 언론의 허위보도로 모두 없는 일이 돼버렸다.

검찰 수사기록에 등장하는 미르재단 연루자는 차은택·이한선·이성한·김성현·김홍탁·전병석·고영태 등이다. 이한선(미르재단 상임이사)과 김홍탁(제일기획 상무보 출신), 전병석(건축음향 전공자로 LG애드에서 이벤트사업 담당)은 광고계통 종사자로 차은택과 잘 아는 사이이며, 김성현은 광고 영상물에서 그래픽 디자인을 담당했다.

이들의 조서를 검토한 결과, 몇 가지 흥미로운 공통점이 발견되었다. 첫째, 차은택 등이 자주 모여 골프를 친 장소가 이성한(미르재단 사무총장)이 운영계획을 수립한 「소노펠리체 컨트리클럽」이라는 점이다.

이성한은 골프장 부킹을 도와주면서 차은택과 동행한 고영태도 처음 알게 되었다고 진술했다. 그러니까 이들은 골프 친구로 어울리며 차은택이 주도한 미르재단 일에 합류한 것으로 추정된다. 최서원이 이 골프장에 나타났다는 진술은 없다.

둘째, 이들이 골프장 외에 자주 어울린 장소는 딱 두 군데였다. 하나는 차은택 사무실 근처인 테스타로싸 카페이고, 다른 한 곳은 서울 장충동 신라호텔 1층 커피숍이었다. 김성현은 검찰 조사에서 "회의는 항상 테스타로사 카페 2층에서 열렸고, 회의를 할 때는 일반인의 출입을 못하도록 차은택이 2층 출입구를 막도록 했다"고 진술했다.

이한선과 이성한은 "최서원은 말을 빨리하고 간단하게 말하는 스타일이어서, 미팅 시간이 대개는 10분 정도, 길어야 20분을 넘지 않았다"고 진술했다. 이한선은 법정증언에서 "문화재단에 대한 이야기는 차은택이 혼자서 했고, 최서원은 재단에 대한 이야기는 하지 않았다"고 증언했다.

이한선은 최서원이 한 말 중에서 기억나는 것과 관련, "백제혼(魂)에 대한 이야기를 들은 적이 있다"고 법정에서 진술했다. 최서원이 자기에게 "백제의 문화적 혼이 문화융성의 모티베이션이 될 수 있느냐"고 물은 적이 있다는 것이었다.

이들은 공통적으로 "차은택은 최서원을 「회장님」 혹은 「보스」라고 불렀으나, 회장님의 성이나 이름을 공개한 적은 한 번도 없었다. 언론보도를 보고 나서, 회장님이 최서원이라는 것을 처음 알았다. 최서원은 미팅 때 상대방이 주는 명함을 받기는 했으나 자기 이름을 밝힌다거나 명함을 준 적이 없다"라고 진술했다.

이들이 미르재단에 합류하게 된 것은 차은택으로부터 "회장님의 허락을 받았다"는 말을 들었기 때문이며, 회장님의 영향력이 대단한 것으로 믿었다고 진술했다. 차은택은 최서원의 영향력을 과시하기 위해, 자기 외삼촌 김상률을 청와대 교육문화수석에, 자기 스승 김종덕을 문화체육부 장관에 추천한 사람이 최서원이라고 친구들에게 자랑했다고 한다.

청와대 부속실비서관 정호성의 진술에 의하면, 최서원은 자기보다 나이가 어린 사람들에게는 막말을 하며 몰아붙이는 스타일이지만, 대통령 앞에서는 꼼짝을 못했다고 한다. 대통령이 무엇보다 부탁이나 청탁을 극도로 싫어하기 때문에 최서원이 장관이나 청와대 수석을 추천한 것은 사실이 아니라고 진술했다.

최서원도 검찰 조사에서 "누구를 미르재단 이사로 임명하라는 지시를 차은택에게 한 적이 없다"라고 일관되게 부인했다. 관련자들의 진술이 다를 경우, 검찰은 대질신문을 통해 확인이 가능하다. 그러나 검찰은 차은택을 비롯한 관련자 어느 누구도 최서원과의 대질신문 자리를 만들지 않았다.

이들의 진술을 종합하면, 최서원이 한식(韓食)의 세계화나 문화융성 등에 관심을 가진 것은 사실로 추정된다. 그러나 최서원이 미르재단 사무실에 출근하거나 미르재단에서 회의를 주재한 적이 한 번도 없다는 점에서, 최서원이 미르재단 이사진 인선이나 운영 등에 개입하지 않았음은 객관적 사실로 보인다.

최서원은 미르재단이 설립된 이후, 멀리서 미르재단을 지켜본 것은 사실이라고 검찰에서 시인했다. 정호성 비서관이 최서원에게 그렇게 말했기 때문이다. 그렇다면 검찰은 최서원이 「멀리서 지켜본 일」 중에서 위법하거나 불법적인 행위를 찾아내, 그에 상응하는 처벌을 하면 된다.

최서원은 미르재단에서 월급이나 판공비를 받은 적도 없다. 그러나 미르재단 공식 직제에도 없는 사무부총장을 맡은 김성현은 사무부총장 시절, 미르재단에서 5~6개 정도의 연구용역을 맡았다. 용역비는 다 합쳐서 1억2천만원 내지 1억3천만원이라고 검찰 조서에 기재돼 있다. 김성현은 그러나 이 건으로 검찰 조사를 받거나 처벌받지 않았다.

검찰이 대통령을 겨냥한 표적수사를 하다 보니, 그 「유탄」을 최서원이 맞은 것으로 나는 판단한다. 나는 최서원의 딸 정유라의 이화여대 체육특기생 특혜 의혹도 언젠가는 진상이 재조명되어야 한다고 생각한다. 이는 업무방해죄에 해당하는데, 대개의 경우 벌금형이다. 그럼에도 이화여대 최경희 총장과 체육대학 학장 등 관련자들은 징역형의 실형을 선고받고 상당 기간 옥고를 치러야 했다.

정동구
K스포츠재단 이사장의 소신

K스포츠재단은 미르재단이 발족되고 석 달 후인 2016년 1월 13일 출범했다. 공소장에 의하면, 「안종범은 2015. 12. 20. 대통령으로부터 "정동구 이사장, 김필승 사무총장, 정현식 감사, 이철용 재무부장 등을 임원진으로 하고 사무실은 서울 강남 부근으로 알아보라"는 지시와 함께 재단의 정관과 조직도를 전달받았다」는 것이다.

그러나 K스포츠재단 초대 이사장 정동구는 법정증언에서, 안종범이 만나자고 전화한 날은 2015년 12월 19일이며, 바로 그날 안종범으로부터 재단 이사장을 맡아달라는 요청을 받았다고 진술했다. 즉, 안종범은 대통령 지시가 있기도 전에 정동구 이사장을 만난 것이다.

정동구 이사장은 검찰에서 두 차례 조사를 받은 뒤, 법정에 증인으로 출석했다. 그날이 2017년 2월 14일로, 검찰이 대통령에게 구속영장을 청구하기 전이다.

정동구 이사장은 10대와 20대 때는 국가대표 레슬링 선수로 활약했고, 30대에는 국가대표 코치를 지냈으며, 1977년부터 2007년까지 한국체육대학 교수로 재직했다. 1992년에는 한체대 총장을 역임했고, 2010년부터 2013년까지는 체육인재육성재단 이사장을 지냈다. 그는 존경받는 체육계 원로다.

다음은 법정증언 내용이다. 심문자는 김태겸 검사다.

〈(증거기록 5284쪽 피고인 안종범과 증인과의 통화내역을 제시하고)

문: 2015. 12. 19. 증인이 피고인 안종범으로부터 처음 전화를 받기 전까지, 증인은 피고인 안종범이 청와대 경제수석이라는 사실 이외에 개인적으로 피고인 안종범을 알지 못하였지요.

답: 예.

문: 피고인 안종범이 증인에게 전화하여 "남북 스포츠 교류, 체육인재 양성, 한국 스포츠의 세계 홍보 등을 위한 재단법인을 설립할 예정인데, 이사장을 맡아 달라"고 제안하였지요.

답: 예.

문: 같은 날 증인은 피고인 안종범의 제안으로 피고인 안종범을 코엑스 인터콘티넨탈 호텔 커피숍에서 직접 만나 이사장직을 수락한 것이지요.

답: 예.

문: 증인은 당시 피고인 안종범을 만나 구체적인 급여액, 관용차 제공 여부 등도 전혀 알지 못하는 상태에서 비상근 이사장직을 받아들인 것이지요.

답: 예, 당시에는 상근, 비상근 이야기를 안했습니다.

문: 피고인 안종범으로부터 대통령의 지시에 따라 만들어진 재단이며, 대통령이 증인을 이사장으로 지명한 것이라는 말을 들었기에 구체적인 조건도 따져보지 않은 것이지요.

답: 대통령이라는 말은 하지 않았고 전경련(全經聯)에서 기금을 대서 이런 좋은 일을 한다고 해서, 저도 우리 한국에서 선수 출신들이 선수 때는 화려하지만 은퇴하고 나서 너무 비참하고 불쌍해서 후배들을 위해서 내가 마지막으로 봉사할 수 있겠다, 그런 생각을 했습니다.

문: 하지만 대통령에게 이미 보고가 된 사안이고 증인도 그와 같이 추천을 받았기 때문에 수락한 것도 맞습니까.

답: 대통령이라는 말은 안 했고요, 경제수석이니까 제가 신뢰할 만하죠.〉

김태겸 검사는 K스포츠재단이 대통령 지시에 의해 설립되었다는 점을 입증하려고 애를 썼으나, 정동구 이사장은 안종범에게서 그런 말을 들은 적이 없다며 일관되게 부인했다. K스포츠재단 상임이사 김필승의 진술도 정동구 이사장과 다르지 않았다.

김필승 이사는 검찰 조사에서 "2015. 12. 19.경 안종범이 전화하여, '김필승 교수님이시죠. 청와대 안종범 수석입니다. 라마다르네상스 호텔에서 잠시 뵙시다'라고 하여, 바로 그날 라마다 르네상스 호텔에서 만났다"고 진술했다. 김필승 이사는 스포츠경영학 박사 출신이다.

안종범은 김필승에게 "전경련이 후원하는 스포츠재단을 만들려고 합니다. 신생 스포츠재단 설립에 김 교수님께서 실무적인 일을 도와주십시오. 재단이 설립되면 김 교수님은 이사로 근무를 해 주었으면 좋겠습니다. 재단 이사장은 정동구 한체대 전 총장이 맡기로 하였습니다"라고 말했다는 것이다.

검찰은 안종범의 휴대폰 통화내역 조회를 통해, 안종범이 김필승과 최초로 전화한 날은 2015년 12월 19일이라는 사실을 확인했다. 안종범은 그때부터 1년 후인 2016년 12월 22일까지 김필승과 총 56회(통화 35회, 문자메시지 전송 21회)에 걸쳐 통화 혹은 문자메시지를 주고받았으며, 김필승 이사가 검찰의 소환 요구를 받았던 2016년 10월 20일에는 하루에 7차례나 통화한 사실이 확인되었다.

김필승은 검찰 조사에서 안종범과 안종범의 보좌관 김건훈으로부터 "K스포츠재단에 참여하게 된 것은 전경련에서 연락이 왔기 때문이고 안종범에 대해서는 모른다고 해 달라"는 요청이 있었다고 진술했다. 검찰은 김필승의 이 진술을 근거로 안종범에게 증거인멸교사혐의를 적용했다.

김필승은 검찰에서 "K스포츠재단 이사들이 처음으로 상견례를 가진 것은 2016. 1. 4.이며, 장소는 서울 잠실에 있는 올림픽파크텔이었습니다. 참석자는 저를 포함해 정동구 이사장, 정현식 이사, 이철원 이사, 주종미 이사, 김기천 감사 등 6명"이라고 진술했다. 최서원은 상견례 자리에 참석하지 않은 것으로 확인되었다.

K스포츠재단 사무총장 정현식은 대구 상원고(구 대구상고) 출신으로 안종범과 동향인데, 나이는 안종범 보다 6살이 많다. 정현식 진술조서에 의하면, 그는 1971년 한일은행 행원으로 사회생활을 시작, 2007년까지 36년간 금융기관에서 근무했다. 정현식은 신한은행에서 지점장으로 근무할 때 성균관대 경제학과에 진학, 2003년 2월에 졸업했다.

이 기간에 성균관대학에서 정현식을 지도한 교수가 안종범이다. 정현식 사무총장은 검찰 조사에서 안종범과 사제지간(師弟之間)임을 숨기고 진술하지 않았다. 정현식은 K스포츠재단이 설립된 2016년 1월 13일부터 같은 해 6월 30일까지 6개월간 사무총장으로 재직하고 자진 사임했다.

안종범 휴대폰 통화내역에 의하면, 정현식은 K스포츠재단이 출범하기 전인 2015년 12월 20일부터 이듬해 8월 31일까지 8개월 동안 경제수석 안종범과 114회나 통화했고, 2015년 12월 27일부터 2016년 6월 7일까지 안종범과 54회나 문자메시지를 주고받았다. 정현식 휴대폰에는 최서원과 주고받은 문자는 발견되지 않았다.

정현식은 사무총장 시절, 안종범 수석을 만난 날과 장소를 휴대폰 일정표에 기록해 놓았다. 이에 따르면, 정현식은 ① 2016. 1. 26. 오후 2시 플라자호텔, ② 2016. 2. 26. 오전 10시40분 롯데호텔 8호실, ③ 2016. 3. 29. 오후 6시30분 조선호텔 비즈니스 센터, ④ 2016. 4. 10. 오후 2시 플라자호텔 5층, ⑤ 2016. 5. 11. 오후 5시 플라자호텔 3호실에서 안종범을 만났다.

대한민국 재계(財界)에서「저승사자」로 통하는 청와대 경제수석이 일개 스포츠재단의 사무총장을 한 달에 한 번씩 정기적으로 호텔에서 만나 무슨 이야기를 주고받았는지에 대해 검찰은 아예 묻지 않았다.

정현식은 검찰 조사에서 K스포츠재단에 들어간 경위를 이렇게 진술했다.

〈제가 은행을 그만두고 2007. 2.경 미국에 가서 사업을 하다가 교통사고를 당하고 사업도 부진하여 사업을 정리하고 2011. 5.경 한국으로 돌아와서 다시 지인들의 도움으로 법무법인 푸른에서 일을 하기 시작하였습니다.

법무법인 푸른에서 국제금융 전문위원으로 1년 정도 근무하면서 같은 건물에서 M&A를 전문으로 하는 정영준 대표를 알게 되었습니다. 제가 법무법인 푸른에서 퇴직한 후 여기 저기 근무를 하다가 몽골에서 약 4개월 병원을 관리하는 일을 했는데, 몽골의 겨울이 길고 너무 추워 일을 하기가 힘들어 2015. 7.경 귀국하여 쉬면서 정영준 대표 등에게 일자리를 봐 달라고 부탁하였습니다.

그러던 중 2015. 12.경 정영준 대표가 이력서를 보내봐 달라고 하여 보내주니까, 현재 이름이 기억나지 않는데, 그 사람이 정영준으로부터 이야기를 들었다며 2015. 12. 23. 논현동에 있는 건물 사무실로 가서 면접을 보라고 하였고, 그즈음 김필승 이사로부터 면접을 보러오라는 연락을 받았습니다.

논현동 사무실을 가니 김필승 이사가 있었습니다. 그 사무실에 집무실이 있었는데 집무실에 들어가니 선글라스를 낀 어떤 여자가 저보고 앉으라고 하였습니다. 그 여자가 저의 이력서를 보면서 "감사를 하고, 재무도 맡아도 되겠네"라고 하였습니다. 그

외에는 특별한 말이 없었습니다. 그 여자의 이름이 「최순실」이라는 것은 2016. 5.경에 알게 되었습니다.〉

정현식 총장은 최순실과 면접을 본 후, 처음으로 안종범 수석의 전화를 받았다고 진술했다. 정현식은 검찰 조사에서 "안종범 수석은 전혀 몰랐다가 면접본 지 얼마 후에 안종범으로부터 처음 저의 휴대전화로 전화를 받으면서 알게 되었다"고 진술했다.

그러나 안종범 휴대폰 통화내역에 의하면, 안종범은 2015년 12월 20일 정현식과 통화한 것으로 확인되었다. 그러니까 정현식은 최순실 앞에서 면접을 보기 3일 전에, 이미 안종범과 통화한 것이다. 정현식이 최서원을 만나 면접을 본 날짜와 정현식이 안종범과 처음 통화한 날짜가 3일이나 차이가 나는데도 검찰은 정현식을 추궁하지 않았다.

정현식은 K스포츠재단 사무총장직을 그만둔 뒤, 자기 휴대폰에 남아있던 재단의 흔적, 즉 안종범과 주고받은 문자메시지와 통화 내역, K스포츠재단 박헌영 과장과 통화한 내역, 자신의 일정표 등을 모조리 삭제했다. 그러나 정현식의 아들 정의O이 부친 휴대폰을 전문 업체에 맡겨 복원했다. 정현식의 아들은 당시 현직 경찰관이었다. (「대통령을 묻어버린 거짓의 산」 1권 참조).

박헌영의 능수능란한
허위진술

　K스포츠재단의 실체가 제대로 알려지지 않은 것은 이 재단의 박헌영 과장이 검찰 조사에서 수시로 진술을 번복하고, 언론 인터뷰를 통해 허위사실을 유포했기 때문이다. 박헌영은 고영태·노승일의 한국체대 2년 후배다.

　박헌영은 노승일보다 하루 빠른 2016년 10월 24일 검찰에 소환되었다. 검찰 조서에 의하면, 박헌영은 2003년 9월 한국체대를 졸업하고 퍼스트커뮤니케이션즈 프로모션 팀에 입사하여 2년가량 근무한 뒤, ING생명보험에 입사했다.

　그 후 리더스 커뮤니케이션즈라는 회사에서 스키 행사 및 기획 관련 일을 하였고, 대명리조트에서 스키강사로 1년 정도 근무한 뒤 놀고 있던 중, 고영태의 소개로 2016년 1월경 K스포츠재단에 과장으로 입사했다.

　박헌영을 조사한 사람은 서울중앙지검 특수부 소속 최재순 검사였다. 최재순 검사는 박헌영에 이어 노승일과 고영태도 조사했다. 박헌영은 고영태와의 관계를 묻는 질문에 "언론보도를 보니까 고영태가 한국체육대학을 졸업했고, 펜싱을 한 것으로 보아 제 대학교 선배인 것은 맞는 것 같으나, 한 번도 본 적이 없다"고 진술했고, 최서원에 대해서도 "알지도 못하고, 만난 사실도 없다"라고 진술했다.

최재순 검사가 "진술인은 주식회사 더블루K의 현 대표이사 최철을 아는 가요"라고 묻자, 박헌영은 만난 날과 만난 장소를 비롯하여 최철 대표에게 차명폰 3개를 개설해 준 경위 등을 구체적으로 진술했다. 최철 대표는 변호사였다. 다음은 박헌영의 진술 내용이다.

〈최철은 약 3년 전, 제가 생활체육지도자 스키2급 자격증이 있어, 스키 에이전트사에 근무하면서 보광 휘닉스파크에서 스키강습도 하고 있었는데 당시 변호사였던 최철에게 개인 스키강습을 해 주면서 친하게 지냈습니다.

최철이 자신은 신용문제가 있어 휴대전화를 개통할 수가 없다면서 제 명의로 휴대전화 3대만 개통해 달라고 부탁했습니다. 그래서 제가 안산에 있는 제 친구가 근무하는 LGT 통신사를 찾아가서 제 이름으로 휴대전화 3대를 개통하여 최철에게 전달한 사실이 있습니다.〉

이어 최재순 검사가 박헌영의 출입국기록을 제시하고, "진술인은 2016. 4. 3.부터 4. 14.까지 독일에 출장 간 사실이 있는데, 당시 누구와 함께 독일 출장을 갔는가요"라고 물었다. 박헌영이 "저 혼자 독일 출장을 갔습니다"라고 대답하자, 최재순 검사는 "진술인은 독일어를 잘 하는가요"라고 추궁했다.

박헌영이 "일상대화도 못 합니다"라고 진술하자, 최재순 검사는 "진술인은 독일어도 하지 못하는데, 혼자 독일 출장을 갔다는 것인가요"라면서 집중적으로 추궁하기 시작했다. 이때 박헌영은 이렇게 진술했다고 조서에 기록돼 있다.

〈독일 현지에서 유학 중인 유학생을 통역인으로 고용했습니다. 더블루K 대표 최철 변호사가 독일 유학 중인 통역인을 소개해 주었습니다. 독일에서 미술을 전공하는 여자 대학원생이었는데, 석사 과정인지 박사 과정인지를 준비 중이라고 하였습니다. 통역인과 카톡으로 연락하여 만났는데 현재 제 휴대폰에는 저장된 번호가 없습니다. 얼마 전에도 기자가 똑같은 질문을 하여, 제가 카톡 대화방을 찾아봤었는데 지워졌는지 찾을 수가 없었습니다.〉

박헌영의 위 두 가지 진술은 박헌영이 치밀하게 창작한 「작문」임이 검찰 2차 조사에서 확인되었다. 2차 조사는 1차 조사가 끝나고 4일 후인 10월 28일에 이뤄졌다. 검찰은 이날 오전 11시경, 박헌영 주거지에 대해 압수수색을 실시하고, 통장과 핸드폰 4개를 압수했다. 박헌영은 이날 오후 5시부터 진술 장면이 녹화되는 영상녹화실에서 조사를 받았다.

최재순 검사가 1차 조사 때와 마찬가지로 박헌영을 신문했다. 최재순 검사는 박헌영에게 진술거부권과 변호인 조력권이 있음을 고지한 후 조사를 시작했다. 박헌영의 2차 진술조서 제일 앞부분은 이렇게 기록돼 있다.

〈**문**: 진술인은 전회에 사실대로 진술하였나요.

답: 사실과 다르게 진술한 부분이 있습니다.

문: 어떤 부분이 사실과 다른가요.

답: ① 전회 조사에서 고영태를 모르는 것처럼 진술하였는데, 사실은 고영태는 저의 한체대 2년 선배이고, 저를 K스포츠재단에 입사시키려고 최순실 회장에게 저를 추천하여 면접을 보게 해 주었습니다.

② 제 명의 휴대전화 3대를 (주)더블루K 최철 대표의 부탁으로 최철에게 만들어 주었다고 진술하였는데, 사실은 고영태의 부탁을 받고 2016. 2.경 저의 명의로 2대, 저의 어머니 명의로 1

대 등 총 3대를 만들어 고영태에게 준 것입니다.

③ (주)더블루K 대표였던 최철은 제가 스키강습을 해 주면서 알게 된 것이라고 진술하였으나, 사실은 제가 K스포츠 재단에 입사한 후 고영태의 소개로 처음 (주)더블루K에 가게 되면서 비로소 알게 되었습니다.

④ 2016. 4. 제가 혼자 독일 출장을 갔다고 진술하였지만, 사실은 고영태 상무와 함께 독일 출장을 다녀왔습니다.〉

박헌영의 검찰 진술은 이처럼 치밀한 날조(捏造)여서 믿지 않을 수 없는 구조로 되어있다. SK그룹 89억 뇌물요구 사건에서 그 중 50억원을 해외 전지훈련비 명목으로 독일의 비덱스포츠에 직접 송금해 달라고 요구한 사람이 최서원이라는 주장도 박헌영 진술에 근거한 것이다.

1차 조사에서 최재순 검사가 언론보도를 근거로 이 부분을 물어보았을 때, 박헌영은 "저도 위와 같은 기사를 본 적은 있지만, 저의 재단은 더블루K와 직접 거래한 적이 없어 제가 드릴 말씀도 없고 아는 바도 없습니다"라고 부인했다가, 2차 조사에서는 "최서원의 지시에 의한 것"이라는 취지로 진술을 번복했다.

박헌영은 2016년 11월 29일에 있었던 제4회 조사에서 허위 진술을 하게 된 이유를 이렇게 밝혔다. "최순실은 미르와 K스포츠재단, 더블루K를 실제 운영하는 주인으로 저를 언제든지 내칠 수 있기 때문에 저한테는 좀 무서운 사람이었습니다. 처음 조사 시는 겁이 나서 거짓말을 했지만, 언론에 보도된 내용들을 보고 최순실의 행동에 기가 차서 사실대로 진술하게 되었습니다."

박헌영은 자신의 검찰 진술이 언론에 보도된 내용들을 참고했음을 스스로 시인했다. 최서원에게 아주 불리하게 작용한 박헌영의 잦은 진술 번복과 관련, 최서원의 변호인 오태희 변호사는 재판부에 의견서를 제출했다. 다음은 그 내용 중 일부를 발췌한 것이다.

〈박헌영의 제1회, 2회 검찰 진술조서를 살펴보면 그가 거짓말을 얼마나 정교하게 하고 있는가를 알 수 있습니다. 제1회 진술이 사실이 아니라고 하고 있음에도, 제1회 진술이 마치 진실한 것으로 수사기관이나 재판기관에서 믿을 수 있는 것으로 오신(誤信)하게끔 진술하고 있는 것을 볼 수 있습니다. 그의 2회 진술 역시 얼마나 정교한 거짓말이 숨어있는지는 아무도 알 수 없게 되었습니다.

처음에는 거짓말을 하다가, 두 번째는 거짓말을 한 부분을 번복하고 진실이라고 하면서 진술하고 있음에도, 그 부분에서 역시 거짓이 숨어있다면 점점 진화되어 가는 그의 진술내용을 어디까지 신뢰하고, 어디까지 믿지 말아야 될지 판단을 할 수 없는 상황에 이를 수가 있습니다.

점점 구체화되어 가고 변해가는 그의 진술에 의해서, 최서원이 가담하였다고 하는 그의 증언은 그 진술이나 번복의 과정, 번복 내용의 또 다른 의문 등에 비추어보면 신빙성이 떨어진다고 볼 수밖에 없습니다.

이와 같은 박헌영의 검찰 진술 내용을 종합하면, 최서원이 박헌영에게 SK로부터 해외 전지훈련비 명목으로 50억원을 받아서 최서원의 독일 회사인 비덱에 직접 송금할 것을 타진해보라고 했다는 주장이나, 최서원이 SK그룹 관련자에게 다 말해놓았으니 찾아가서 의논하라고 하였다는 박헌영의 주장은 박헌영의 추측일 뿐, 그의 진술의 신빙성을 의심하는 입장에서 보면 사실이 아님을 확인할 수 있을 것입니다.〉

KBS「추적 60분」은「검찰과 권력 2부작/2편: 검사와 대통령의 아들」편에서 김무성 자유한국당 의원의 사위가 관련된 마약 투약 사건을 보도하면서 이명박 대통령 아들(이시형)의 마약 투약 의혹도 함께 제기한 적이 있었다. 이 방송 후 박헌영은 자신의 트위터에 고영태의 주장을 인용, 이명박 대통령 아들이 과거에 마약을 투약한 것으로 안다는 취지의 글을 남겼다.

이에 대해 이시형은 고영태와 박헌영을 상대로 "허위사실을 유포했다"며 1억원의 손해배상 청구소송을 제기했다. 검찰에 고소인 신분으로 출석한 이시형은 자진해서 모발 및 소변검사를 받았다. 조사 결과 마약 성분은 검출되지 않았다.

이 소송은 1심에서 명예훼손 혐의가 일부 인정돼 5000만원의 위자료 배상책임이 있다는 판결이 나왔다. 1심 재판부는 "고영태와 박헌영은 그들의 주장이 허위로 밝혀졌음에도 공익 목적이라는 등 책임을 부정하고 반성하거나 사과하는 모습도 없어, 글을 접하는 사람들로 하여금 진실로 오인하게 할 가능성 높다"고 판단했다. 서울중앙지법 민사항소1부(재판장·이주현 부장판사)도 원심과 똑같은 원고 일부 승소 판결을 내렸다.

K스포츠재단
사기미수 사건의 실체

박헌영은 K스포츠재단에 입사하고 얼마 안 돼, 2건의 연구용역 제안서를 작성해 K스포츠재단에 제출했다. 이게 검찰이 최서원을 구속하기 위해 적용한 사기미수혐의인데, 공소장에는 이렇게 기재돼 있다.

〈피고인은 2016. 2.경 사실은 자신이 운영하는 더블루K는 2016. 1. 12.경 설립된 이후 체육 관련 연구용역을 수행한 경험과 실적이 전무하고 연구용역을 수행할 만한 인적·물적 시설을 갖추지도 못하였을 뿐 아니라 연구용역비를 지급받더라도 실제 연구용역을 제대로 수행할 의사나 능력이 없음에도 불구하고, 피해자 재단법인 K스포츠에 연구용역 제안서를 제출하고 연구용역비 명목의 금원을 편취하기로 마음먹었다.

이에 피고인은 2016. 2.경 더블루K에서는 연구용역 제안서조차 작성할 능력이 없어 피고인의 측근으로 피해자 재단법인 K

스포츠에서 근무하는 박헌영으로 하여금 더블루K 명의로 연구용역비 406,200,000원 상당의 「시각장애인 스포츠의 수준 향상과 저변 확대를 위한 가이드러너 육성방안에 대한 연구」라는 연구용역 제안서 및 연구용역비 307,200,000원 상당의 「전국 5대 거점 지역별 각 종목 인재양성 및 지역별 스포츠클럽 지원사업 개선방안 연구」라는 연구용역 제안서를 작성하게 하였다.

그 무렵 피고인은 이를 피해자 재단법인 K스포츠에 제출하여 연구용역비 명목으로 합계 713,400,000원 상당을 교부받아 편취하려고 하였으나, 피해자 재단법인 K스포츠 사무총장 정현식 등이 위 연구용역서가 타당성과 현실성이 없다는 이유로 반대하는 바람에 그 뜻을 이루지 못하고 미수에 그쳤다.〉

위에 거론한 공소사실 중 ① 최서원이 2016. 2.경 박헌영에게 연구용역비 제안서를 작성하도록 지시했다는 내용은 증거가 없는 박헌영의 일방적인 주장일 뿐 아니라, 범행 시점이 2016. 1.경인데도 검찰은 2016. 2.경이라고 적었다.

검찰은 범행 시점을 알고 있었지만 날짜를 변조했다. 그 이유는 K스포츠재단 초대 이사장인 「정동구의 존재」를 감추기 위한 고육지책(苦肉之策)으로 추정된다. 정동구 초대 이사장은 안종범의 요청에 의해 2016년 1월 13일 K스포츠재단 이사장에 취임했으나, 그로부터 보름 후인 1월 30일 안종범으로부터 사퇴를 종용 받았고, 정식으로 사표를 제출한 날은 2월 1일이었다. 1월 30일이 토요일이어서 월요일에 사표를 제출한 것이다.

고영태·노승일·박헌영 등이 공모한 연구용역비 청구 사건은 정동구 이사장 재임 시절에 있었던 일이며, 이를 무산시킨 사람이 정동구 이사장이다. 정동구 이사장은 검찰 조사와 법정증언에서 이런 사실을 당당하게 밝혔다.

사실이 이러한데도 검찰은 공소장에서 최서원에 의한 사기미수 사건은 2016년 2월경에 발생했고, K스포츠재단 사무총장 정현식 등이 반대하여 미수에 그쳤다고 적시하면서 정동구 이사장의 이름과 존재 자체를 감춰버렸다.

그것은 정동구 이사장의 후임이 공교롭게도 정동춘 이사장이었기 때문이다. K스포츠재단 2대 이사장 정동춘은 서울대 박사 출신으로 CRC 운동기능회복센터 원장이었으나, 한겨레신문 특별취재반 기자들은 정동춘 이사장을 최서원의 단골 마사지센터 주인인 것처럼 허위 보도했다. 최서원의 단골 마사지센터 주인이 K스포츠재단 이사장이라는 한겨레신문의 제목과 기사는 박근혜 대통령의 올곧고 단정한 이미지에 결정적인 타격을 가했다.

이 바람에 K스포츠재단과 관련된 모든 언론의 관심은 1대 이사장 정동구가 아니라 2대 이사장 정동춘에게 집중되었다. 검찰은 공소장 일부 내용을 변조하는 방법으로 기자들의 관심을 딴 데로 돌리는 데는 성공했을지는 모르나, 진실은 결코 가린다고 해서 감춰지는 게 아니다.

특히 공소사실 가운데 ③ K스포츠재단에 제출한 연구용역비 제안서가 둘 다 더블루K 명의로 작성되었다는 내용은 전혀 팩트가 아니다. 두 제안서를 박헌영 과장이 모두 작성한 것은 맞지만, 4억620만원짜리 제안서는 더블루K 명의인데 반해, 3억720만원짜리 제안서는 박헌영 과장이 연구사업 주체를 더블루K가 아닌 K스포츠재단이라 잘못 표기했다. 다시 말해 K스포츠재단이 K스포츠재단에 연구용역비를 청구한 꼴이다.

이는 박헌영 과장이 혼자서 제안서를 만드는 과정에서 실수한 것인데, 검찰은 박헌영 조사에서 "K스포츠재단에 제출된 연구용역 제안서가 왜 하나는 ㈜더블루K 명의고, 또 하나는 K스포츠재단 명의로 되어 있느냐"라는 기초적인 사실관계조차 신문하지 않았다.

고영태·노승일·박헌영의 주장대로 더블루K의 실소유주가 최서원이고, 최서원이 K스포츠재단의 설립과 운영을 주도했다면, K스포츠재단에서 최서원이 요구한 연구용역비를 지급하지 않을 이유가 없었다. 검찰이 고영태와 박헌영 등의 진술에 의존하여 설정한 범죄혐의는 그 자체가 모순덩어리라고 해도 크게 틀린 말은 아닐 것이다.

정동구 이사장은 법정증언에서 "막 설립된 K스포츠재단이 외부에 연구용역을 주는 것은 걸음마도 못 뗀 아이가 뛰려고 하는 것 같이 부적절하다고 생각하여 더 이상 그런 말을 꺼내지 못하도록 하였다"고 진술했다.

연구용역비 지급을 거부한 직후인 2016년 1월 30일, 정동구 이사장은 안종범에게서 만나자는 연락을 받았다. 두 사람은 코엑스 인터콘티넨탈 호텔에서 만났다. 이 자리에서 안종범은 "너무 알려져 있으시니, 이사장직에서 물러나 고문을 하시지요"라며 일선에서의 후퇴를 강요했다고 정동구 이사장은 법정에서 증언했다.

정동구 이사장은 "안종범으로부터 그 말을 듣고, 매우 불쾌하고 황당했다. 어떤 대꾸도 하지 않았다"고 법정에서 공개했다. 정동춘 이사장이 정동구 이사장의 후임으로 정식 취임한 날은 2016년 5월 13일이다. 그러니까 근 석 달 보름동안, K스포츠재단은 주인이 없었다. 이 기간 동안 이사장 대행을 맡은 사람이 정현식 사무총장이다.

정동춘 이사장이 만약 최서원의 측근이었다면, 그리고 최서원이 K스포츠재단의 실질적인 주인으로서 재단 돈을 편취할 마음이 있었다면, 최서원은 갓 출범한 K스포츠재단 이사장 자리를 이렇게 오랫동안 공석으로 비워두지는 않았을 것이다. 안종범과 정현식 사무총장, 그리고 박헌영 과장이 롯데그룹과 부영그룹 및 SK그룹 등에 돈을 요구한 사건은 모두 이사장 공석 기간 중에 발생했다.

정동구 이사장의 검찰 진술조서에 의하면, K스포츠재단 현판식 날 기자들의 영상 촬영 요구를 제지한 사람은 정현식 사무총장이었다. 그만큼 K스포츠재단의 존재가 언론에 알려지지 못하도록 막았던 정현식 총장은 안종범과 사제지간(師弟之間)이다.

정동구 이사장과 김필승 상임이사의 진술을 종합하면, K스포츠재단 이사진 인선은 안종범이 주도했다. 안종범은 체육계에서 존경받는 정동구 교수를 무보수, 비상근 이사장으로 모시기는 했으나 정동구 이사장에 대한 통제가 힘들어지자 취임 보름 만에 물러나게 했다. 그렇게 되면 K스포츠재단의 사실상 주인은 안종범과 정현식이 되는 것이다.

더블루K 사무실
출입문의 비밀

더블루K가 최서원 소유의 회사라는 유언비어가 널리 퍼지게 된 것은 박헌영 과장의 주장 때문이다. K스포츠재단에 입사한 박헌영은 K스포츠재단에서 차로 10분 거리인 더블루K 사무실을 오가며, 두 군데에서 일을 했다.

고영태도 검찰 조사에서 "K스포츠재단과 미르재단의 실소유주는 최순실이다. 이사장부터 모든 직원의 채용을 최씨가 관여했다. 더블루K라는 회사는 최씨가 K스포츠재단의 돈을 빼내 독일로 보내기 위해 설립했다"라는 취지의 진술을 했고, 검찰 수사는 고영태 주장한 방향으로 진행되었다.

나는 더블루K의 실소유주와 관련된 조그만 단서라도 찾기 위해 사무실을 찾아갔다. 더블루K는 서울 강남구 청담동 소재의 부원빌딩 4층에 있었다. 부원빌딩은 지하 2층, 지상 5층의 건물인데 소형차 두 대가 겨우 지나다닐 수 있는 골목의 초입에 있었.

건물 안에는 한꺼번에 서너 명이 탈 수 있는 조그만 엘리베이터가 설치돼 있었다. 그러나 불행히도 엘리베이터 주변에는 CCTV가 보이지 않았다. 지하 1층은 술을 파는 일반음식점이고, 지하 2층이 주차장이었다. 빌딩 관리인 노광일의 사무실은 주차장 입구에 있었다.

법인등기부에 의하면, 더블루K는 스포츠 매니지먼트 회사다. 더블루K는 K스포츠재단이 발족되기 하루 전인 2016년 1월 12일에 설립되었으나, 같은 해 8월 말경 폐업됐고, 빌딩 관리인 노광일의 법정증언에 의하면 사무실 짐을 정리하고 이사 간 날은 2016년 9월 3일이었다. 내가 더블루K 사무실을 찾아갔을 때는 문이 잠겨 있었다.

설립 당시 더블루K의 대표이사는 조성민이었다. 조성민은 경북대 전자공학과 출신으로 1984년 삼성전자에 입사하여 15년간 반도체 분야에서 근무한 후, 회사 지원을 받아 카이스트에서 경영학 석사학위를 취득했다. 삼성전자 퇴직 후엔 미국계 회사인 페어차일드에서 4년간 상무로, 그 다음은 한국전자에서 4년간 전무로 근무하고 퇴직했다.

조성민은 2016년 10월 26일 검찰 조사를 받았다. 최서원이 귀국하기 전이었다. 조성민은 더블루K 대표이사가 된 경위에 대해 "퇴직 후 집에서 쉬고 있는데 같은 교회에 다니는 장로로부터 스포츠와 관련된 일을 하는 회사에서 대표를 구한다는 제의를 받고, 서울 강남구 논현동에 있는 테스타로싸라는 커피숍에서 이름을 밝히지 않은 한 중년 여인을 만나 이력서를 주었다. 최근 방송보도를 보고 그 여인이 최서원씨라는 것을 알게 되었다"고 진술했다.

최서원도 검찰 조사에서 "고영태가 회사를 만드는데 자신은 대표가 될 수 없기 때문에 좋은 사람을 소개해 달라는 부탁을 받고, 아는 교인의 소개로 조성민씨를 만나 면접한 사실이 있다"고 진술했다. 두 사람의 진술이 일치하기 때문에 조성민 대표 영입과정에 대해서는 의문이 없다.

더블루K가 부원빌딩에 입주한 날은 2016년 1월 14일이었다. 회사의 실제 주인이 누구냐 하는 것은 회사 설립자본금과 사무실 임대보증금을 누가 지불했는지를 확인하면 단서를 찾을 수 있다. 이에 대한 조성민의 검찰 진술은 이렇다.

〈보증금 4000만원에 월 임대료가 400만원이었는데, 보증금은 임대계약서를 쓰는 자리에서 고영태가 현금으로 지급하였습니다. 설립자본금 5000만원 중 2000만원은 법인통장에 고영태 이름으로 입금되었고, 나머지 3000만원은 ATM기를 통해 현금으로 입금되었기 때문에 입금자가 누구인지 모르겠습니다. 고영태가 추가로 현금 5000만원을 가져와 법인통장에 입금하면서 자

본금은 1억원이 되었습니다.〉

조성민은 2016년 1월 15일부터 3월 15일까지 두 달간, 더블루K 대표이사로 근무하다가 적성에 맞지 않는다는 이유로 자진 사직했다. 당시 직원은 상무이사 고영태와 회계 및 경리 담당 여직원(전지영) 1명뿐이라고 조성민은 진술했다. 조성민 후임의 대표이사가 최철 변호사다.

나는 더블루K의 실제 주인을 추정할 수 있는 중요한 단서들을 법정녹취록에서 발견했다. 그 중의 하나가 최서원과 고영태의 회사 출근 여부인데, 이에 대해 부원빌딩 건물 관리인 노광일은 법정증언(2017. 4. 10.)에서 이렇게 진술했다.

〈최서원은 입주 초기에 간혹 왔고, 5월과 7월 사이에는 한 달에 한 번 내지 두 번 정도, 오후 3시경에 들렀다가 오후 5시쯤 나갔다. 고영태 상무는 일주일에 4~5일 정도 근무했는데 오전 10시나 11시경에 출근해서 근무하다가 외부로 나간 뒤, 오후 5시나 6시 무렵에 귀사해서 오후 6시30분 내지 7시에 퇴근했으며 오후 7시 이후까지 근무한 때도 있었다.〉

노광일 진술에 의하면, 더블루K 사무실에 거의 매일 출근한 사람은 고영태였다. 또 하나의 단서는 고영태와 한국체대 동기인

류상영의 법정증언(2017. 5. 19.)이다. 류상영은 더블루K 사무실의 출입절차와 관련해 이렇게 증언했다.

〈제가 기획대행사를 운영했기 때문에 고영태나 박헌영으로부터 많은 부탁을 받았습니다. 그 일로 더블루K 사무실에 자주 갔었는데, 출입구에 보안업체 캡스에서 관리하는 지문인식 시스템이 설치돼 있었습니다. 지문을 등록해 놓은 사람이 고영태, 박헌영, 전지영, 이인훈 등 4명뿐이었습니다. 전지영은 더블루K 경리담당 여직원이고, 이인훈은 고영태의 사촌동생입니다.〉

류상영의 진술과 관련해, 최서원은 법정에서 "피고인은 더블루K 사무실 출입구에 지문등록을 한 적이 없으며, 사무실에 나간다고 하면 고영태가 출입구 앞에서 기다리고 있다가 문을 열어주었다"고 말했다. 더블루K 사무실을 언제든지 마음대로 들락거릴 수 있었던 사람들은 모두다 고영태와 관련된 이들이었다.

최서원은 검찰 조사에서 더블루K와 관련해서 이렇게 진술했다. (제7회 피의자신문조서. 2016. 11. 12. 담당 검사 최영아)

문: 피의자는 「더블루K」라는 회사를 알고 있는가요.
답: 예, 알고 있습니다. 더블루K는 스포츠마케팅이나 에이전

트 하는 회사를 하기 위하여 고영태가 장애인이나 어려운 생활을 하는 선수를 키우기 위해 만든 회사로 알고 있는데 주된 역할은 고영태가 했습니다.

문: 더블루K는 어떻게 수익을 얻으려고 한 것인가요.

답: 체육센터도 운영하고, 거기서 인재를 발굴하면서 에이전트도 하고 스포츠마케팅도 하려고 했던 것 같습니다.

문: 어떤 역할을 고영태가 했는가요.

답: 저는 체육 쪽을 몰라서 체육계의 시스템도 모르고, 선수들도 전혀 모르는데 고영태나 노승일 등 사람들은 체육 전공을 해서 선수들도 많이 모았습니다. 저를 이용해서 이런 사업을 해 보려고 한 것인데 좌절되고 안 된 것입니다.

문: 고영태 등이 피의자를 어떻게 이용하려고 하였는가요.

답: 박헌영이 재단 사업에 대한 기획을 했고, 저한테 이러이러한 사업을 하는 것이 좋겠다고 하면서 기획안을 가져와서는 도와달라고 했습니다.

문: 어떻게 도와달라고 한 것인가요.

답: 고영태가 꼭 재단 직원인 박헌영이나 노승일을 불러서는 둘 앞에서 마치 저와의 친분을 과시하듯이 기획안을 검토해 보고 도와달라고 말했습니다. 고영태는 직접적으로는 말은 안 했지만, 저쪽과 제가 친한 것을 아니까 그런 것을 과시하면서 이용하려고

했던 것이라고 생각됩니다.

문: 저쪽이 어딘가요.

답: 청와대입니다.

문: 고영태, 박헌영, 노승일 등의 진술에 의하면, 위 더블루K도 실제로는 피의자가 설립하고, 주요 사항은 모두 피의자가 결정하는 등 피의자가 운영한 것이라고 하는데 어떤가요.

답: 주요 사항이라는 것은 몇 개 없었습니다.

문: 몇 개 없는 주요 사항에 대해서는 결정한 것은 맞는가요.

답: 결정했다기보다는 박헌영이 자꾸 기획을 해 가지고 와서, 제가 검토를 해보고 이것은 사업 자체가 안 되는 것이다 라는 식으로 말을 해 준 것입니다.

문: 박헌영은 K스포츠재단 직원인데 왜 더블루K 업무를 하는가요.

답: 그래서 자꾸 제가 야단을 쳤습니다. 왜 이런 되지도 않은 기획안을 가지고 오냐···.

문: 피의자는 더블루K와 관련 없는데 왜 더블루K 사무실에서 있었던 것인가요.

답: 고영태가 더블루K 사업 계획과 관련하여 더블루K 사무실로 오라고 해서 그쪽으로 가기도 했습니다.〉

K스포츠재단 사무총장 정현식은 법정증언에서 "노승일과 박헌영은 더블루K 사무실에 갈 때마다 '회장님이 불러서 간다'고 하기에 징계를 못했다"며 "최서원은 K스포츠재단에 온 적이 없고, K스포츠재단에서 최서원에게 돈을 주거나 신용카드 등을 제공한 적이 없다"라고 진술했다.

어쨌든 최서원의 검찰 진술로 미뤄, 고영태·노승일·박헌영이 최서원의 「뒷 배경」을 이용하려 한 것은 분명해 보인다. 이에 대해 최서원이 이들을 따끔하게 꾸짖지 않고 방조한 부분에 대해서는 최서원에게도 일말의 책임이 없지는 않다.

그러나 그렇다 하더라도 검찰이 최서원을 법적으로 처벌하려면 범죄혐의를 입증해야지, 고영태나 박헌영의 일방적 주장을 근거로 현직 대통령을 「엮어버린 행위」는 비판받을 소지가 많다.

JTBC가 「최순실 것」이라고 보도한 태블릿PC 발견 장소에 대해, JTBC는 더블루K 사무실 안 고영태 책상 속이라고주장했다. 하지만 JTBC 내부의 「누군가」가 외부인으로부터 태블릿PC를 제공받았다는 이야기도 있다.

태블릿PC 날조보도 의혹의 진실은 JTBC 측에 문제의 태블릿PC를 제공한 그 「외부인」의 정체가 밝혀져야 말끔하게 규명될 것이다. 나는 그 「외부인」이 누구인지 짐작하고 있으나, 확실한 물증을 확보하기 위한 취재를 계속할 것이다.

한줄기 희망의 빛을 보았으나…

　최서원 피고인이 이영렬 서울중앙지검장의 이름을 공개한 날은 2017년 4월 17일로, 피고인 「최후신문」 자리에서다. 피고인 최후심문은 증거조사를 끝낸 재판부가 공소장에 기재된 범죄혐의의 사실여부를 최종 확인하는 중요한 자리다.

　선고를 앞둔 피고인이 증인석에 앉아, 검찰의 주(主) 심문과 변호인의 반대심문에 응하는 최후심문은 모든 과정이 재판부 면전에서 이뤄지기 때문에 양측의 공방(攻防) 내용은 물론, 재판에 임하는 태도가 재판부에 그대로 전달된다.

　최서원 피고인이 그동안 검찰에서 진술한 내용은 검찰이 그 취지를 요약해 문서로 작성했기 때문에 전문증거(傳聞證據), 즉 법원이 검찰을 통해서 알게 된 간접증거에 해당한다. 수사기관의 가혹행위로 인하여 증거가 조작되거나 은폐될 가능성에 대비해 우리 법원은 전문증거는 가급적 증거에서 배제하고, 피고인이 재판부 앞에서 말한 직접진술을 증거력이 있는 증거로 채택한다.

최후심문이 끝나면 검사의 구형과 변호인의 최후변론이 이어지는데, 이로써 심리는 종결되며 그로부터 한두 달 이내에 선고가 내려진다. 그러나 최서원 사건은 재판 막바지에 새로운 쟁점으로 등장한 「김수현 녹음파일」, 즉 「고영태 7인방」의 통화내용을 녹음한 김수현이 계속해서 증인으로 출석하지 않아 실체 규명에 애를 먹고 있었다.

이에 대해 재판부가 증인 불출석을 이유로 심리를 종결해도 그만이다. 구속된 피고인에 대한 1심 재판은 6개월을 넘겨서는 안 된다는 형사소송법 규정 때문이다. 하지만 최서원 사건의 1심 재판부인 서울중앙지방법원 형사22부(재판장·김세윤 부장판사)는 실체규명을 위한 노력을 끝까지 포기하지 않았다.

검찰의 최후심문이 시작되기 전, 김세윤 재판장은 "재판부가 김수현 증인과 통화를 했다. 현재 입원 중이라고 하는데 5월 19일에 증인출석이 가능하다는 대답을 들었다. 5월 19일 오전 10시에 김수현·류상영 등 2명에 대한 증인심문 자리를 갖고, 필요하다고 판단되면 변호인 측에서 요구한 이진동(TV조선 사회부장)에 대한 증인심문을 하겠다"고 밝혔다.

그날 나는 법정에 있었다. 나는 재판장의 말을 들으며 한줄기 희망의 빛을 보았다. 내가 유튜브 방송 「거짓과 진실」에서 "1심 재판부를 믿고 지켜보자"라고 방송한 이유는 진실을 밝히겠다는 재판부의 의지를 느꼈기 때문이다.

또 하나, 이날 재판에서 재판장이 「이중 기소」의 문제점을 언급한 것도 나에게는 위안이 되었다. 소송이 진행되고 있는 동일한 사건에 대하여 이중으로 공소를 제기하는 것은 원칙적으로 허용되지 않는다.

형사소송법 제327조(공소기각의 판결) 3호에는 「공소가 제기된 사건에 대하여 다시 공소가 제기되었을 때는 공소기각의 선고를 하여야 한다」라고 규정돼 있다. 검찰이 최서원 피고인을 직권남용 및 강요, 강요미수죄로 기소한 사건에 대해 박영수 특검(特檢)이 추가로 뇌물죄를 적용하면서 이중 기소 가능성이 제기됐기 때문이다.

최서원 피고인의 변호인 이경재 변호사는 "뇌물은 대가를 바라고 준 돈이고, 강요는 협박이나 강압에 못 이겨 준 돈으로 서로 모순(矛盾)되는 측면이 있는데도 검찰은 둘 중 한 가지라도 성립하면 된다는 식의 투망식 기소를 하였다"고 지적했다.

이를 의식한 김세윤 재판장은 최후심문이 시작되기 전, 검찰 측을 향해 "강요, 강요미수죄로 기소된 최서원 피고인을 특검에서 제3자 뇌물수수죄로 추가 기소하였는데, 동일한 사건에 대해 세 가지 혐의를 적용한 것이 과연 타당한지를 검찰에 문의했으나

아직까지 정리된 입장을 통보받지 않았다"며 검찰 입장을 물었다.

이에 공판 관여검사로 출석한 김민형 검사는 "박근혜 대통령이 곧 기소될 예정이므로 대통령 기소 때 밝히겠다"고 대답했다. 그런데 최후심문 도중인 이날 오후에 검찰은 박근혜 대통령을 뇌물과 직권남용 및 강요, 강요미수죄로 기소했다고 발표해 버렸다.

재판 진행과 관련된 재판장의 발언이 끝나자, 이경재 변호사가 손을 들고 일어났다. 이경재 변호사는 "지난번 재판에서 증인으로 출석한 건물관리인 노광일이 문제의 태블릿PC에 대해, 자신이 문을 열어줘서 JTBC 김필준 기자가 가져갔다고 진술하였습니다. 그런데 현재까지 검찰은 태블릿PC를 한 번도 보여준 적이 없습니다. JTBC가 보도한 태블릿PC가 어떤 경로를 거쳐, 어느 정도 오염되었는지를 이제는 규명해야 합니다. 검찰이 실물을 제시하든지 아니면 재판부에서 감정결정을 하든지 결론을 내려야 할 것 같습니다"라고 요청했다.

재판장이 검찰 측을 쳐다보자 김민형 검사가 자리에서 일어나 "의견서를 제출하겠습니다"라는 입장을 내놓았다. 마침내 최후심문이 시작되었다.

재판장은 증인석에 앉은 최서원 피고인에게 "본인에게 불리하다고 생각되는 진술은 거부할 권리가 있다. 피고인의 진술이 유죄의 증거로 사용될 수 있고, 불리한 양형 증거로도 사용될 수 있으니 잘 생각해서 답변해 달라"고 당부했다.

이에 최서원 피고인은 손을 들고 "재판장님, 저도 할 말이 있습니다"라고 요청했다. 발언 기회를 얻은 최서원은 이 자리에서 이영렬 서울중앙지검장이 조사 중인 자기를 불러서 형량 조절을 언급하며 자백을 강요한 사실을 공개한 것이다.

그로부터 한 달 후인 5월 19일, 「김수현 녹음파일」의 존재를 검찰에 최초로 알리고, 문제의 녹음파일을 검찰에 제공한 류상영이 법정에 증인으로 출석했다. 이어 7월 5일에는 김수현 녹음파일의 작성자 김수현이 증인석에 앉았다. 김수현은 법정에서 고영태 주변에서 보고 들었던 내용들을 5시간에 걸쳐 증언했다.

심문을 끝낸 이경재 변호사는 "증인 김수현의 증언을 통해 이번 사건에 대한 기소가 무리하게 이뤄졌음이 입증되었다"고 주장했고, 검찰을 대리한 김민형 검사는 "고영태나 노승일 진술 외에 안종범과 김종 등의 진술이 존재한다"고 반박했다.

이렇게 되면 김세윤 재판장은 이미 약속한대로 TV조선 사회부장 이진동 증인에 대한 증인심문을 해야 하는데 불출석사유서를 근거로 취소했다. 또 고영태를 이진동에게 최초 소개한 이현정 증인에 대해서는 주소가 확인되지 않는다는 이유로 증인심문을 철회해 버렸다.

　최서원 사건의 1심 재판은 이와 같이 심리가 미진한 상태에서 종료되었다. 2018년 2월 13일에 있었던 1심 선고에서 김세윤 재판장은 최서원 피고인에게 징역 20년에 벌금 180억을 선고했다. 그로부터 두 달 후인 4월 6일에 열린 대통령 사건 1심 선고에서 김세윤 재판장은 박근혜 대통령에게 징역 24년에 벌금 180억을 선고했다. 이로써 1심 재판부를 "믿고 지켜보자"던 나의 주장은 「희망 고문」이 되고 말았다.

"이 자리에서
목숨을 끊겠다"

다음은 미르재단 설립과 관련하여, 최후심문에서 있었던 검찰과 최서원 간의 법정 공방내용이다.

〈문: 피고인은 헌법재판소에서 "대통령으로부터 재단이 잘 돌아가는지 살펴봐달라는 취지의 부탁을 받았다"고 증언한 사실이 있고, 검찰 조사 당시에도 그런 취지로 진술하였는데 맞는가요.
답: 제가 확대 해석한 것 같습니다.
문: 피고인은 대통령으로부터 그러한 부탁을 직접 대면한 자리에서 받았다는 말인가요, 아니면 전화통화 등을 통하여 받았다는 말인가요.
답: 정호성 비서관한테서 이런 재단이 생기니까 조심해서 봐달라는 취지로 들었지, 대통령으로부터 직접 들은 게 아닙니다.
문: 피고인과 대통령은 재단 운영과 관련한 경험을 공유하고

있었는바, 대통령이 퇴임한 후에 미르 및 케이스포츠 재단을 장악하려고 한 것 아닌가요.

답: 대통령은 그런 사심(私心)이 있는 분이 아닙니다. 대통령님은 오랫동안 헌 시계를 차고 다니고, 신발이 낡아도 갈아 신지 않는 분입니다. 대통령을 뽑은 국민들이 있는데 그런 식으로 모욕하면 안 됩니다. 제가 대통령과 공모(共謀)관계라면 그에 대한 정확한 증거를 제시해야 합니다. 대통령님이 기업들을 강탈하여 저에게 사익(私益)을 취하도록 했다고 하는데, 그랬다면 저는 이 자리에서 목숨을 끊겠습니다.

문: 피고인은 2014년경부터 "문체부에서 일하는 게 너무 느려서 앞으로 민간재단을 만들어 한국 문화를 세계화할 것이다"라거나 "종합형 스포츠클럽을 맡아서 운영하려면 재단이 있어야 한다"는 등 문화 및 체육재단과 관련한 말을 한 사실이 있는가요.

답: 없습니다. 고영태가 다 지어낸 말입니다. 녹취파일(김수현 녹음파일)을 보면 알겠지만, 자기들끼리 사전 모의하고 저를 끌어들인 겁니다. 그런데 왜 그들은 조사를 하지 않습니까.

문: 대통령은 2015년 1월경 안종범에게 문화 및 체육재단의 설립을 지시하였고, 안종범은 경제금융비서관 최상목과 선임행정관 방기선에게 그 지시를 전달하여 방기선으로 하여금 문화·체육 분야 비영리 재단법인 설립방안 보고서를 작성토록 하였는데,

피고인은 그 즈음에 대통령에게 문화융성이나 체육인재 양성 등을 위한 재단설립을 건의하거나 그와 관련하여 대통령과 논의한 사실이 있는가요.

답: 검찰에서 그런 식으로 모는데, 그런 적 없습니다. 그렇게 계속 몰고 가면 안 됩니다.

문: 피고인은 고영태에게 2015년 7월경, "문화 체육으로 해서 각 30억원씩, 10개 기업, 2개 재단, 합계 60억원이라는 내용이 담긴 청와대 문건을 주면서 기업들로부터 30억원씩 받아서 재단법인을 설립하려고 하니 그와 관련한 재단 조직도, 재단설립 방법 등에 대하여 알아보라"는 취지로 지시한 사실이 있는가요.

답: 저도 검찰에서 듣고 웃었습니다. 제가 고영태한테 그런 지시를 했다는 게 웃기는 일입니다.

문: 그 무렵 대통령은 2015년 7월 24일부터 25일 사이에 7개 그룹 회장들과 비공개 개별면담을 진행했는데, 피고인은 이를 알고 있는가요.

답: 제가 그걸 어떻게 압니까? 증거가 있으면 말해 보십시오.

문: 대통령은 2015년 7월 24일부터 25일, 개별면담 당시 기업 회장들에게 출범 예정인 문화·체육재단에 협조할 것을 요구하였고, 면담 후 안종범에게 기업 당 30억원씩, 10개 기업으로 하여 각 300억원 규모의 문화·체육재단을 만들기로 이야기가 되었다

고 하면서 문화·체육재단을 설립할 것을 지시하였는데, 피고인은 이러한 사실을 알고 있는가요.

답: 제가 검찰 조사를 받을 때 가장 황당하다고 생각한 게 그겁니다. 최영아 검사도 그렇고, 한웅재 부장검사님도 그걸 물어보는데 제가 안종범 수석하고 그걸 만들었다는 것 자체가 말이 안 되는 겁니다. 저는 안종범 수석을 이 법정에서 처음 보았습니다.

문: 안종범의 지시에 따라 최상목은 2015년 10월 21일부터 24일까지 총 4회에 걸쳐 문화재단 설립을 위한 청와대 회의를 개최하여 재단설립을 위한 출연금 모집, 재단설립의 행정적인 절차, 재단 사무실 위치 등에 대하여 논의하였는데, 피고인은 이러한 사실을 알고 있는가요.

답: 최상목은 전혀 모르는 사람이고 이번에 처음 얼굴을 봤습니다.

문: 2015년 10월 24일 미르재단 사무부총장의 직책으로 청와대 회의에 참석한 김성현은 피고인의 지시에 따라, 설립된 문화재단의 기본재산 및 보통재산 비율을 9대1에서 2대8로 변경해야 한다는 취지의 의견을 피력하였다고 하는데, 피고인이 김성현에게 그러한 지시를 한 사실이 있는가요.

답: 없습니다. 저는 재단의 재산비율이 어떻게 되는지 그런 것

조차도 모릅니다. 자기네들이 변경하고 김성현이가 차은택하고 상의해서 한 걸 저한테 뒤집어씌우면 안 되지요.

문: 김성현 증언에 의하면 피고인이 김성현으로부터 청와대 회의에서 기본재산과 보통재산 비율에 대하여 논의하였으나 처음에 논의되었던 대로 기본재산이 많은 것으로 정리되었다는 말을 전해 듣고 격앙된 상태에서 화를 크게 내었다고 하는데, 아닌가요.

답: 제가요?

문: 김성현의 보고를 받고 화낸 적 있나요.

답: 제가 왜요?

문: 김성현의 보고를 받은 적 있나요.

답: 없습니다

문: 기본재산과 보통재산 비율에 대해 아는 게 없나요.

답: 없습니다.

문: 피고인이 대통령에게 재단의 사업을 활발히 진행하기 위해서는 기본재산 비율보다 보통재산 비율이 더 높아야 한다는 취지로 건의하거나 의견을 개진한 사실이 있는가요.

답: 내용을 모르는데 어떻게 의견을 제시합니까.

문: 피고인은 이한선이나 김성현 등에게 미르재단의 사업과 관련하여, 진행과정에서 정부부처의 협조가 필요한 사항이 있으

면 안종범 수석과 상의하라는 취지로 말한 사실이 있는가요.

답: 저는 안종범 수석을 모릅니다. 여기서 뵌 게 처음입니다. 자꾸만 엮으려고 하는데 그렇게 하면 안 됩니다.〉

이날 검찰과 특검이 심문한 내용은 "미르재단 사무부총장 김성현과 고영태가 이런 취지의 진술을 했는데 사실인가요"라고 묻는 식이지, 그 진술을 뒷받침할 증거를 제시한 게 아니었다. 이런 심문이 장시간 계속되자, 최서원 피고인은 검찰을 향해 "그들의 진술을 토대로 상상을 하지 말고, 구체적인 증거를 대보라"며 항의했다.

또 재판장을 쳐다보며 "똑같은 질문이 끝도 없이 5시간째 계속되니까 너무 힘들다"고 호소했다. 재판장은 "워낙 공소사실이 많아서 어쩔 수 없다"며 받아들이지 않았다. 오전 10시20분에 시작된 검찰과 특검의 최후심문은 오후 6시15분에 끝났다. 재판장도 지쳤는지 "변호인 측의 반대심문은 오늘 하지 말고 5월 19일로 연기하는 것이 어떻겠느냐"며 양해를 구했다.

이에 따라 최서원 피고인의 변호인인 최광휴 변호사와 이경재 변호사가 검찰 심문내용에 대해 촌평을 하는 것으로 재판은 마무리되었다. 최광휴 변호사는 "피고인은 검찰이 제기한 5대 체육영재 거점사업과 스포츠클럽 운영 등 비즈니스에 대한 전문지

식이 없다"며 검찰의 심문방식에 문제가 있다고 지적했다.

이어 이경재 변호사는 "이 사건 수사를 하면서 검찰은 목숨 걸고 수사하겠다는 의지를 보였는데, 그 말을 듣는 순간 걱정이 앞섰다"면서 "수사는 목숨을 걸고 하는 게 아니라 공명정대하게 해야 한다. 검찰이 과연 공명정대한 수사를 했는지 묻고 싶다"고 말했다.

대통령의 원대한 구상…
「한국의 르네상스」

　박근혜 대통령의 국가정책 방향은 4대 국정기조(國政基調) 속에 들어 있다. 경제부흥, 국민행복, 문화융성, 평화통일 기반 구축이 그것이다. 2013년 2월 25일에 출범한 박근혜 정부의 당면 과제는 나라경제를 살리는 것이었다.
　집권 초기 세수(稅收) 부족으로 재정(財政) 압박이 심한 상황에서 대통령은 공공기관의 쓸데없는 자산을 매각하는 등 경영효율화를 추진했다. 청와대 경제수석을 지낸 강석훈은 "공공기관 정책은 효율성과 공공성이 균형을 이뤄야한다"며 "효율성만 강조하여 공공기관 본연의 임무를 소홀히 하게 하거나, 공공성만 강조하여 공공기관을 「돈 먹는 하마」로 만들어서는 안된다"고 말했다.
　예를 들어 「비정규직 제로」 같은 정책은 멋있고 정의로운 것처럼 보이지만 효율성을 포기한 것이다. 수익은 그대로 인데 사람을 많이 쓰면 효율적으로 운영될 리가 없는 이치다.

박근혜 대통령이 추진한 공공기관 구조개혁과 각종 규제의 철폐는 서서히 성과를 드러내기 시작했다. 2014년부터 공공기관 전체 부채액이 감소 추세로 돌아섰다. 공공기간 당기순이익은 2014년에 11조4000억원, 2016년엔 15조4000억원으로 증가세를 보였다. 역대 정부에서는 없었던 일이다.

대통령은 구조개혁을 통해 부실한 부분을 제거하는 한편, 새 살을 돋게 하는 새로운 성장 동력의 하나로 18개 광역시에 창조경제혁신센터 설립과 함께 창조경제 실현에 나섰다. 대통령이 4대 국정정책의 하나인 「문화융성」을 본격적으로 시작한 것은 집권 3년차에 접어든 2015년부터다.

2015년 2월 24일 청와대에서 대통령이 주재하는 한국 메세나협회 창립 20주년 기념 오찬회가 열렸다. 한국 메세나협회는 전경련(全經聯)을 비롯한 주요 경제단체의 발의로 설립된 사단법인이다. 기업은 예술과의 협력을 통해 경쟁력을 키우고, 예술은 기업의 지원을 받아 새롭게 성장할 수 있도록 하자는 게 메세나협회 설립 목적이다.

메세나협회 산하 2백여 개의 회원사 중에서 상위 22개 기업의 회장들이 대통령이 주재한 오찬에 참석했다. 박근혜 대통령은 오찬에서 "우리 기업인들도 메디치 가문(家門)처럼 문화 및 예술 분야에 투자와 후원을 아끼지 말아 달라"고 당부했다.

메디치 가문은 15~16세기 무렵, 피렌체 공화국(**필자 주**: 중세 말부터 16세기 초에 번영한 이탈리아의 공화제 도시국가)의 평범한 중산층 가문이었으나 은행업으로 큰 부(富)를 쌓은 후, 학문과 예술을 후원하여 르네상스 시대가 피렌체에서 열리는데 결정적인 역할을 했다.

르네상스 시대의 두 거장(巨匠)으로 꼽히는 레오나르도 다 빈치와 미켈란젤로를 지원했던 후원자가 메디치 가문이었다.「최후의 만찬」과「모나리자」를 그린 레오나르도 다 빈치는 이탈리아를 대표하는 천재적 예술가다. 그는 조각·건축·토목·수학·과학·음악에 이르기까지 다양한 방면에서 많은 작품을 남겼고, 오늘날에도 과학기술의 발전에 큰 기여를 하고 있다.

이탈리아의 천재 예술가 미켈란젤로는 화가이자 조각가이며, 건축가이자 시인이었다. 미켈란젤로는 시스티나 성당의 천장에「천지 창조」「인간의 타락」「노아 이야기」등 불후의 명작을 남겼다.「비너스의 탄생」을 그린 보티첼리 역시 메디치 가문의 후원과 지원이 있었기에 예술 활동이 가능했다.

박근혜 대통령은 한국의 기업인들도 메디치 가문처럼 자발적으로 문화와 예술 분야에 대한 지원과 후원이 있기를 당부했다. 기업인들로 하여금 청와대에 돈을 내라는 것이 아니라, 재능 있는 예술가들을 찾아내어 키워달라는 호소한 것이다. 대통령은 이를 통해 대한민국에서 제2의 르네상스를 꽃피우려 했다.

이날 행사는 청와대 교육문화수석실 소관이었으나, 안종범 경제수석을 비롯한 대부분의 수석비서관들이 참석했다. 안종범의 검찰 조서에도 한국 메세나협회 창립 20주년 기념 오찬회가 언급돼 있다. 안종범은 검찰 조사에서 "창조경제와 문화융성은 같이 가야 한다는 것이 박근혜 대통령의 지론이었다"고 진술했다.

청와대 경제금융비서관실 선임행정관 방기선이 재단설립을 검토해보라는 안종범의 지시를 받고 초안을 작성한 날이 2015년 2월 27일인 것으로 미뤄, 안종범은 대통령의 위 발언을 염두에 두고 문화재단 설립을 마음먹은 것으로 보인다.

안종범은 그러나 대통령의 진정한 의도를 곡해(曲解)한 것 같다. 대통령이 메디치 가문을 언급한 것은 자발적 참여를 통한, 일종의「문화운동」인데 안종범은 기업을 통한「모금운동」으로 잘못 받아들인 게 아닌가 하는 것이 내 판단이다.

아무튼 안종범은 2015년 여름경, 대통령에게 "기업들이 자발적으로 출연하여 문화와 체육재단을 설립하기로 했다"는 보고를 했으며, 대통령은 기업들이 자발적으로 재단을 만든다고 하니 진행사항을 점검할 필요가 없었던 것이다.

안종범의 진술조서와 이승철 전경련 부회장의 법정증언, 그리고 차은택과 차은택 주변인들의 진술을 종합하면, 안종범은 대통령이 대기업 회장 7명과 단독면담한 자리에서 재단설립 문제가 당연히 거론된 줄 짐작하고, 이승철 부회장에게 확인을 부탁하는 전화를 걸었다.

이 무렵 안종범은 「문화계 황태자」로 통한 차은택의 자문을 얻기 위해 자신의 구상을 차은택에게 귀띔한 것 같다. 당시 차은택은 민관(民官)합동 창조경제추진단에서 문화창조융합본부 본부장을 맡고 있었다.

검찰은 안종범과 차은택이 바로 이 무렵인 2015년 7월말부터 실체를 알 수 없는 큰 재단의 설립문제를 놓고 공모하고 있다는 사실을 간파하고 있었다. 이는 최상목 비서관의 검찰 진술조서(2016. 11. 3.)에 기록돼 있다.

최상목 비서관에게 이 부분을 추궁한 사람은 서울중앙지검 용성진 검사다. 용성진 검사는 차은택이 2015년 7월 20일 안종범에게 보낸 문자메시지를 제시했다. 그 내용은 "이승철 부회장에게 제가 정리하는 걸 정리해 드렸습니다.…(이하 생략). 더우신데 늘 수고가 많으세요"라는 것이었다.

최상목 비서관이 그런 내용을 모른다고 진술하자, 용성진 검사는 더 이상 추궁하지 않았다. 나는 차은택이 안종범에게 보낸 문자메시지 전체 내용이 궁금했다. 하지만 진술조서에는 전체 내용이 기재되어 있지 않았고, 검찰이 이 문자메시지와 관련해 이승철 부회장을 추궁한 기록도 보이지 않았다.

안종범으로부터 확인 요청을 받은 이승철 부회장이 대통령과 기업 회장들 사이에 그런 논의가 없었다고 하자, 안종범은 재단 설립 작업을 추진할 수가 없었다. 그러다보니 시간은 자꾸만 흘러가고 2015년을 넘기게 되었다. 이렇게 되자 안종범은 대통령과 상의 없이 독자적으로 리커창 중국 총리의 방한(訪韓) 시점을 재단설립의 D-데이로 잡은 것으로 추정된다.

그렇게 해서 미르재단은 2015년 10월 27일에, 그리고 K스포츠재단은 그로부터 석 달 후인 2016년 1월 13일에 출범했다. 두 재단이 출범했을 무렵 정치권은 물론, 어느 언론에서도 아무런 문제를 제기하지 않았다. 이는 두 재단 출범 당시의 언론 보도를 체크하면 확인할 수 있다.

박근혜 대통령과 최서원은 재단 설립과 운영에 관여하지 않았고, 두 재단의 설립은 박근혜 대통령의 퇴임 후를 대비하여 만든 게 결코 아니었다.

재단 설립에
무슨 문제가 있었나?

　미르재단에 문제가 있다는 사실이 처음으로 외부에 알려지게 된 것은 차은택의 국가예산 유용(流用) 때문이다. 차은택 후임으로 2016년 4월 8일 문화창조융합본부장에 임명된 여명숙은 전임 본부장 차은택이 2016년도 국가예산 1300억원을 이미 4월에 집행을 끝냈음을 확인했다. 뿐만 아니라 남아있는 예산 97억원마저도 차은택이 정해놓은 사업이 있으니 손대지 말라는 요청을 받았다.

　이에 여명숙은 문체부에 관련 서류들을 요구하다가 임명된 지 한 달 보름만인 5월 23일에 해임되었다. 여명숙은 이런 사실을 TV조선 이진동 기자에게 알렸다. (「대통령을 묻어버린 거짓의 산」 1권 참조).

　나는 대통령 사건을 취재할 때 이진동 기자를 몇 차례 만나, 내가 가졌던 의문점들을 물어본 적이 있었다. 나와 이진동 기자의 만남은 당시 월간조선 편집장이었던 문갑식 기자가 주선하고 동석했다. 나는 미르재단이 설립될 때부터 문제가 있었다는 내용을 이진동 기자로부터 들었다. 이진동은 제보자가 문체부 공무원이었다고 말했다.

확인해보니, 미르재단 설립 과정에 문체부의 역할은 미미했다. 다만, 안종범이 2015년 10월 27일까지 재단을 설립하라고 서두르다보니 약간의 절차 미비가 있었다. 이 부분이 공소장에는 이렇게 적혀있다.

〈2015. 10. 26. 서울 팔레스호텔에서 재단법인 미르의 이사로 내정된 사람들이 상견례를 하는 자리에서, 이소원(사회공헌팀장) 등 전경련 관계자는 재산출연증서 등 서류를 제출받고 창립총회 회의록에 법인 인감을 날인 받았다.

그 무렵 안종범이 최상목을 통해 전경련 측에 "재단법인 미르의 기본재산과 보통재산 비율을 기존 9:1에서 2:8로 조정하라"는 취지의 지시를 하였고, 팔레스호텔에서 날인을 받고 있던 이소원은 급히 그 지시에 따라 정관과 창립총회 회의록 중 기본재산과 보통재산 비율 부분을 수정한 후, 이미 날인을 한 회원사 관계자들에게 다시 연락하여 위와 같이 수정한 정관과 창립총회 회의록에 날인해 줄 것을 부탁하였으나, 결국 발기인으로 참여한 19개 법인 중 1개 법인(SK하이닉스)으로부터는 날인을 받지 못했다.

다급해진 이소원은 하윤진(문체부 대중문화산업과장)에게 연락하여, 법인설립허가 신청서류를 서울에서 접수할 수 있도록 협조해 달라고 요청하고, 세종시 소재 문체부 대중문화산업과 사무실에 있던 하윤진은 소속 직원인 김기강에게 지시하여 서울로 출장을 가서, 전경련으로부터 신청서류를 접수받도록 하였다.

이소원은 청와대에서 지시한 시한(10. 27.)까지 설립허가를 마치기 위하여 서울 용산구 소재 문체부 서울사무실에서 김기강에게 SK하이닉스의 날인이 없는 정관과 창립총회 회의록 등 설립허가 신청서류를 접수하였고, 이와 같은 하자가 있음에도 김기강은 같은 달 26. 20:07경 재단법인 미르의 설립허가에 관한 기안을 하였고, 문체부에서는 다음날 09:36경 내부 결재를 마쳐 설립 허가를 내주었다.〉

문체부 공무원들이 고생한 부분은 이게 전부다. 인허가 과정에서 있었던 이 하자(瑕疵)는 미르재단 설립 직후 전혀 거론되지 않았다. 그러나 세월호 사건이 터지고, 박근혜 대통령의 구조개혁에 민노총 등 좌파세력들이 극렬하게 저항하면서 대한민국은 어수선해지기 시작했다.

이런 사회 분위기를 틈타 2016년 5월부터 차은택의 전횡이 문체부 내부에서 터져 나왔다. 이렇게 되자 조선·중앙·동아·경향·

한겨레신문 등과 KBS·SBS 등 지상파 방송 및 모든 종편이 융단폭격 하듯이 허위보도를 남발하고 여기에 촛불시위라는 선동이 가세했다.

지금도 대다수의 국민들이 대통령 사건의 진실을 모르고 있는 것은 언론의 무차별적인 허위보도로 인하여 엄청난 세뇌(洗腦)를 당했기 때문이다.

대통령의 「진심」…
대법관의 「양심」

 검찰이 대통령에게 적용한 범죄혐의는 모두 18가지다. 그러다보니 대통령 사건은 아주 복잡하고 난해한 것으로 생각하지 쉽지만 의외로 단순한 사건이다. 고도의 법리(法理)를 요구하는 사건이 아니다. 주장만 있지, 증거가 없기 때문에 객관적인 사실관계만 규명하면 바로 풀린다.

 만약, 대통령에게 죄가 있다고 하면 김명수 대법원장 체제의 대법원은 벌써 확정판결을 내렸을 것이고, 문재인 정부는 사면(赦免)이라는 카드를 만지작거리며 풀어줄 시기를 저울질했을 것이다. 좌파 성향의 대법관이 다수를 차지하는 대법원에서 유죄라는 결론을 내리지 못하는 것은 증거가 없기 때문이다.

 2019년 8월 29일에 있었던 대통령 사건(뇌물·직권남용권리행사방해·강요·강요미수·공무상비밀누설)에 대한 대법원 판결문은 모두 15장이다. 파기환송을 결정한 마지막 부분의 내용은 이렇다.

〈따라서 환송 후 원심으로서는 제1심 판결 중 유죄부분(이유무죄 부분 포함)을 파기하고, 환송 전 원심에서 심판한 부분 중 위에서 본 것처럼 대법원이 검사의 상고를 기각하여 확정되는 부분을 제외한 나머지 부분에 대하여 다시 심리·판단해야 한다는 것을 지적해 둔다.

그러므로 나머지 상고이유에 대한 판단을 생략하고 원심판결 중 유죄부분(이유무죄 부분 포함)을 파기하고, 이 부분 사건을 다시 심리·판단하도록 원심법원에 환송하기로 하며, 나머지 상고를 기각하기로 하여, 관여 법관의 일치된 의견으로 주문과 같이 판결한다.〉

대법원 판결의 취지는 한 마디로 유죄(有罪)로 단정하지 말고, 다시 심리해서 판단하라는 것이었다. 그럼에도 파기환송심 재판부는 2020년 2월로 예정된 법관 정기인사에 맞춰 심리를 끝내려고 매우 서둘렀다.

파기환송심 첫 재판은 2020년 1월 15일 오후 2시30분에 열렸다. 이날 재판에 대통령이 이유 없이 법정에 나가지 않았더라면 재판부는 심리를 종결하고 바로 결심(結審)에 들어갔을 것이다. 그러나 대통령이 이날 오전 "건강상 이유로 참석이 어렵다"며 갑자기 불출석사유서를 제출하는 바람에 재판부는 할 수 없이 한

기일(期日)을 더 잡기로 했다.

　나는 이날 법정에 있었다. 나는 재판부가 대통령 판결을 매우 서두르고 있다는 강한 인상을 받았다. 그 이유는 이날 재판에서 재판장이 다음에 열릴 재판 날짜, 즉 결심 선정을 서둘렀기 때문이다. 재판장은 검사와 국선전담 변호인들에게 날짜 5개를 제시하고 선택을 강요했다.

　1월 29일과 30일, 31일이 아니면 2월 3일과 2월 5일 중에서 고르라는 것이었다. 공판관여 검사와 변호인이 난색을 표시하자, 재판장은 직권으로 1월 31일 오후 5시에 결심을 하겠다고 고지했다. 이날 재판은 이처럼 기일 지정 문제를 논의하고 5분 만에 끝났다.

　나는 1월 31일 오후 5시에 열린 파기환송심 2차 재판 때도 법정에 나갔다. 결심이기 때문에 검찰 측의 구형에 이어 국선전담 변호인들의 최후변론이 끝나면 선고기일이 지정된다. 최서원 피고인의 파기환송심 선고가 2월 14일로 잡혔기 때문에 대통령의 경우엔 최서원 피고인과 같은 날 아니면 그 며칠 후에 선고가 있을 것으로 예측되었다.

　그런데 뜻밖에도 하루 전인 1월 30일 오후에 대법원이 김기춘 청와대 비서실장 사건, 즉 문화계 좌파들의 지원을 배제한 이른바 「블랙리스트 사건」에 대하여 파기환송 결정을 내렸다. 이렇게 되면서 대통령 재판에 새로운 변수가 등장했다. 대통령도 김기춘 실장 과 같은 사건, 즉 직권남용 혐의로 연루돼 있기 때문이다.

돌발상황이 발생하자 대통령 재판을 맡고 있던 재판부는 결심을 못하고 재판 속행을 택할 수밖에 없었다. 이렇게 하여 대통령 파기환송심의 사실상 첫 재판은 2020년 3월 25일로 연기되었다. 드디어 대통령 재판에서 새로운 장(障)이 열린 것이다.

앞에서 언급했듯이 3월 25까지는 「진실싸움」을 멈춰서는 안 된다. 재판부가 어떻게 판단하든 나는 내가 쓴 기록을 법원에 제출해야 한다. 그렇게 해야 「역사적 기록」으로 영구 보존되고 후대 세대들에게 전달될 수 있기 때문이다.

나는 내가 쓴 「검찰 수사와 미르재단의 진실」을 2월 14일 의견서 형태로 법원에 제출했다. 미르재단과 K스포츠재단의 설립을 둘러싼 객관적 사실관계를 검찰 조서와 법정녹취록, 그리고 내가 취재한 내용들을 중심으로 가급적 짧고, 쉽고, 재미있게 쓰려고 했지만 200자 원고지로 1000장에 육박했다.

이어지는 「특검과 승마 뇌물의 진실」도 그에 못지않은 분량이어서 나눠서 제출하기로 하고, 2월 28일까지 끝낸다는 목표 아래 열심히 쓰고 있다. 이 부분도 의견서 형태로 3월 17일쯤 법원에 제출할 예정이다.

형사재판은 합리적 증거법칙에 근거하여 사실을 인정하고, 그 인정된 사실을 법규(法規)에 적용하는 작업이다. 대통령이 아니라 대한민국 국민이라면 그 누구라도 그렇게 형사재판을 받아야 하고, 불구속 재판 원칙은 헌법과 형사소송법이 정한 형사사법절차에서 기본권 보장을 위한 대(大) 원칙이다.

범죄(犯罪)와 형벌(刑罰)은 미리 법률로 규정해야 한다는 죄형법정주의(罪刑法定主義)는 근대 형법의 기본 정신이다. 판사나 검사나 기자처럼 권력을 가진 자가 형벌을 마음대로 전단하는 죄형전단주의(罪刑專斷主義)와 대립되는 원칙이다. 이는 국민 개개인의 자유와 권리를 보장하기 위한 것으로, 권력자들의 자기제한(自己制限)에 해당한다.

박근혜 대통령은 미리 정해놓은 결론에 따라 진행된 검찰 수사와 1심 법원의 무분별한 구속영장을 지켜보면서, 일체의 항소나 상고를 하지 않았다. 그렇다고 범죄혐의를 시인한 게 아니라, 묵치(默置)라는 방법으로 진실투쟁을 하고 있는 것이다.

대통령의 이 같은 고뇌의 결단을 알아준 사람들이 있었다. 대한민국의 몇몇 대법관들이다. 대법관 중에서 가장 선임인 조희대 대법관을 비롯한 박상옥, 권순일, 이동원, 안철상 대법관 등이다. 왼쪽으로 편향돼 있는 김명수 대법원장 체제의 대법원이지만 몇몇 대법관들의 양심은 살아있었던 것이다.

언젠가는 진실이 밝혀질 것이라고 믿었던 박근혜 대통령의 「진심」과 몇몇 대법관들의 「양심」이 결국 통했고, 그 증거가 대법원 전원합의체의 파기환송 판결문이다. 대법원 전원합의체는 파기환송 판결문에서 극히 이례적으로 두 가지를 주문했다.

하나는 대통령이 항소나 상고를 하지 않았더라도, 대법원이 검사의 상고를 기각하여 확정되는 부분을 제외한 나머지 부분에 대해서도 다시 심리해서 판단해야 한다는 것을 지적하고 있다는 점이다. 그 내용이 판결문에 이렇게 기록돼 있다.

〈따라서 환송 후 원심으로서는 제1심 판결 중 유죄부분(이유무죄 부분 포함)을 파기하고, 환송 전 원심에서 심판한 부분 중 위에서 본 것처럼 대법원이 검사의 상고를 기각하여 확정되는 부분을 제외한 나머지 부분에 대하여 다시 심리·판단해야 한다는 것을 지적해 둔다.〉

또 하나는 파기환송심 재판부에서 무죄(無罪) 선고가 가능하다는 것을 대법원이 명시적으로 밝힌 점이다. 이 부분이 판결문 13페이지에 「대법원 2009. 8. 20. 선고 2007도7042 판결 등 참조」라고 표시돼 있다. 위 사건에 대한 대법원 판결요지는 "상고이유로 삼지 않은 유죄부분에 대한 판단을 따로 하지 않은 채 원심판결 전부를 파기·환송한 경우, 환송받은 원심은 그 부분을 다시 심리·판단하여 무죄를 선고할 수 있다"라는 취지다.

다시 말해 대법원의 파기환송 판결문에는 대통령 사건의 객관적 실체를 다시 심리하여 판단할 수 있는 무대를 마련해 줌과 동시에 무죄선고가 가능하다는 「희망의 코드」가 숨어있었다. 그 코드를 찾아낸 사람이 나를 도와주고 있는 김OO 변호사다.

박근혜 대통령 사건은 관련자들의 주장만 난무할 뿐, 뚜렷한 객관적인 증거가 없다. 한 마디로 실체가 없는 「유령 사건」이다. 안종범과 차은택, 그리고 박헌영(K스포츠재단 과장)과 노승일(K스포츠재단 부장) 등 사건 관련자들의 검찰 진술과 법정에서의 증언이 증거가 없는 주장에 불과하고, 일부 검사들이 법원을 기망하기 위해 증거의 일부를 둔갑시킨 사실이 입증되면 법원의 판단은 달라질 수밖에 없을 것이다.

나는 이어지는 3권에서는 박영수 특검의 승마 사건 공소사실이 전혀 사실에 근거하지 않았다는 점과 말 3마리(살시도, 비타나, 라우싱)의 소유권과 관련된 이동 경로를 객관적인 증거에 근거하여 기록할 예정이다.

형 집행을 정지해야 할
이유

　박근혜 대통령은 지금부터 3년 전인 2017년 3월 31일 첫 번째 구속영장(서울중앙지방법원 영장전담판사 강부영)에 의해 구속되었다. 그러나 1심 재판부인 서울중앙지방법원 제22형사부(재판장·김세윤)는 첫 번째 구속영장의 실효를 앞둔, 2017년 10월 16일 두 번째 구속영장을 발부했다.

　박근혜 대통령은 대한민국 제18대 대통령으로서, 탄핵사태 이후 지금까지 온갖 수사와 재판절차가 이어졌지만, 그 스스로 이익을 취득한 내용은 하나도 발견되지 않았다. 대통령은 살인적인 수사와 재판을 묵묵히 감내하였고, 그러한 객관적인 사실은 287장에 이르는 대통령 신문조서와 2017년 4월 17일부터 같은 해 10월 16일까지 진행된 공판조서에 고스란히 남아있다.

　박근혜 대통령은 2020년 2월 14일을 기준으로, 1,052일째 구금상태다. 확정된 공직선거법위반 사건의 형량(징역 2년)을 이미 초과하여 10개월 이상을 구금되어 있다. 이런 상태에서 대법원이 파기환송한 2건의 사건(뇌물과 국가정보원 특수활동비)과 관련해 또 다시 구속 상태에서 재판을 받아야 한다.

법원은 결자해지(結者解之) 차원에서, 실질적인 방어권이 보장된 불구속 상태에서 파기환송심 공판절차가 진행될 수 있도록 하여야 하며, 검찰은 형사소송법 제470조(자유형 집행의 정지)와 제471조(동전)에 규정된 형 집행정지를 해야 하는「기타 중대한 사유가 있는 때」를 적용하여, 하루빨리 대통령을 석방하는 절차를 밟아야 할 것이다.

나는 서울중앙지검 공판부에 박근혜 대통령의「형 집행정지」를 요구하는 요청서를 2회에 걸쳐 제출했다. **(말미에 첨부한 부록 1, 2, 3 참조)**.

나는 형 집행 담당 검사와 서울중앙지방검찰청 검사장께 이런 질문을 던지고 싶다.

"박근혜 대통령을 파면함으로써 얻은 헌법수호의 이익이 대통령 파면에 따르는 국가적 손실을 압도할 정도로 크다고 생각하는지, 지난 2년 10개월 동안 우리 대한민국의 역사가 헌법가치를 수호하는 방향으로 진행되었는지를 묻고 싶습니다.

박근혜 대통령에 대한 탄핵과 인신감금은 자유 대한민국에 대한 탄핵과 인신감금이다. 앞으로 정치보복을 위한 형사사법 권한의 자의적 행사는 우리 역사에서 사라져야 할 것이다.

V
사건 관련자들

사건별 등장 인물들

◆ 최서원 사건 관련자

최서원: 개명 전 이름 최순실. 2014년 2월 13일 개명
최태민: 최서원의 부친
정윤회: 최서원의 전 남편
정유라: 최서원의 딸. 개명 전 이름 정유연
최순영: 최서원 큰 언니. 이병헌(태블릿PC 개통자인 김한수 친구)의 모친

최순득: 최서원 둘째 언니. 장시호 모친
장덕칠: 장시호 부친
장승호: 장시호 오빠
장시호: 동계스포츠 영재센터 설립
이규혁: 스피드 스케이팅 前 국가대표 선수

◆ 미르재단 등장 인물

안종범: 청와대 경제수석비서관
차은택: 民官합동 창조경제추진단 문화창조융합본부장. 문화
　　　　융성위원
최상목: 청와대 경제수석실 경제금융비서관
방기선: 청와대 경제수석실 경제금융비서관실 선임 행정관
김건훈: 안종범 경제수석의 전속보좌관
김소영: 청와대 교육문화수석실 문화체육비서관
신종필: 청와대 교육문화수석실 행정관
하윤진: 문체부 대중문화산업과장
김기강: 문체부 대중문화산업과 직원

김형수: 미르재단 초대 이사장
이한선: 미르재단 상임이사
장순각: 미르재단 이사
김영석; 미르재단 이사
조희숙; 미르재단 이사
송혜진; 미르재단 이사
채미옥; 미르재단 감사

이성한: 미르재단 사무총장

김성현: 미르재단 사무부총장

이승철: 전경련(全經聯) 상근 부회장

박찬호: 전경련 전무

이소원: 전경련 사회공헌팀장

◆ K스포츠재단 등장 인물

정동구: K스포츠재단 1대 이사장

정동춘: K스포츠재단 2대 이사장

정현식: K스포츠재단 사무총장

김필승: K스포츠재단 상임이사

노승일: K스포츠재단 사업부장

박헌영: K스포츠재단 과장

◆ 김수현 녹음파일 등장 인물(7명)

고영태: 한국체육대학 95학번

노승일: 한국체육대학 95학번

류상영: 한국체육대학 95학번
박헌영: 한국체육대학 97학번
최철: 김종덕 문체부 장관 정책보좌관
이현정: 50대 여성. 이진동 선거캠프 운동원
김수현: 고원기획 대표이사

◆ 승마 사건 등장인물

유진룡: 문체부 장관
노태강: 문체부 체육국장
진재수: 문체부 체육정책과장
조응천: 청와대 공직기강 비서관

이재용: 삼성전자 부회장
채지성: 삼성전자 미래전략실 실장(부회장)
장충기: 삼성전자 미래전략실 차장(사장)
박상진: 삼성전자 대외담당 사장 겸 대한승마협회 회장
황성수: 대한승마협회 부회장
김종찬: 대한승마협회 전무
이상영: 마사회 부회장

안계명: 마사회 승마관리원 원장
박재홍: 승마 국가대표 감독
박원오: 前 대한승마협회 전무
고진현: 스포츠서울 부국장

◆ 태블릿PC 등장 인물

이춘상: 박근혜 의원 前 보좌관. 2012년 사망
정호성: 대통령비서실 부속비서관
김휘종: 청와대 홍보수석실 선임행정관
김한수: 청와대 홍보수석실 행정관
이재만: 청와대 총무비서관
안봉근: 청와대 비서관

손석희: JTBC 대표이사 겸 앵커
손용석: JTBC 태블릿PC 취재팀장
조택수: JTBC 법조팀장
심수미: JTBC 기자
김필준: JTBC 기자
노광일: 더블루K 건물관리인

◆ 이화여대 입시 사건

김종: 문체부 2차관
최경희: 이화여대 총장
김경숙: 이화여대 체육대 학장
남궁곤: 이화여대 입학처장
유철균: 이화여대 체육과 교수
함정혜: 이화여대 체육과 교수

부록

직권파기를 위한 의견서

사　　건　　2019노1962, 2657(병합)

피 고 인　　박근혜

제 출 인　　1. 「거짓과 진실」 대표기자 우종창

　　　　　　2. 변호사 김OO(전 OO지방법원 부장판사)

위 사건에 관하여 제출인은 다음과 같은 「직권파기를 위한 의견서」를 제출합니다.

- 다 음 -

Ⅰ. 의견서 제출 경위

가. 제출인들은 30만 페이지에 이르는 「대통령 재판기록」,

즉 사건 관련자들의 검찰 조서와 법정녹취록 등을 나름대로 종합적으로 검토하고, 전 월간조선 편집위원이었던 우종창 기자가 이 사건과 관련하여 직접 취재한 내용을 근거로 이와 같은 의견서를 작성하게 되었습니다.

나. 박근혜 대통령은 2012. 12. 19. 실시된 대통령선거에서 51.6%의 지지를 받고, 2013. 2. 25. 대한민국 제18대 대통령으로 취임하였습니다. 대통령은 집권 초기, 세수(稅收)가 예상보다 적게 들어와 재정압박이 심한 상황에서 공공부문 구조개혁 등을 통하여 비효율을 줄이고 부채를 감축하는데 초점을 두었습니다. 가장 대표적인 게 공무원연금 개혁이었습니다. 공무원연금 개혁으로 30년간 185조원의 세금을 절감했습니다.

IMF(국제통화기금)는 2015년 보고서에서 대한민국이 세계에서 두 번째로 높은 재정 여력을 보유한 나라로 평가했고, OECD(경제협력기구)도 대한민국을 재정 건전성이 가장 우수한 국가 중의 하나로 선정하였습니다.

다. 이 사건은 관련자들의 주장만 난무할 뿐 뚜렷한 객관적인 증거가 없는, 다시 말해 실체가 없는 사건입니다. 이 사건의 수사와 재판에서 검찰과 특검이 유력한 증거로 제시한 것이 「안종범 업무수첩」인데, 대법원은 그 증거능력을 인정하지 않았습니다.

그리고 그 수첩의 작성 과정과 제출 경위 등에 대한 관심 부족과 편향된 여론 속에서 수사 및 재판 절차가 진행된 탓에, 그 기재 내용의 신빙성 여부는 제대로 따지지 않은 상태에서 대통령에 대한 부정적인 인식을 우리 사회에 확산하게 하는 역할을 하였습니다.

라. 대법원은 2019. 8. 29. 대통령 사건(뇌물·직권남용권리행사방해·강요·강요미수·공무상비밀누설) 선고(2018도14303. 전원합의체 판결)에서 "환송 후 원심으로서는 제1심 판결 중 유죄 부분(이유무죄 부분 포함)을 파기하고, 환송 전 원심에서 심판한 부분 중 위에서 본 것처럼 대법원이 검사의 상고를 기각하여 확정되는 부분을 제외한 나머지 부분에 대하여 다시 심리·판단해야 한다는 것을 지적해 둔다"고 명시적으로 밝혔습니다.

마. 대법원이 위 판결을 통하여 파기환송한 취지는 형의 분리선고와 관련된 법리오해를 지적한 부분도 있지만, 판결문에서 「대법원 2009. 8. 20. 선고 2007도7042」 판결을 명시적으로 인용하였습니다.

위 사건의 대법원 판결요지는 "상고 이유로 삼지 않은 유죄부분에 대한 판단을 따로 하지 않은 채 원심판결 전부를 파기·환송한 경우, 환송받은 원심이 그 부분을 다시 심리·판단하여 무죄를 선고할 수 있다"는 취지입니다.

현 대법원 구성의 이념적 편향성에 대한 논란이나, 전원합의체 판결에서 다수의견과 소수의견이 갈린 쟁점에 대한 역사적 평가는 차치하더라도, 대법원 판결의 골자는 파기환송 후의 공판절차에서 밝혀진 실체적 진실에 의거하여 무죄판결을 선고하는 게 법리적으로 가능하다는 것을 명시적으로 밝히고 있다는 점입니다.

바. 그 후 대법원은 2019. 11. 28. 대통령과 관련된 국가정보원 특수활동비 사건(2019도11766)에서, 검사의 상고이유 중 일부를 받아들여 이 사건을 서울고등법원으로 파기환송하였고, 이에 따라 대통령과 관련된 두 사건이 모두 병합되어 파기환송심이 진행되었습니다.

제출인들은 두 사건이 병합되어 진행되면서 나름 실체적 진실에 대한 공방이 있을 것이라 기대하였지만, 2020. 1. 15.에 열린 파기환송심 1차 공판기일 진행과정을 보고 그 기대를 접어야만 했습니다.

그러나 2020. 1. 31.로 예정된 결심 공판기일 전날에, 김기춘 실장이 관련된 직권남용권리행사방해 사건에 대해 대법원 전원합의체가 파기환송 결정을 내리는 바람에 대통령 사건의 파기환송심도 속행이 되었고, 2020. 3. 25. 16:10로 기일이 새롭게 지정되었습니다.

사. 대통령은 지금 현재 서울구치소에 수감 중에 있습니다. 역대 대통령 중에서 가장 긴 기간 동안 영어(囹圄)의 몸으로 지내시고 계십니다. 대통령에 대한 모든 범죄혐의를 다 합한 것이, 역대 대통령 중 가장 중하다고 생각하는 국민이 얼마나 되겠습니까?
제출인들은 대통령이 하루라도 빨리 구속 상태에서 풀려나기를 염원하는 국민들 중의 한 사람입니다. 그리고 박근혜 대통령이 재직 시 행한 정책이 우리 자유 대한민국을 위한 올바른 길이었고, 거짓 선동 여론과 교활한 정치권, 비겁한 제도권에 의하여 불법으로 탄핵된 것이 역사적 진실이라고 믿는 국민입니다.

아. 대통령을 현재 구속하고 있는 사건은 공직선거법위반(서울중앙지방법원 2018고합119)입니다. 검사의 항소로 진행된 이 사건은 상고 기간 도과로 인하여 2018. 11. 28. 형이 확정되었습니다(서울고등법원 2018노2151).
그러므로 위 사건은 그때부터 형 집행이 가능했음에도 불구하고, 검찰은 형 집행을 하지 않고 있다가 제2구속영장이 실효된 2019. 4. 17. 00:00에 대통령을 석방하지 않고, 뒤늦게 위 사건에 대하여 형 집행을 시작하였습니다.

2020. 현재, 울산시장 공직선거개입과 관련하여 현 정권과 검찰은 추악한 공방전을 벌이고 있습니다. 하나하나 드러나고 있는 위선의 민낯을 확인하면서 박근혜 대통령이 재직할 당시, 우리 사회의 모습과 가치적 지향점을 기준으로, 현재 우리 사회가 어느 방향으로 가고 있는지 한번 둘러보시기 바랍니다.

자. 지금 이 시대를 후손들은 어떻게 평가하겠습니까? 감사함과 은혜를 모르는 오만과 이기적 탐욕으로 「황금알을 낳는 거위의 배를 갈라 잔치를 벌이는 시대」라고 평가하지 않을까요?

본 의견서는 어쩌면 제도적으로 마지막 재판이 될 수도 있는 파기환송심 재판부를 향해, 시작부터 잘못된 이 사건의 역사적 진실을 외쳐보고자 제출하는 것입니다.

제출인들 중 한 명은 현역을 떠난 지 오래되는 60대 기자이고, 또 한명은 지방 출신의 평범한 50대 변호사입니다. 미약한 개인이고 부족한 능력이지만 박근혜 대통령의 정책을 지지하고, 대통령의 애국심과 인간적 품격을 존경하고, 그 분에게 조금이라도 실질적인 보탬이 되는 역할을 하는 것이 이 시대를 살아가는 자신 스스로에게 부끄럽지 않은 일이라고 여기고 있습니다.

그리고 나름대로 파악한 이 사건의 진실을 국민들에게 제대로 알리는 것이, 이 땅을 살아갈 후손들에게 떳떳해지는 유일한 길이라고 믿고 있습니다.

차. 재판부에서 선입견 없이 본 의견서와 첨부한 「대통령을 묻어버린 거짓의 산」 2권 원고를 읽어주시기를 바랍니다. 제도적 재판이 종결되는 것은 법관들의 권한에 속하는 것이지만, 그 재판의 옳고 그름과 이 사건의 진실은 역사의 법정에 다시 서게 될 것입니다.

역사의 법정, 양심의 법정에서 서로를 이해하고 화합할 수 있기를 희망합니다. 법조인 사이에서 회자되는 非理法權天(비리법권천)이라는 말이 있습니다. 비(非)는 이치(理致)를 이길 수 없고, 이치는 법을 이길 수 없으며, 법은 권력을 이길 수 없고, 권력은 천(天), 즉 하늘과 민심을 이길 수 없다고 합니다.

2. 사건에 대한 오해와 진실

가. 위 사건은 민노총과 행동을 같이하는 「투기자본 감시센터」라는 단체가 2016. 9. 29. 서울중앙지검에 안종범 당시 청와대 정책조정수석과 최서원을 비롯, 미르 및 K스포츠재단의 대표

및 이사, 전경련 회장단과 64개 대기업 대표 등 총 86명을 특가법상 뇌물죄와 특경법상 배임죄로 고발장을 제출하면서 수사가 시작되었습니다.

나. 고발인은 고발장에서 대한민국을 대표하는 중견 기업의 회장과 대표들이 대통령에게 866억원의 뇌물을 제공하였고, 대통령은 그 대가로 일명 「원샷법」(기업 활력 제고를 위한 특별법) 등을 통과시켜 국민들에게 피해를 주었다고 주장했으나, 검찰 수사 결과 사실이 아닌 것으로 확인되었습니다.

다. 검찰은 미르재단과 K스포츠재단은 대통령과 최서원이 공모하여 재단설립과 이사진 인선에 개입하였다고 주장했고, 법원은 사실관계를 외면하거나 묵살하였습니다. 그 구체적인 증거들을 제시해 보겠습니다.

① 검찰 특별수사본부는 2016. 11. 20. 최서원·안종범·정호성 3명을 일괄 기소하면서 공소사실 맨 앞에 굵은 고딕체로 『대통령 최서원, 대통령 안종범, 대통령의 공모범행』이라는 제목을 붙였으나 제목을 뒷받침하는 내용이 하나도 없었습니다. 대통령이 최서원·안종범과 공모를 했다면, 검찰은 「세 사람이 언제, 어

디서 만나, 무슨 내용을, 어떻게 공모했는지」를 공소사실에 적시해야 하나, 그렇게 하지 않았습니다.

② 검찰이 대통령에게 증거라고 제시한 「150724-문화체육재단(1). 문화/체육 분야 비영리 재단법인 설립 방안」은 청와대 경제금융비서관실 선임행정관 방기선이 작성한 것은 맞지만, 이 문건은 방기선이 A4 용지 한 장에 작성한 개인서류, 즉 사본(事本)이며, 대통령에게 보고된 청와대 공식문서가 아닙니다.

③ 대통령은 2015. 7. 24. 서울 종로구 삼청동 소재 안가에서 오후 2시부터 현대자동차그룹 정몽구 회장과 김용환 부회장을, 오후 3시에는 CJ그룹 손경식 회장을, 오후 4시에는 SK이노베이션 김창근 회장을 만난데 이어, 7. 25. 오전 10시부터 삼성그룹 이재용 부회장을, 오전 11시에는 LG그룹 구본무 회장을, 오후 2시부터 한화그룹 김승연 회장을, 오후 3시에는 한진그룹 조양호 회장을 단독 면담하였습니다.

검찰 주장대로 안종범이 대통령으로부터 문화재단과 체육재단을 설립하라는 지시를 받았고, 안종범의 지시에 따라 방기선이 이 서류를 작성했다면, 방기선은 대통령이 대기업 회장들과 단독 면담을 하기 전에 이 서류를 보내야 하는 것이 순리(順理)일 것인데, 방기선이 안종범의 보좌관 김건훈에게 이메일을 보낸 날은 2015. 7. 25. 토요일이라고 진술하였습니다.

대통령과 대기업 회장 7명과의 단독면담이 거의 끝나갈 무렵이었습니다. 게다가 안종범은 대통령이 대기업 회장들과 단독면담 할 때 배석하지 않았기 때문에 대통령에게 보고할 시간도 없었습니다.

④ 검찰이 대통령을 1차 조사할 때, 청와대 서류 몇 가지를 중요한 증거인 것처럼 제시하였습니다. 검찰은 이 서류의 중요성을 부각하기 위해 신문조서에 모두 굵은 고딕체로 표시했는데, 「2015. 11.경 경제수석실 작성의 지시사항 과제별 이행 현황표」, 「2016. 2.경 경제수석실 작성의 지시사항 과제별 이행 현황표」, 「2016. 6.경 지시사항 과제별 이행 현황표」, 「2016. 8. 2.자 정책조정수석실 작성의 주요 지시사항 과제별 이행 현황표」 등입니다.

그러나 이 서류들은 대통령에게 정식으로 보고된 청와대 문건이 아니고, 안종범의 개인휴대폰에 저장돼 있던 일정표를 검찰이 출력한 것에 불과합니다. 이 일정표는 「구글 캘린더」 양식에 근거하여 안종범과 안종범의 보좌관인 김건훈이 공동으로 작성하고 공유한 사적(私的) 메모였으며, 이런 사실은 삼성전자 부회장 이재용 재판 때 증인으로 출석한 안종범의 법정녹취록(2017.

7. 4.)에서 확인됩니다.

⑤ 안종범의 전속 보좌관 김건훈은 미르재단 설립 움직임이 있었다는 2015. 7.경 안종범으로부터 재단설립과 관련된 어떠한 언질이나 지시를 받은 적이 없으며, 최서원 사건이 터진 2016. 10.경, 그러니까 1년 전에 있었던 일을 1년이나 지나서 비로소 안종범에게 들었다고 진술하였습니다.

안종범이 대통령 지시와 같이 중요한 내용을 자신의 심복과 다름없는 김건훈 보좌관에게도 알려주지 않았다는 것은, 대통령이 안종범에게 재단설립을 지시한 사실자체가 없었음을 반증하는 증거라 하지 않을 수 없습니다.

⑥ 검찰은 위 공소장에서 「최서원이 정호성에게 "한국과 중국의 문화재단 간에 양해각서를 체결하는 것이 좋을 것으로 보인다. 이를 위해서는 문화재단 설립을 서둘러야 한다"고 말했다」는 것이고, 미르재단 사무부총장 김성현이 미르재단 현판식 당일(2015. 10. 27.), 중국에 출장 간 사실이 그 근거라고 주장하였습니다.

그러나 김성현과 함께 중국에 출장 갔던 미르재단 상임이사 이한선은 법정에서(2017. 1. 20.), "차은택의 부탁을 받고 중국에 출장가긴 했으나 양해각서 체결을 위한 논의는 없었다"라고 증언하였습니다.

⑦ 대통령이 안종범 수석에게 문화재단 설립을 지시했다는 2015. 10. 19. 차은택은 자기를 「노량진 수산시장 현대화 사업」 문화콘텐츠 개발 자문위원으로 추천한 이성한을 미르재단 사무총장에 내정했다는 사실은 이성한의 검찰 조서에 기록돼 있습니다.

이 무렵 차은택은 뇌경색으로 수술을 받고 강원대 대학병원에 입원 중인 이성한의 휴대폰을 이용하여 안종범과 수시로 통화한 사실을 검찰은 안종범 휴대폰의 통화내역 조회를 통해 확인하였으나 안종범과 차은택을 상대로 통화한 이유를 추궁하지 않았습니다.

⑧ 미르재단이 현판식을 가졌던 2015. 10. 27. 최서원은 한국에 없었습니다. 최서원은 이보다 이틀 전인 10. 25. 독일로 출국하여, 다음 달인 11. 22. 인천공항을 통해 입국하였습니다. 최서원은 미르재단 설립을 전후해 한 달가량 한국에 없었습니다.

미르재단 현판식 날, 최서원이 여론을 의식하여 불참할 수도 있었겠지만, 대통령과 공모하여 미르재단을 설립하기로 하고, 재단 이사진 인선 등에 관여했다고 한다면, 재단이 설립되고 각종 준비 등으로 한창 바쁜 시기에 최서원이 한국에 있어야 하는 게 합리적 추론일 것입니다.

　최서원이 미르재단 설립 직후에 한 달 동안 한국에 있었느냐, 없었느냐 하는 것은 최서원의 「알리바이」와 직결되는 사안입니다.

　⑨ 최서원이 2015.경에 자주 독일에 간 것은 정유라의 출산 때문입니다. 정유라는 최서원과 정윤회 사이에서 태어난 유일한 혈육으로, 최서원이 애지중지한 딸인데 결혼식을 올리지 않은 몸으로 사내아이를 출산하였습니다. 최서원의 손자가 태어난 날은 2015. 5. 8.입니다.

　대통령 비서실장을 역임한 사람의 아내이자, 서울 강남의 부호였던 최서원 입장에서 외동딸의 느닷없는 출산은 드러내기 어려운 창피한 사건이었을 것입니다. 정유라는 사람들의 눈을 피해 제주에 사는 사촌언니 장시호 집에서 애를 출산했고, 출산 후인 6. 12. 유연이란 이름을 유라로 개명하였습니다.

　⑩ 미르재단 이사장 김형수는 3차 검찰 조사(2016. 11. 8.)에서 "2016. 5.말경 당시 저와 장순각 이사(한양대 실내건축가 교수) 사이에 이성한이가 어떻게 사무총장이 되었는지, 미르재단의 실질적인 주인이 누구인지 등에 관하여 물어보자는 얘기가 나왔

습니다.

그래서 늦은 시간에 차은택을 장순각 교수의 장충동「작은집」스튜디오로 불러내, 이성한이 어떻게 사무총장에 취임하였는지를 물어보았는데, 차은택은 김성현의 소개로 이성한을 사무총장에 임명한 것이라고 하였습니다.

차은택은 미르재단의 배후에 대해 VIP의 사업을 역동적으로 추진하기 위해서 만든 민간단체라고 하면서, 자기는 VIP의 지시를 받고, 그 지시를 미르재단에 내려주는 역할을 하였다"는 취지로 진술하였습니다.

대통령 이름을 팔고 다닌 사람은 최서원이 아니라 차은택이었다는 것은 검찰 수사에서 확인되었습니다.

⑪ 차은택이 고영태 소개로 최서원을 처음 만났다는「고원기획」은 법인등기부에 의하면, 자본금 1억원의 광고회사인데 사내이사는 김수현·김재민·차은택·김성현 등 4명입니다. 김재민·김수현 이사가 전체 지분의 55%를 소유했고, 차은택·김성현 이사의 지분이 45%였습니다.

이 중 김재민 이사는 고영태의 대리인이며, 김성현은 차은택에 의해 미르재단 사무부총장에 임명된 사람입니다. 지분 구조로 따지면「고원기획」은 고영태와 차은택이 합자한 회사입니다.

⑫ 위 사건에 등장하는 「고원기획」과 「테스타로싸」 카페, 그리고 미르재단과 K스포츠재단은 모두 차은택 사무실인 아프리카픽쳐스 근처에 있었습니다. 지도를 통해 확인하니 반경 1km 안에 다 들어왔습니다. 반면, 최서원의 거주지인 미승빌딩은 아프리카픽쳐스에서 3km쯤 떨어진 곳에 위치했습니다. 이러한 지형적 위치를 감안하면, 위 사건은 차은택의 「영역」 안에서 이뤄졌습니다.

⑬ 검찰 공소장에 의하면 「안종범은 2015. 12. 20. 대통령으로부터 "정동구 이사장, 김필승 사무총장, 정현식 감사, 이철용 재무부장 등을 임원진으로 하고 사무실은 서울 강남 부근으로 알아보라"는 지시와 함께 K스포츠재단의 정관과 조직도를 전달받았다」는 것입니다.

그러나 K스포츠재단 초대 이사장 정동구는 법정증언(2017. 2. 14.)에서, 안종범이 만나자고 전화한 날은 2015. 12. 19.이며, 바로 그날 안종범으로부터 재단 이사장을 맡아달라는 요청을 받았다고 진술했습니다. 안종범은 대통령 지시가 있기도 전에 정동구 이사장을 만난 사실을 확인할 수 있습니다.

⑭ 최서원은 피고인 최후심문에서 "조사 중간에 이영렬 검사

장이 저를 불러서 '협조해라. 다른 사람들은 협조하고 다 시인했다. 협조하면 형량 조절이 된다. 당신이 이렇게 부인만 계속하면 형량에 문제가 생길 것'이라는 말을 하였다"고 증언하였습니다.

형사소송법 제317조(진술의 임의성)에는 「피고인 또는 피고인 아닌 자의 진술이 임의로 된 것이 아닌 것은 증거로 할 수 없다」고 되어 있습니다.

3. 대통령의 즉각 석방이 법치회복의 시작입니다.

가. 대통령은 지금부터 3년 전인 2017. 3. 31. 첫 번째 구속영장(서울중앙지방법원 영장전담판사 강부영)에 의해 구속되었습니다. 영장 범죄사실은 미르재단과 K스포츠재단 설립과 관련, 뇌물·직권남용권리행사방해·강요·강요미수·공무상비밀누설 혐의입니다.

그러나 1심 재판부인 서울중앙지방법원 제22형사부(재판장·김세윤)는 첫 번째 구속영장의 실효를 앞둔, 2017. 10. 16. 두 번째 구속영장(영장 범죄사실·SK그룹에 89억 뇌물요구)을 발부하였습니다.

나. 도주우려나 증거인멸 우려가 없는 대통령을 구속하고, 주

4회 공판기일을 잡아 강행군을 이어간 것부터가 편향된 인권 의식과 위선적 사법현실을 드러낸 것입니다.

여기에 1개 사건으로 기소된 공소사실 중 일부 범죄사실로 추가 구속영장을 발부하여 1년 6개월간 구금상태를 유지하면서 1심, 2심, 3심 재판을 아무렇지도 않은 듯이 진행한 것은 너무나 잔인하고 야만적인 형사사법입니다. 정치보복 이외에 달리 표현할 단어를 찾기 어렵습니다.

다. 대통령은 2020. 2. 14.을 기준으로 1,052일째 구금상태입니다. 확정된 공직선거법위반 사건의 형량(징역 2년)을 이미 초과하여 10개월 이상을 구금되어 있는 것입니다.

라. 대법원 전원합의체가 2020. 1. 30.에 파기환송한 이른바 블랙리스트 사건은 직권남용권리행사방해죄에 대해 대법원이 입장을 정리한 것으로 보입니다. 만약 대통령 사건 이전에 사법부가 직권남용권리행사방해죄에 대한 법리를 제시하고 견지하였다고 한다면, 대통령에 대한 거짓과 왜곡과 여론 조작에 의한 「인민재판」 행태는 없었을 것입니다.

직권남용이 마음껏 남용되도록 놓아두고 그에 협조하였다가, 자기 조직의 일이 닥쳐서야 발등에 불 떨어진 듯 심각한 태도로 법리를 내어놓는 것은 일반 평범한 사람들도 내켜하지 않는 사리에 맞지 않는 행동입니다. 우리 사법부가 비겁하다고 하는 것이 이런 것 때문입니다.

　마. 몸이 아파서 재판에 출석할 수 없다는 대통령의 불출석 사유서가 매 공판기일 직전에 제출되고 있습니다. 대통령이 우리 사법부에 대한 신뢰를 거두어들인 것은 살인적인 일정으로 강행된 1심 공판과정에서 김세윤 재판장이 자의적인 기준으로 구금영장을 발부한 것에서 시작되었습니다.

　법원은 결자해지의 차원에서라도 실질적인 방어권이 보장된 불구속 상태에서 파기환송심 공판절차가 진행될 수 있도록 하여야 할 것입니다. 박근혜 대통령에 대한 탄핵과 인신감금은 자유 대한민국에 대한 탄핵과 인신감금입니다. 앞으로 정치보복을 위한 형사사법 권한의 자의적 행사는 우리 역사에서 사라져야 할 것입니다.

　바. 이 사건 공판에 참여하는 검찰은 형사소송법 제470조(자유형 집행의 정지)와 제471조(동전)에 규정된 형 집행정지를 해야 하는 「기타 중대한 사유가 있는 때」를 적용하여, 하루빨리 대통령을 석방하는 절차를 밟아야 할 것입니다.

4. 마치는 글

가. 대통령에 대한 탄핵의 단초가 되었던 무수한 언론보도들이 얼마나 허무맹랑하고 악랄한 거짓보도였는지는 이미 대부분 드러난 상태입니다. 헌법재판소가 탄핵결정을 정당화하는 잣대로 삼은 "박근혜 대통령에 대한 파면결정을 통하여 손상된 헌법질서를 회복한다"는 명분이 얼마나 비겁하고 공허한 것인지는 지금 현재 우리가 당면한 현실을 보면 바로 알 수 있는 분명한 사실입니다.

나. 박근혜 대통령에 대한 탄핵 및 형사소추절차를 통하여 지금 현재 주권자인 우리 국민이 얻은 것은 무엇이고, 잃어버린 것은 무엇인지에 대한 정직하고 깊은 내면의 성찰을 전제로 하여야, 이 사건의 실체에 접근할 수 있는 기초가 성립된다고 여겨집니다. 그동안 숨어있었던 것들이 지금은 수면위로 올라오고 있기 때문에 약간의 지각이 있고 능동적인 노력을 한다면, 무엇이 진실인지, 무엇이 거짓인지는 알 수 있을 정도가 되었습니다.

다. 「직권파기를 위한 의견서」는 대통령의 범죄사실이 거짓과 허구임을 추적하고, 관련 절차의 주체와 대상들 및 관계인들이 보인 위선적 행태와 은폐된 진실을 드러내어, 파기환송심에서 만큼은 박근혜 대통령에 대하여 실체와 진실에 기반한 올바른 법적판단을 받기 위해 제출하는 것입니다.

　　라. 당사자인 박근혜 대통령은 2017. 10. 16. 이후 자신의 재판과 관련하여 그 어떠한 언급도 하지 않고 있습니다만, 이 사건은 역사적 사건입니다. 그렇기 때문에 제출인들은 이러한 방식을 통해서 실체적 진실에 접근할 수 있는 주장과 근거를 재판부에 알리고 역사에 남기는 것이 국민의 한사람으로서 도리라 여기고 있습니다.

　　마. 제출인들은「직권파기를 위한 의견서」제출과 함께 제출인이 쓴「대통령을 묻어버린 거짓의 산」2권을 출간하여, 온 국민들에게 진실을 알릴 생각입니다. 다시는 이러한 부끄러운 역사가 되풀이되어서는 아니 된다고 사료됩니다. 역사에 책임지는 용기 있는 판단을 기대합니다.

첨부 : 「대통령을 묻어버린 거짓의 산」 2권 초고

2020. 2. 14.

제 출 인   1. 「거짓과 진실」 대표기자 우종창
         2. 변호사 김OO(전 OO지방법원 부장판사)

서울고등법원 제6형사부 귀중

형 집행정지 요청서

1. 형 집행정지 대상 사건

   검찰 사건번호 : 서울중앙지방검찰청 2018형제10587(공직
   　　　　　　　　선거법위반)
   법원 사건번호 : 서울고등법원 2018노2151
   판 결　확 정 : 2018. 11. 28.

2. 청 구 인 　「거짓과 진실」
   　　　　　　대표기자 우종창 외 5인
   　　　　　　서울 강북구 솔매로 29, 301호(미아동)

3. 수 형 자 　박근혜. 대한민국 제18대 대통령
   　　　　　　1952년 O월 O일. 만 67세
   　　　　　　주 거 : 서울 서초구 안골길 OO(내곡동)
   　　　　　　등록기준지: 서울 강남구 선릉로OOO길
   　　　　　　OO(삼성동)

위 사건에 의한 형 집행이 2019. 4. 17. 00:00부터 시작되어 박근혜 대통령은 현재까지 서울구치소에서 구금상태에 있습니다. 그러나 대통령과 관련된 아래의 ①사건과 ②사건에 대하여 대법원이 파기환송하였으므로, 위 사건에 대한 형 집행정지를 요청하는 바이니, 신청취지와 같이 결정하여 주시기를 바랍니다.

관련 사건 ①은 뇌물·직권남용·강요·강요미수·공무상비밀누설 사건입니다.

검찰 사건번호 : 서울중앙지방검찰청 2016형제108860
법원 사건번호 : 대법원 2018도14303
판 결 선 고 : 2019. 8. 29. 파기환송

관련 사건 ②는 국가정보원 특수활동비 사건입니다.

검찰 사건번호 : 서울중앙지방검찰청 2017형제104835
법원 사건번호 : 대법원 2019도11766
판 결 선 고 : 2019. 11. 28. 파기환송

신 청 취 지

1. 박근혜 대통령에 대한 위 사건의 형 집행을 정지한다.
2. 대통령이 위 주거에 거주하면서, 서울 강남성모병원 등에서 적절한 치료를 받는 것을 허용한다.
라는 결정을 구합니다.

신 청 이 유

Ⅰ. 형 집행정지 요청서 신청 경위에 대하여

가. 유튜브 방송 「거짓과 진실」의 대표기자 우종창 외 5인은 위 사건과 관련하여, 형 집행정지를 요청하는 1차 요청서를 2019. 4. 29. 서울중앙지방검찰청에 제출하였고, 검찰이 이를 기각하자 5. 27.에는 기각 사유를 문의하는 정보공개를 청구한바 있습니다.

나. 그런데 대법원이 대통령과 관련된 ①사건에 대해 2019. 8. 29. 파기환송했고, 이어 11. 28.에는 대통령과 관련된 ②사건에 대해서도 파기환송하였습니다. 대통령이 구속된 날은 2017.

3. 31.이고, 이를 2020. 1. 6.을 기준으로 계산하면 1,012째 구금 상태입니다. 확정된 위 사건의 형량(징역 2년)을 이미 초과하여 9개월 이상을 불법 감금당하고 있는 것입니다.

다. 이는 극히 이례적인 경우로, 형사소송법 제470조(자유형 집행의 정지)와 제471조(동전)에 규정된, 형 집행정지를 해야 하는 「기타 중대한 사유가 있는 때」에 해당하므로 청구인은 다시 한 번 형 집행정지를 요청하는 바입니다.

Ⅱ. 형 집행 정지를 하여야 할 「중대한 사유」에 관하여

1. 위 사건은 형사소송법에 의거, 형 집행정지 대상입니다.

가. 형사소송법 제470조(자유형집행의 정지) 제1항에는 「징역, 금고 또는 구류의 선고를 받은 자가 심신의 장애로 의사능력이 없는 상태에 있는 때에는 형을 선고한 법원에 대응한 검찰청검사 또는 형의 선고를 받은 자의 현재지를 관할하는 검찰청검사의 지휘에 의하여 심신장애가 회복될 때까지 형의 집행을 정지한다」라고 명시돼 있고, 같은 법 제471조(동전) 제7호에는 형 집행정지의 사유로 「기타 중대한 사유가 있는 때」라고 규정하고 있습니다.

나. 박근혜 대통령은 지금부터 3년 전인 2017. 3. 31. 첫 번째 구속영장(서울중앙지방법원 영장전담판사 강부영)에 의해 구속되었습니다. 영장 범죄사실은 미르재단과 K스포츠재단 설립과 관련, 뇌물·직권남용·강요·강요미수·공무상비밀누설 혐의입니다.

다. 그러나 1심 재판부인 서울중앙지방법원 제22형사부(재판장·김세윤)는 첫 번째 구속영장의 실효를 앞둔, 2017. 10. 16. 두 번째 구속영장(영장 범죄사실·SK그룹에 89억 뇌물요구)을 발부하였습니다. 그런데 두 번째 구속영장의 효력이 2019. 4. 16. 24:00로 실효되자, 검찰은 2019. 4. 17. 00:00부터 형 집행을 시작하였습니다.

라. 위 사건은 그러나 이미 5개월 전인 2018. 11. 21. 징역 2년이 선고되었고(서울고등법원 2018노2151), 상고 기간 도과로 인하여 2018. 11. 28. 형이 확정되었습니다. 그러므로 위 사건은 그때부터 형 집행이 가능했음에도 불구하고, 검찰은 형 집행을 하지 않고 있다가 제2구속영장이 실효된 2019. 4. 17. 00:00에 대통령을 석방하지 않고, 뒤늦게 위 사건에 대하여 형 집행을 시작한 것입니다.

마. 이와 같은 별건 구속영장 발부와 별건 형 집행을 통한 구금상태의 유지는 공권력의 편의에 의한 자의적 구금에 해당한다 할 것이고, 그 대상이 전직 대통령이라는 점 등을 감안할 때, 정치보복을 위한 형사사법 권한의 자의적 행사라 아니할 수 없습니다.

바. 이러한 상황에서 대법원은 2019. 8. 29. 대통령과 관련된 ①사건에 대하여 파기환송했고, 이어 11. 28.에는 ②사건에 대해서도 파기환송하였습니다. 나아가 대법원은 대통령 사건과 직접적으로 연관된 삼성전자 부회장 이재용 사건과 최서원 피고인 사건에 대해서도 파기환송 결정을 내렸습니다.

사. 대통령 사건에서 검찰과 특검이 유력한 증거로 제시한 게 안종범의 업무수첩입니다. 그러나 대법원은 ①사건 선고에서 안종범 업무수첩의 증거능력을 인정해달라는 검찰과 특검의 상고이유를 받아들이지 않으면서 파기환송하였습니다. 이로서 안종범 업무수첩에 기재된 내용을 근거로 작성된 진술조서와 법정증언 등 2차 증거들 또한 유죄의 증거로서 가치를 상실하였습니다.

아. 파기환송된 ①, ②사건의 첫 공판은 2020. 1. 15.에 열릴

예정입니다. 주요 증거인 안종범 업무수첩의 증거력이 상실된 가운데, 대법원은 ①사건의 파기환송 판결문에서 사건의 실체적 사실관계에 의한 죄책 유무에 대하여는 판단하지 않은 것이라고 판결문에 명시적으로 적시하였습니다. 대법원이 판시한 판결의 취지는 파기환송심에서 실체적 사실관계에 대한 심리를 더 하라는 전제에서 이뤄진 것입니다. 그리고 블랙리스트 사건과 관련된 공범(김기춘 등)들의 사건은 대법원에서 현재까지 죄책 여부 및 공범 성립범위에 대한 판단을 내리지 않고 있습니다. 재판 진행상황이 이렇다보니 제대로 된 재판은 언제 끝날지 모르는 상태입니다. 이런 상태에서 대통령이 ①, ②사건과 관련하여 재판을 받는다면 별건 구금상태에서의 재판 장기화로 이어질 것이고, 이럴 경우 정치보복이라는 세간의 주장이 오히려 타당성이 더 있다고 할 수 있을 것입니다.

자. 그러므로 위 사건의 선고 및 집행 과정과 대통령 관련 사건들의 진행 경과, 그리고 현 시점에서 형 집행으로 인하여 초래될 결과 등을 감안한다면, 형 집행을 정지하여야 할 「기타 중대한 사유가 있는 때」에 해당한다고 봄이 상당하다고 생각합니다.

2. 위 사건의 형 집행은 헌법 제27조와 헌법 제10조 위반입니

다.

　가. 우리 헌법 제27조 제4항에는 「형사피고인은 유죄의 판결이 확정될 때까지는 무죄로 추정된다」라고 규정되어 있습니다. 대통령의 경우, ①사건과 ②사건이 대법원에 의해 파기환송되었으므로, 대통령은 헌법에 보장된 무죄추정의 원칙에 따라 현재 무죄입니다.

　나. 그러므로 피고인의 방어권 보장을 위하여, 위 사건에 대한 형 집행정지는 필요한 조치입니다. 대통령이 아니라 우리나라 국민이라면 그 누구라도 피고인의 방어권이 보장된 상태에서 형사재판을 받아야 하고, 불구속 재판 원칙은 헌법과 형사소송법이 정한 형사사법절차에서 기본권 보장을 위한 대원칙입니다. 인신의 자유는 천부인권에 해당하는 것으로서, 문명국가의 법질서에서 기초 중의 기초에 해당합니다.

　다. 우리 헌법 제10조에는 「모든 국민은 인간으로서의 존엄과 가치를 가지며, 행복을 추구할 권리를 가진다. 국가는 개인이 가지는 불가침의 기본적 인권을 확인하고 이를 보장할 의무를 진다」라고 선언하고 있습니다. 형벌도 인간으로서의 존엄과 가치를 보장하는 범위 내에서 최후·보충적으로 발동되어야 하며, 실효성을 넘는 과중한 형벌을 부과하거나 신체적 자유를 자의적으로 박탈하는 구금상태를 계속 할 수 없다는 것이 형벌의 한계에 대한 헌법재판소의 해석입니다.

Ⅲ. 형벌 한계를 정할 때 고려할 요소들

1. 대통령은 살인적 수사와 재판을 묵묵히 감내하였습니다.

가. 박근혜 대통령은 대한민국 제18대 대통령으로서, 탄핵사태 이후 지금까지 온갖 수사와 재판절차가 이어졌지만 그 스스로 이익을 취득한 내용은 하나도 발견된 적이 없습니다. 대통령 사건의 재판기록은 30만 페이지에 이르는 방대한 양입니다. 형사재판이란 증거에 따라 사실을 인정하고, 그 인정된 사실을 죄형법정주의 원칙에 따라 해석한 법규에 적용하는 작업입니다.

나. 박근혜 대통령은 과반을 넘긴 국민들의 지지(51.6%)를 받아 당선된 대한민국 제18대 대통령입니다. 지금 현재 1,012째 혹독한 구금생활이 이어지고 있지만, 거짓과 불의에 타협하거나 정치적 이해타산에 의하여 자유대한민국의 가치를 저버린 분이

아닙니다. 대통령은 만 67세를 넘긴 나이로 70세를 바라보는 고령입니다. 게다가 오랜 구금생활로 건강상태가 상당히 나빠져 서울 강남성모병원에서 3개월간 입원치료를 받은 적도 있습니다.

다. 30만 페이지에 달하는 재판기록을 감안하면, 대통령 사건은 아주 특별하고 예외적인 경우에 해당한다고 할 수 있습니다. 때문에 형사소송법 제471조 제7호에 명시된「기타 중대한 사유가 있는 때」는 우리 헌법과 형사소송법이 박근혜 대통령과 같은「중요한 사건」이 있을 경우에 대비하여 규정한 것이라고 해석함이 마땅하다 할 것입니다.

라. 거짓 여론조작 등 탄핵절차의 불법은 차치하고서라도, 그 이후 진행된 형사공판절차에서 발생한 별건 구속영장 발부, 별건 공소제기에 이은 별건 형 집행은 대한민국 사법 역사상 가장 부끄러운 과오로 남을 것입니다.

2. 미결구금일수 산입에 관하여

가. 미결구금일수 산입에 관한 형법 제57조에 대하여 "구속영장이 발부된 범죄사실이 무죄 등의 판결이 선고될 경우, 그 미

결구금일수를 그 구금효과로 인한 범죄사실에 산입하도록 한다"는 것이 이미 확립된 법해석입니다.

　나. 미결구금일수 산입에 관한 법리를 종합하면, 구속영장이 발부된 범죄사실 말고, 다른 유죄의 범죄사실과 관련된 형에 미결구금일수를 산입하도록 하는 것이 우리 헌법의 기본 정신입니다. 위 사건 판결로 징역 2년형이 확정된 사건에서 관련 사건인 ①과 ②사건이 파기환송 되었으므로 위 사건에 대해서는 형 집행정지를 정당화할 만한 중대한 사유가 발생한 경우에 해당한다고 보는 것이 타당할 것입니다.

　다. 형사소송법 제462조(형 집행의 순서)에는 「2이상의 형의 집행은 자격상실, 자격정지, 벌금, 과료와 몰수 외에는 그 중한 형을 먼저 집행한다. 단, 검사는 소속장관의 허가를 얻어 중한 형의 집행을 정지하고 다른 형의 집행을 할 수 있다」라고 규정하고 있습니다. 그러나 대법원 파기환송 결정이 난 후, 현재의 시점에서 볼 때, 위 사건에 의한 징역 2년 형을 먼저 집행한다는 것은 전체 사건의 본말과 선후가 뒤바뀐 행태에 해당합니다.

　라. 나아가 형법 제78조(형의 시효) 제5호에서 「3년 미만의

징역이나 금고 또는 5년 이상의 자격정지」는 「7년」을 형의 시효 기간으로 정하고 있고, 형법 제79조(시효의 정지) 제1항에는 「시효는 형의 집행의 유예나 정지 또는 가석방 기타 집행할 수 없는 기간은 진행되지 아니 한다」고 규정하고 있습니다. 이미 2년을 훌쩍 넘긴 1,012일간의 구금생활을 하고 있는 상태인 대통령에 대하여 ①과 ②사건들의 판결이 확정될 때까지, 위 사건에서 확정된 2년 형의 집행을 정지한다 하더라도, 형 집행에 우려가 생기는 경우에 해당하지도 아니합니다.

바. 따라서 법익형량적 관점에서 본다 하더라도, 위 사건의 형을 지금 집행함으로 인하여 입게 되는 대통령의 본질적 인권침해의 정도와 그 집행을 정지함으로 인한 다른 사건과의 형평성을 비교한다 하더라도, 대통령이 입게 되는 불이익이 현저하고 명백히 큰 경우에 해당한다 할 것입니다. 이와 같은 관점에서라도 위 사건의 형 집행을 통한 구금기간의 연장은 현 단계에서 허용되어서는 아니 된다 할 것입니다.

Ⅳ. 마치는 글

우리 대한민국은 국민주권주의에 기반한 자유 민주주의 국가입니다. 자유 민주적 기본질서에 입각하여 국토인 한반도와 그 부속도서 전체의 자유통일을 지향한다고 헌법에 명시하고 있습니다. 국민의 기본권보장을 헌법의 최고 이념으로 하고, 삼권분립과 사법의 독립은 우리 헌법가치의 핵에 해당합니다.

지난 2년 8개월간 우리 대한민국의 역사가 과연 헌법가치를 수호하는 방향으로 진행되었는지, 아니면 헌법가치의 핵을 훼손하는 방향으로 진행된 것은 아닌지를 역사 앞에 겸허하게 머리를 숙이고, 양심적으로 성찰해야 할 중요한 시점입니다. 아름다운 땅 한반도를 살다간 조상들과 앞으로 이 땅을 살아갈 미래세대를 위하여, 현 시대를 살아가는 우리 모두가 고민해야 할 역사적 담론이라 할 수 있습니다.

본 형 집행정지 요청서는 그간 박근혜 대통령에 대하여 진행된 형사공판절차의 위법 부당성과 인권침해를 사유로 한 것입니다. 하늘과 양심은 속일 수 없는 법입니다. 인과응보, 사필귀정, 자업자득은 물리법칙과도 같은 대자연의 섭리입니다.

너무 늦었지만, 이 요청서의 신청취지를 받아들여 하루라도 빨리 박근혜 대통령에 대한 형 집행정지를 결정하는 것만이, 마지막 남은 최소한의 결자해지이자 인간적 도리라 할 것입니다. 더 이상의 거짓과 위선은 도저히 참을 수 없는 불법의 단계로 넘어가, 최후의 헌법수호 수단인 주권자인 국민의 저항권이 발동될 상황을 맞이하게 될 것입니다. 박근혜 대통령에 대한 형 집행을 정지하고 석방하는 신속한 결정을 바랍니다.

2020. 1. 6.

「거짓과 진실」 대표기자 우종창 외 5인

서울중앙지방검찰청 귀중

형 집행 정지 요청서

형 집행정지 대상 사건

검찰 사건번호 : 서울중앙지방검찰청 2018형제10587

죄명·형명·형기 : 공직선거법위반 징역 2년

판 결 선 고 : 2018. 7. 20. 서울중앙지방법원 2018고합119

판 결 확 정 : 2018. 11. 28. 상고기간 도과(서울고등법원
 2018노2151)

요 청 인 「거짓과 진실」

　　　　　대표기자 우종창 외 5인

　　　　　서울 강북구 솔매로 29, 301호(미아동)

수 형 자 　박근혜. 대한민국 제18대 대통령

　　　　　1952년 O월 O일. 만 67세

　　　　　주　　　거 : 서울 서초구 안골길 OO(내곡동)

　　　　　등록기준지 : 서울 강남구 선릉로OO길 O(삼성동)

위 사건에 의하여 2019. 4. 17. 00:00 박근혜 대통령에 대한 형 집행이 개시되어 대통령이 현재까지 서울구치소에서 구금상태에 있는 바, 다음과 같은 사유로 형 집행정지를 요청하는 바이니, 신청취지와 같이 결정하여 주시기를 바랍니다.

신 청 취 지

1. 박근혜 대통령에 대한 위 사건의 형 집행을 정지한다.
2. 대통령이 위 주거에 거주하면서, 서울 강남성모병원 등에서 적절한 치료를 받는 것을 허용한다.

라는 결정을 구합니다.

신 청 이 유

Ⅰ. 신청인 적격과 관련하여

1. 유튜브 방송 「거짓과 진실」의 활동에 관하여

가. 형 집행정지 요청서는 유튜브 방송 「거짓과 진실」의 대표

기자 우종창 외 5인의 이름으로 제출합니다. 대표기자 우종창은 1982년 조선일보 기자로 입사하여, ㈜월간조선에서 편집위원을 지낸 전직 언론인이며, 전·현직 기자와 변호사, IT전문가 등 5명이 「거짓과 진실」의 객원기자로 참여하고 있습니다.

나. 유튜브 방송 「거짓과 진실」은 2017. 10. 1.부터 「대통령을 묻어버린 거짓의 산」이라는 주제로, 박근혜 대통령에 대한 헌법재판소의 탄핵 결정과 검찰 및 특검의 수사, 재판 절차 등에서 드러난 위법, 부당성을 지적하고 대통령 사건(사건번호; 서울중앙지법2017고합364, 서울고법2018노1087, 대법원2018도14303 등, 이하 '대통령 사건'이라 한다)의 객관적 실체를 밝히기 위해 노력하는 매체입니다.

다. 「거짓과 진실」은 대통령 사건의 2심에서 재판부의 현명한 판단을 촉구하는 탄원서 제출 운동을 시작하여, 1,500여 통의 탄원서를 법원에 제출하였습니다. 이 사실은 대통령 사건 2심 기록에 남아 있습니다. 또 대법원에 회부된 대통령 사건이 직권파기가 될 수 있도록 하기 위해 2018. 10. 15. 대법원에 「직권파기를 위한 의견서 서(緒)」를 제출하였고, 이어 2018. 10. 29.에는 「직권파기를 위한 의견서 총론」을 제출하였으며, 2018. 11.

13.에는 「직권파기를 위한 의견서 각론1」을 제출한 바 있습니다.

    라. 「거짓과 진실」의 대표기자 우종창 외 5인이 대통령 사건의 실체적 진실을 밝히기 위해 근거로 삼았던 자료들은 다음과 같습니다. 이 사건 관련자들의 검찰 진술조서 및 피의자신문조서, 공판 조서, 검찰 의견서, 특검 의견서, 변호인 의견서, 대통령 사건의 1심 판결문과 2심 판결문, 이재용 삼성전자 부회장의 1심 및 2심 판결문을 포함하여, TV조선 이진동 기자가 쓴 책 「이렇게 시작되었다/박근혜-최순실, 스캔들에서 게이트까지」, 한겨레신문 특별취재반이 지은 책 「최순실 게이트/기자들, 대통령을 끌어내리다」, 더불어민주당 안민석 의원이 쓴 책 '끝나지 않은 전쟁', K스포츠재단 노승일이 쓴 책 「노승일의 정조준」 등입니다.

    2. 검찰집행사무규칙에 근거한 형 집행 정지 이유

    가. 자유형 등에 관한 검찰집행사무규칙 제29조 제1항은 「구치소 또는 교도소의 장, 형의 선고를 받은 자 또는 관계인으로부터 형사소송법 제470조 또는 제471조에 규정된 사유에 의하여 자유형 집행 정지의 건의 또는 신청이 있는 경우에는 검사는 그 사유를 조사하여야 한다.…」라고 규정하고 있습니다.

나. 서울중앙지방검찰청은 앞서 2019. 4. 17. 박근혜 대통령에 대한 형 집행정지 신청을 하였던 유영하 변호사를 위 규정상의 관계인으로 인정한바 있습니다. 유영하 변호사의 신청에 따라 서울중앙지방검찰청 검사가 서울구치소를 방문하는 등 관련 절차를 밟고, 2차장 검사를 위원장으로 하는 형 집행정지 심의위원회를 개최하여 불허 의결을 한 것으로 보도된 바 있습니다.

다. 유영하 변호사는 대통령 사건의 제1심 변호인으로 선임되었다가 2017. 10. 16. 사임한 변호사로서, 형 집행정지 대상 사건에는 관여한 바 없습니다. 「거짓과 진실」의 대표기자 우종창 외 5인은 대통령 사건의 제1심에서 사선변호인들이 모두 사임하고 난 뒤, 국선전담변호인에 의하여 진행된 재판 과정에서 실체적 진실에 부합하는 판결을 촉구하는 유튜브 방송을 하면서, 앞서 밝힌 의견서를 제출하고, 대법원 전원합의체에 회부할 것을 요구하는 등 절차적 의견을 개진한 바 있습니다. 그리고 형 집행정지 대상 사건(이하 '위 사건'이라 한다)의 판결이 확정되는 것을 막기 위하여, 국선전담변호인에게 상고장 제출을 거듭 요청하고, 그 사실을 유튜브 방송을 통해 공표한 바 있습니다.

라. 앞서 형 집행정지 신청서를 제출한 유영하 변호사에 대

해 검찰이 「관계인」에 해당한다고 보아 신청인 자격을 인정한 이상, 「거짓과 진실」의 대표기자 우종창 외 5인에 대하여도 「관계인」으로서 신청인 자격을 인정함이 마땅하다 할 것입니다. 따라서 검사는, 형사소송법 제471조 제7호에 정한 「기타 중대한 사유가 있는 때」를 사유로 하여 제출하는 본 형 집행정지 요청에 대하여도 그 사유에 해당하는지 여부를 직무상 양심에 따라 면밀하게 조사할 의무가 있다 할 것입니다. 검사는 아래에서 밝히는 정당한 법의 원리에 근거한 형 집행정지 사유를 살펴서, 실체적 진실과 적법절차의 요청을 외면한 그간의 과오를 시정하는 조치인 형 집행정지 결정을 하고, 즉각 박근혜 대통령을 석방하여야 할 것입니다.

Ⅱ. 형 집행정지를 하여야 할 중대한 사유에 관하여

1. 위 사건은 형사소송법에 의거, 형 집행정지 대상입니다.

가. 형사소송법 제471조 제1항은 「징역, 금고 또는 구류의 선고를 받은 자에 대하여 다음 각 호의 1에 해당한 사유가 있는 때에는 형을 선고한 법원에 대응한 검찰청검사 또는 형의 선고를 받은 자의 현재지를 관할하는 검찰청 검사의 지휘에 의하여 형의 집행을 정지할 수 있다」고 명시돼 있으며, 제7호로 「기타 중대한

사유가 있는 때」라고 규정하고 있습니다.

　나.「기타 중대한 사유가 있는 때」의 의미에 대하여 주석서 등에서 명시적으로 해석한 사례는 없습니다. 하지만 판단여지를 둔 포괄규정의 성격상, 위 사건에 대해 형 집행이 이루어질 경우, 피고인의 형사절차상 기본권을 본질적으로 침해하는 경우이거나 위 사건의 집행으로 말미암아 피고인 또는 직계혈족 등 관계인들에게 돌이킬 수 없는 피해나 손실을 가할 우려가 있는 경우라고 해석하는 것이 법 취지에 부합한다고 하겠습니다.

　다. 대통령 관련 사건들의 진행 경과 및 위 사건의 선고 과정, 그리고 현 시점에서 형 집행으로 인하여 초래될 결과 등을 감안한다면, 형 집행을 정지하여야 할 「기타 중대한 사유」가 있는 경우에 해당한다고 봄이 상당합니다.

　2. 위 사건 형 집행에 대한 위법, 부당성

　가. 대통령은 2017. 3. 31. 제1구속영장(서울중앙지방법원 영장전담판사 강부영)에 의해 구속되었습니다. 영장 범죄사실은 미르재단·K스포츠재단 관련, 직권남용권리행사방해, 강요, 뇌물수

수 등의 혐의입니다.

나. 그러나 1심 재판부인 서울중앙지방법원 제22형사부(재판장 김세윤)는 제1구속영장의 실효를 앞둔, 2017. 10. 16. 제2구속영장(영장 범죄사실·SK그룹에 89억 뇌물 요구)을 발부하였습니다. 그런데 제2구속영장의 효력이 2019. 4. 16. 24:00로 실효되자, 검찰은 2019. 4. 17. 00:00부터 대통령에 대하여 징역 2년형이 확정된 위 사건으로 형 집행을 시작하였습니다.

다. 위 사건은 2018. 11. 21. 징역 2년이 선고되었고(서울고등법원 2018 노2151), 상고 기간 도과로 2018. 11. 28. 형이 확정되었습니다. 그러므로 위 사건은 2018. 11. 29. 00:00부터 형 집행이 가능했음에도, 검찰은 형 집행을 하지 않고 있다가 제2구속영장이 실효된 2019. 4. 17. 00:00에 대통령을 석방하지 않고 4개월 18일이나 지나 뒤늦게 형 집행을 시작하였습니다. 불구속 재판의 원칙에 의할 때 이와 같은 별건 구속영장 발부와 별건 형 집행을 통한 구금상태의 유지는, 공권력의 편의에 의한 자의적 구금에 해당한다 할 것이고, 그 대상이 전직 대통령이라는 점 등을 감안할 때, 정치보복을 위한 형사사법 권한의 자의적 행사라 아니할 수 없습니다.

라. 뿐만 아니라 대통령의 미결구금일수는 2019. 4. 16.일 기준으로 제1구속영장에 의하여 6개월 18일, 제2구속영장에 의하여 1년 6개월로, 총 미결구금일수가 2년 18일입니다. 이로서 대통령은 위 사건에서 확정된 징역 2년을 초과하여 사실상 자의적인 불법감금에 의한 인권유린을 당하고 있는 셈입니다.

3. 위 사건 형 집행은 헌법 제27조, 헌법 제10조 위반입니다.

가. 우리 헌법 제27조 제4항에는 "형사피고인은 유죄의 판결이 확정될 때까지는 무죄로 추정된다"라고 규정되어 있습니다. 대통령의 경우, 제1구속영장에 의해 기소된 사건들이 2019. 2. 11. 대법원 전원합의체에 회부되었으므로 대통령은 헌법에 보장된 무죄추정의 원칙에 따라 현재 무죄입니다.

나. 또한 대통령은 2017. 3. 31.에 구속되어 2019. 3. 30.로 이미 2년간 구금생활을 하였고, 이 요청서가 검찰에 접수된 2019. 4. 29. 기준으로 2년 30일 째 불법감금 상태에서 헌법에 보장된 권리를 누리지 못하고 있습니다.

다. 대법원 전원합의체 심리 결과, 제1, 제2구속영장 관련 사건들이 무죄 취지로 파기 환송될 경우를 상정한다면, 대통령에 대한 불법감금은 누가, 어떻게 책임지겠습니까. 검찰이 뒤늦게 위 사건에 대해 2년 형을 집행하겠다고 하는 것은, 자연인인 대통령 본인에게 돌이킬 수 없는 인권침해를 가하는 것이고, 이러한 형 집행은 자유대한민국 국민 모두가 인권침해의 피해자가 될 수 있음을 의미합니다.

라. 우리 헌법 제10조는 "모든 국민은 인간으로서의 존엄과 가치를 가지며, 행복을 추구할 권리를 가진다. 국가는 개인이 가지는 불가침의 기본적 인권을 확인하고 이를 보장할 의무를 진다"고 선언하고 있습니다. 그러므로 형벌도 인간으로서의 존엄과 가치를 보장하는 범위 내에서 최후·보충적으로 발동되어야 하며, 실효성을 넘는 과중한 형벌을 부과하거나 신체적 자유를 자의적으로 박탈하는 구금상태를 계속 할 수 없다는 것이 형벌의 한계에 대한 헌법재판소의 해석입니다.

4. 위 사건은 병합 심리가 가능하였습니다.

가. 검찰이 대통령을 위 사건으로 추가 기소한 것은 2018. 2. 1.입니다. 제1구속영장에 의하여 구속 기소된 대통령 사건의 1심

선고일인 2018. 4. 6. 이전이어서, 위 사건은 1심 단계에서부터 대통령 사건과 함께 재판을 받을 수 있었던 사건이었을 뿐 아니라, 함께 재판을 받아야 하는 것이 마땅한 경우에 해당합니다.

　　나. 마찬가지로 위 사건의 2심 접수 일시가 2018. 8. 7.로, 제1구속영장에 의한 사건의 2심 선고일인 2018. 8. 24. 이전이어서 2심에서도 병합심리가 가능하였고, 만약 그러한 조치가 이루어졌다면 대통령은 2019. 4. 16. 24:00 구속영장 기간만료로 석방되어 불구속상태에서 모든 사건을 함께 재판 받을 수 있었습니다. 헌법과 형사소송법의 대원칙에 부합하는 재판 절차가 버젓이 있음에도 불구하고, 검찰과 법원은 무언가에 쫓기듯이 구속재판을 감행하면서, 병합할 수 있는 사건을 병합하여 심리하지 않고 사건을 쪼개어 재판을 진행한 것은 법에 근거한 정당한 재판절차가 아닙니다.

　　다. 검찰은 대통령이 관련 사건들과 함께 재판을 받을 수 있었던 위 사건의 범죄사실을 다시 끄집어내어 또 다시 기소하고, 법원은 물리적으로 당시 시점에서 병합심리 가능성이 있었음에도 편의에 따라 사건을 병합하지 않은 채, 검찰이 기소한 대로 사건을 분리, 진행하여 판결하였습니다.

라. 검찰과 법원은 대통령이 제2구속영장에 의하여 추가로 구속 기소된 사건의 구금상태를 최대한 이용하여 위 사건의 1심, 2심 재판을 진행하고, 그 구금기간 중 판결이 확정되었습니다. 1심은 증거수집에서부터 공소 제기, 구금 장소를 통한 소환 통지, 그로 인한 궐석상태에서의 공판 등으로 진행되었고, 1심 선고 후엔 검사만의 항소로 2심이 시작되었습니다. 2심 재판부는 단 두 차례 공판을 진행한 후 판결을 선고하였음이 공판 기록에 나와 있습니다. 대통령이 불구속 상태에 있었다고 한다면, 이러한 방식의 수사나 재판진행은 불가능하였을 것입니다.

마. 그럼에도 위 사건에 대한 판결이 먼저 확정되었다는 사정을 들어, 그 형부터 집행을 한다는 것은 별건 구속에 이은, 별개 사건에 의한 형 집행으로 피고인의 방어권 및 기본적인 인권을 본질적으로 침해하는 행위라 할 것입니다.

5\. 제2구속영장 발부는 법리적 근거가 취약합니다.

가. 검찰은 제1구속영장을 청구하기 전에 제2구속영장 발부 사건을 함께 수사하고 있었습니다. 이는 검찰 수사기록에서 확인할 수 있습니다. 그러나 검찰은 제1구속영장을 신청할 때 제2구

속영장 발부 사건을 고의로 누락시켰다가 1심 구속기간 만료에 즈음하여 별건으로 추가 구속영장 발부를 요청하였고, 1심 재판부는 이런 사실을 알고 있었으면서도 이를 묵인하고 구속영장을 발부하였습니다.

나. 제2구속영장 발부 사건은 검찰이 편의에 따라 범죄사실을 분리하여 구속영장을 청구하고, 법원은 같은 사건번호로 공소제기 된 공소사실 중에서 구속영장 범죄사실에 포함되지 않았던 단 하나의 범죄사실로 별건 구속영장을 발부한 극히 이례적인 경우에 해당합니다. 검찰의 수사편의나 법원의 재판편의가 피고인의 방어권이나 형사소송법상의 대원칙을 넘어설 수는 없다고 할 것입니다.

다. 이런 상황에서 제2구속영장이 발부되었다는 이유로 대통령을 제1심에서부터 상고심까지 구속재판을 하였고, 심지어 1심 재판은 매주 4차례 하루에 10시간씩 이어지는 강행군으로 진행되어 대통령의 변호인은 변호인 접견이 원칙적으로 금지된 주말을 이용하여 피고인을 접견하는 등 방어권 행사가 현실적으로 불가능한 상태에서 재판이 진행되었습니다.

라. 그런 와중에 검찰은 별건 범죄사실을 발견하였다며 또 다시 별건 수사를 하여 공소를 제기하고, 법원은 형식적 적법성만 갖춘 상태의 궐석재판을 진행하여 형이 확정된 것이 바로 위 사건입니다. 위 사건은 수사 초기부터 형이 확정되는 그 순간까지 법리적 근거가 취약한 제2구속영장에 의하여 대통령이 구금되어 있는 상태를 철저히 악용한 절차였습니다.

6. 미결구금일수 산입에 관하여

가. 미결구금일수 산입에 관한 형법 제57조에 대하여 "구속영장이 발부된 범죄사실이 무죄 등의 판결이 선고될 경우, 그 미결구금일수를 그 구금효과로 인한 범죄사실에 산입하도록 한다"는 것이 이미 확립된 법해석입니다.

나. 헌법재판소 2009. 6. 29.자 2007헌바25 결정의 다수의견 논거도 앞에서 설명한 내용에 부합합니다. 미결구금일수 산입과 관련한 전통적인 해석의 근거가 되는 제도적 이해 내용과 헌법이 보장하는 신체의 자유 등 기본권에 근거하여 헌법재판소가 해석한 내용에 의할 경우, 피고인은 형사소송법 제471조 제1항 제7호에 명시된 임의적 형 집행정지 사유인 「기타 중대한 사유가 있는

때」에 해당한다고 보는 것이 마땅하다고 할 것입니다.

다. 미결구금일수 산입에 관한 법리를 종합하면, 구속영장이 발부된 범죄사실 말고, 다른 유죄의 범죄사실과 관련된 형에 미결구금일수를 산입하도록 하는 것이 우리 헌법의 기본 정신입니다. 따라서 위 사건 판결에서 선고한 형 이상의 구금상태에 있는 피고인은 형 집행정지를 정당화할 만한 중대한 사유가 발생한 경우에 해당한다고 보는 것이 타당할 것입니다.

라. 형사소송법 제462조에는 「2이상의 형의 집행은 원칙적으로 중한 형을 먼저 집행한다」고 하면서, 「단서에서 검사가 집행의 순서를 변경할 수 있다」라고 규정하고 있습니다. 현재의 시점에서 위 사건에 의한 징역 2년형을 먼저 집행한다는 것은 전체 사건의 본말과 선후가 뒤바뀐 행태에 해당합니다.

마. 나아가 형법 제78조(형의 시효) 제5호에서 「3년 미만의 징역이나 금고 또는 5년 이상의 자격정지」는 「7년」을 형의 시효기간으로 정하고 있고, 형법 제79조(시효의 정지) 제1항은 「시효는 형의 집행의 유예나 정지 또는 가석방 기타 집행할 수 없는 기간은 진행되지 아니 한다」라고 규정하고 있습니다. 이미 2년 30

일간의 구금생활을 하고 있는 상태인 대통령에 대하여 관련 사건들의 판결이 확정될 때까지 위 사건에서 확정된 2년 형의 집행을 정지한다 하더라도, 위 사건의 형 집행에 우려가 생기는 경우에 해당하지도 아니합니다.

바. 따라서 법익형량적 관점에서 본다 하더라도, 위 사건의 형을 지금 집행함으로 인하여 입게 되는 대통령의 본질적 인권침해의 정도와 그 집행을 정지함으로 인한 다른 사건과의 형평성을 비교한다 하더라도, 대통령이 입게 되는 불이익이 현저하고 명백히 큰 경우에 해당한다 할 것입니다. 이와 같은 관점에서라도 위 사건의 형 집행을 통한 구금기간의 연장은 현 단계에서 허용되어서는 아니 된다 할 것입니다.

Ⅲ. 형벌 한계를 정할 때 고려할 요소들

1. 대통령은 살인적 수사와 재판을 묵묵히 감내하였습니다.

가. 박근혜 대통령은 대한민국 제18대 대통령으로서, 탄핵사태 이후 지금까지 온갖 수사와 재판절차가 이어졌지만 그 스스로 이익을 취득한 내용은 하나도 발견된 적이 없습니다. 대통령은

살인적인 수사 및 재판과정을 묵묵히 감내하였고, 그러한 객관적인 사실은 287장에 이르는 피의자신문조서와 2017. 4. 17.부터 2017. 10. 16.까지 진행된 공판조서에 고스란히 남아 있음을 알 수 있습니다.

나. 형사재판이란 증거에 따라 사실을 인정하고, 그 인정된 사실을 죄형법정주의 원칙에 따라 해석한 법규에 적용하는 작업입니다. 대통령이 아니라 우리나라 국민이라면 그 누구라도 그렇게 형사재판을 받아야 하고, 불구속 재판 원칙은 헌법과 형사소송법이 정한 형사사법절차에서 기본권 보장을 위한 대원칙입니다. 인신의 자유는 천부인권에 해당하는 것으로서, 문명국가의 법질서에서 기초 중의 기초에 해당합니다. 헌법재판소도 2009. 6. 25.자 2007헌바25결정에서 그러한 우리 헌법의 정신을 구현하는 해석 내용을 명시적으로 밝힌 바 있습니다.

2. 형 집행정지는 법치주의를 수호하는 마지막 보루

가. 대통령은 만 67세를 넘긴 나이로 70세를 바라보는 고령입니다. 게다가 오랜 구금생활로 건강상태가 상당히 나빠진 상황입니다. 관련 사건들에 대한 대법원의 심리는 얼마나 더 진행될

지 미지수이고, 그 사건들은 무죄로 추정되는 상황입니다.

나. 형사소송법 제471조 제1항에서 정한 「자유형의 임의적 집행정지」 사유들 중 제7호 「기타 중대한 사유가 있을 때」는 우리 헌법과 형사소송법이 대통령과 같은 사건이 있을 경우를 대비하여 규정한 것이라고 해석함이 마땅하다 할 것입니다. 대통령의 경우가 아니라면, 어느 경우가 여기에 해당한다고 할 수 있겠습니까?

다. 거짓 여론조작 등 탄핵절차의 불법은 차치하고서라도, 그 이후 진행된 형사공판절차에서 발생한 별건 구속영장 발부, 별건 공소제기에 이은 별건 형 집행은 대한민국 사법 역사상 가장 부끄러운 과오로 남을 것입니다.

라. 법과 상식을 외면한 채 국민을 거짓뉴스와 선동, 모략으로 현혹시켜 이루어진 "불법 탄핵"과 겉과 속이 다른 위선적 "여론재판"을 얄팍한 지식과 공허한 언사로 가리려는 우(愚)를 더 이상은 범하지 말아야 할 것입니다.

Ⅳ. 마치는 글

헌법재판소는 2017. 3. 10. 재판관 8인 전원 일치된 의견으로 "피청구인 대통령 박근혜를 파면한다"라고 선고하였습니다. 박근혜 대통령의 파면을 정당화한 결론 부분에서 "피청구인의 법 위배행위가 헌법질서에 미치게 된 부정적 영향과 파급 효과가 중대하므로, 국민으로부터 직접 민주적 정당성을 부여받은 피청구인을 파면함으로써 얻는 헌법수호의 이익이 대통령 파면에 따르는 국가적 손실을 압도할 정도로 크다고 인정된다"라고 판시한바 있습니다.

헌법재판소의 결정이 있고 2년 2개월 가까운 시간이 흘렀습니다. 서울중앙지방검찰청 형 집행 담당 검사 및 최종적인 허가 권한이 있는 서울중앙지방검찰청 윤석열 검사장께 묻습니다. 아직도 박근혜 대통령을 파면함으로써 얻은 헌법수호의 이익이 대통령 파면에 따르는 국가적 손실을 압도할 정도로 크다고 생각하고 있는가요.

우리 대한민국은 국민주권주의에 기반한 자유 민주주의 국가입니다. 자유민주적 기본질서에 입각하여 국토인 한반도와 그 부속도서 전체의 자유통일을 지향한다고 헌법에 명시하고 있습니다. 국민의 기본권보장을 헌법의 최고 이념으로 하고, 삼권분립과 사법의 독립은 우리 헌법가치의 핵에 해당합니다. 지난 2년 2개월간 우리 대한민국의 역사가 헌법가치를 수호하는 방향으로 진행하였는지, 헌법가치의 핵을 훼손하는 방향으로 진행하였는지, 역사 앞에 겸허하게 머리를 숙이고 아름다운 땅 한반도를 살다간 조상들과 앞으로 이 땅을 살아갈 미래세대를 위해 양심적으로 성찰해 보기 바랍니다.

박근혜 대통령은 과반을 넘긴 국민들의 지지를 받아 당선된 대한민국 제18대 대통령입니다. 지금 현재 2년을 넘긴 혹독한 구금생활이 이어지고 있지만, 거짓과 불의에 타협하거나 정치적 이해타산에 의하여 자유대한민국의 가치를 저버릴 분이 아닙니다. 우리 국민 모두는 그 정도의 차이는 있지만, 70대를 바라보는 여성 대통령의 인권유린 상황에 대한 책임이 있습니다. 이러한 부조리한 상황이 하루빨리 해소되지 않으면, 우리 국민 모두가 받아야 할 하늘의 징벌은 감당하기 힘들 정도로 점점 더 무거워 질 것입니다.

본 형 집행정지 요청서는 그간 박근혜 대통령에 대하여 진행된 형사공판절차의 위법 부당성과 인권침해를 사유로 한 것입니다. 형사소송법 제471조 제1항 제7호에서 정한 「기타 중대한 사유가 있는 때」는 형식적으로 확정된 형이라 하더라도 그 형이 집행될 경우, 기본권의 본질적 부분을 침해하거나 그것이 정당한 법의 원리에 위반하는 경우에는 그 집행을 정지할 수 있다고 해석하는 것이 마땅하다 여겨집니다.

하늘과 양심은 속일 수 없는 법입니다. 인과응보, 사필귀정, 자업자득은 물리법칙과도 같은 대자연의 섭리입니다. 너무 늦었지만, 이 요청서의 신청취지를 받아들여 하루라도 빨리 박근혜 대통령에 대한 형 집행정지를 결정하는 것만이, 마지막 남은 최소한의 결자해지이자 인간적 도리라 할 것입니다. 더 이상의 거짓과 위선은 도저히 참을 수 없는 불법의 단계로 넘어가, 최후의 헌법수호 수단인 주권자인 국민의 저항권이 발동될 상황을 맞이하게 될 것입니다. 박근혜 대통령을 석방하는 신속한 결정을 바랍니다.

첨 부 자 료

1. 대통령 사건의 상고심 진행내용 : 대법원 2018도14303
2. 대통령 사건의 항소심 진행내용 : 서울고등법원 2018노

1087

　3. 대통령 사건의 제1심 진행내용 : 서울중앙지방법원 2017고합364

　4. 형집행정지 대상사건의 항소심 사건내용 : 서울고등법원 2018노2151

　5. 형집행정지 대상사건의 제1심 사건내용 : 서울중앙지방법원 2018고합119

　6. 관련 형사소송법 규정내용(법제처 제공)

　7. 관련 자유형 등에 관한 검찰집행사무규칙(법제처 제공)

　8. 관련 형사소송법 주석서(형사소송법 제471조)

　9. 관련 형법 주석서(형법 제57조)

　10. 관련 헌법재판소 결정문(헌법재판소 2009. 6. 25.자 2017헌바25결정문)

2019. 4. 29.

제출자   「거짓과 진실」

         대표기자   우 종 창   외 5인

서울중앙지방검찰청 귀중

우종창 기자가 말하는
박근혜 대통령 탄핵의 진실, 그리고 재판
검찰 수사와 미르재단의 진실

대통령을 묻어버린 거짓의 산 제2권

발행일 2020년 2월 28일 초판 1쇄

지은이 우종창
펴낸이 우종창
펴낸곳 거짓과 진실

주소 서울 강북구 솔매로 29, 301호
전화 070-4038-1445
팩스 070-4038-1445
이메일 wjc57@naver.com
홈페이지 www.truepark1.com
등록 2018. 7. 16. 제 2017-000026호

ISBN 9791196799434(03300)

ⓒ 우종창2020

정가 15,000원

※ 이 책에 실린 저작물은 저자의 서면 허락 없이는 무단 복제, 전제할 수 없습니다.
※ 잘못된 책은 거짓과 진실(010-5307-5472)에 연락하면 바꿔 드립니다.